瞿沐學 主編

建川博物館藏侵華日軍日記

第三册

國家圖書館出版社

第三册目録

新羅實藏日記

一九三九年

五月十九日　天気だと思っていたら何だ雨がぷつ〳〵と来てゐる

サッパリ分らない天気だ　九時に起きた　朝はよくねた　一寸雲が出たが

兵舎をとって草の中を近くの絶壁へ行って馬へ水をまきに行き始め

の穴の土を手伝った　部隊で九人　雨后に田をたくので一寸手伝とる

別　ワカメと小ネギをみそ汁を作り　イワシのカンヅメを三つおしに入れておいた

うまいのが出来た　一寸遅いが　山で一パイの池できれいな水があるのだ

あついめしを食べて　うまいみそ汁で　食事をした　一眠して　店をして

みたが外の桜も散々を集めて土台を板をはって居る　出て二人で天井へ上って

天井板を外して居た　今日は一日休みなので大半に集って　銃の手入れ

にいった　こちらに全部手入れをして　荷物を持って行ってきた　夜も雨

西村、吉田の三名、外した板で床をはってみた、伍長が手伝って土台一面

に板をはってみた　よくなった　ごろっとすることも出来る　楼もよいし　中も今は

良い　今夜のうちは気持よくねられる　上へはってあいた　天幕をしいて

1000　コクヨ

2

横に寝る。俺も実は出来。伊藤は又いもの右してみそ汁を作ってみた。ワカメ
を入れて。あついのが出来た。喰た。めしの中へかけてたべた。うまい
一服して横になり、この前からの手紙をかぞえる。俺は軍隊には一寸かけ
なかったこんな自分でもないと書けない。いつかも出せなかった。持ってある
届けた家へとどくのはわずか日に一通だかたまってしまうである。のへ行くような
いと出せないのだ。ここではいつごろかなさそうだ。この城内へは4オートの位
ある。出ていつまでやっていく奴が自由に出ては何なのだ。淋しさが来ると
も有るかね、ないあるばかりだ。俺も出ろし。俺の知れた所も皆いってといえば
きかして出て来る。俺これを何かかしきたく近一通りをするつもりだ。
家の方は何も言わない。元気で居るか。皆がいさともした事をしたりして
おるが。母上もまかしてしたか俺の事や家のしまりをところのられるのか
おれも女のもえ少は寒くなったろう。こへ行遠くへ出して来てある
の手にはいらないのかわからないが、こんなも元気で参外へいって居る

1001

3

ことだと思って居るが　二十になって　なんだかむつかしくなって来たから　よく気を
つけてやってくれ　作、外の仕事も僕、家の中の仕事も皆お前一人にかゝるので
お前に気の毒だが　がんばってやってくれ、外の友人からのハガキによると話
を守られてゐるので喜んでゐると　なかなか　よくやる　もうしばらくの間の
辛抱だ　やってくれ、その後には又楽しい生活が来るから　僕はそれを
楽しみに毎日一生けんめいに働いて勉強して居るのだ、又来春勝男
とゆふやうになるだらう　仁太とにいさんとは　よいけんか相手だ　にいさんの
方が強くなるだらう　勝男が大きくなって　人を見ると　もの言って
みることが前の手紙にかいてあったが　今　かわいい盛りだらう　カタコトを言って
ここと笑ふ無邪気な顔の様子僕の様　手にとるやうだ　僕もつい一昨年
になった、本当に早いものだ　二十日　あすは　家を出た日だ　あの時のことが思ひ
出されてなつかしい　しかし　お母さんだけ一人で家の仕事へ、体のものは心配
始めて而て　来る春になるのだよ　こゝはどうだね、近所は何であるか

1002

4

仕方ない事もうずいぶん長くなるが困つた病気を持つたものだ。仕方がない
のであつてにしないでも[illegible]又つら[illegible]手紙ぐらいかけ
悪い時は大変だ。こんな運命になつてゐたのだ。あきらめて力強く元気を
出して下さい。又笑つてくらす日もあるだらう。悪い時には悪いことがつづくものだ
もう病気すいぶんのびただらう。暖かくなつて来るだらう。病気も五日しはさましたい
そうなつたら二十日になるだらう。睡眠の関係だらう。一枚半をつけへが居はいいと寸
手が遅くかゆいだらう。少しでも小便をと思ふのはあんまりか。体を二十寸
すはこれくらいものだよ。妻は何の心配もないだらうし、子供も元気が出るだらう
又病の方には[illegible]何か知らせと体中がかゆい。[illegible]どんどんはえる
なにするから細めでも一週間ではなからう。[illegible]はどう
夜、[illegible]大変なことをしたか。[illegible]なの
がとれたらよかつた。まあ一日も早く大きくなつていくのしみなるう
夏だ。まあ夏は[illegible]つるへが早くなつてくれることよいかと思ふよ。

1003

何事も運は天にまかせて体を大切にして仲よくやって呉れ。たのむ
留守の事は俺が一月か二月で送って貰うから其の内何とかなるだろう 十円の
金の話は母にたのんでキッチリ言っておいた方がよいからな。忘れずにな
田の方は帰る迄は任せてあるのだから何も言わずにたのんでおいてくれ その方
がたんぼもよいから十二月の末頃迄はまかせておく気をつけたらよいから。さあねようか
ゆっくり目をあけて見たら雨がやんで日がてって来た。洗濯をしようと思
って石けんを持って近くの池へ行ってシャツ、パンツ、褌を洗った
で風呂の代りに池の水で石けんで頭から足の先迄綺麗にあらって
洗った。久しぶりなれどのからだも皆かすきとした気持がよくなった
帰って休んで又一眠りした 昼頃ぐうぐういびきをかいてよくねてゐる
雨がふったらなんにもせんし 持って来たシャツも雨でしめってゐるので
床でおりたので目をあけてゐたが知らずしらずのうちにねてしまったのか
が何も知らずに起こされて目をあけたら四時だ 一時間半あまり

1004 コクヨ

6

ねて失つたなだ、うまいことに雨はふらず、ぬれへみなかえんめだよかった
名を取りにいくの西馬の子供にいくのの中で皆出て失くした緒にいた二人を
食べる夕食のハンゴースイサンを米を出してしたかった、みそ汁を又する人と
イワシのかんづめも作ることにして めしをたいて みそ汁を作った
火をどんどんたいたので、シャツとズボンを次の朝へつて かわかしておいた
下給食にタバコ三つづつと酒十人に二升もらった。夏に村の宿出田
と三人いった酒をかくして皆が みそ汁を着にしてのんだ 出発する朝に
酔いつぶれた先生のだ、ええ一寸も酒をのめなかった 五日宿疲れて
くたくたになってるのだ のめる者五人あまりだのだ 東の酒も五日の朝をずっと
腹の中へしみこんでいく、いい気持ちだ、ほんとうだ。会ってもして眠った 後連絡
がかかったので たいへんがしまったり皆と にぎやかにやってきたが 日ぐれ
翁の日をかくし今日の分を作ることにした 雨はふらず 近んだりして
八時ごろだ、日だ 天気になってくれるとよいのだが 身体をとっておる

五月十九日 午后九時半(夜)

良夫より

妻へ

1005

コクヨ

五月二十日　小雨がしぶくふって居る　毎日々々雨ばかりだ
六時もとて作りマキを作って　朝のみそ汁を作る　牛肉を貰ったので　切ってだし
に入れた　十ル入れて　うまいのが出来上った　一日休んで朝食をすます
一服して居たら元気の隊長高井大佐殿が今は良居者は空の隊長
になって二十三へ来ておられるので今朝早く二、三人来られ　碗を固くして出る
と言はれたので朝めしもそこに砲殻へりくし　分母と分三と見て廻った
などん見たが　分三はうまくいかなかった、大場かへって少しみたが思はし、
なく雨も止んで晴れて来た　宿に帰ったので休止して作り牛肉をスキや
きにして　昼めしをたべた　うまかった　一時頃　すりゆで失った　あつい日に
なった　一時に起されたら雨が又ふって来たで　砲の手入れは休止して雨の宿営
一ゆりした　雨が止んでからどりになって　あつく　雨上りになった日はまつい
汁だとだ　四時頃からやっと終り　暑く終った　夕食は何しをく
とれを入れ　わらをのばして　うどんを作りするがにするので　作ってある

1006　コクヨ

今日上番の交替なので用意をして日記をかいてゐる 討伐に出るつもりで
居たが敵がにげて去って居ないので見合すことになり敵の出てくる道ここに
待ってゐることになった、そして敵が出るか解らないので待つことになった夜
が天気になったのでよいがあついので往生する、川の近くだが山がくつ
にあって日があたって居るので暑くて寒い 午后の今頃の様な夕立で道
もどこもかしこもどろどろになって来って歩けなくなって来った.
皆かえって午后の準備中だ 家ならふろが出来るだろう 又豪でかっこう
今日は日が上ったので めしへかけて行ったが中々うまかった、からだを洗いに
池へ行ってからだを石けんで洗って来たさっぱりとしていい気持だ もしとあつい
雷がごろごろなって又小雨がふりだしたハヤテ位があった有難い!
あついので皆裸になって居るしどこの池も体を洗うのに一ぱいだ この附近にはりもい
池が何十とある そのかわり沢山はえて居るが大きなのは裸になって泳いでゐる
るのもある 池をかいぼりして小さいのも大きいのも魚を沢山にとってゐるもの也

1007

3

ある時面白そうだ、褌一つになって池へとびこんで、貝をとってくることもある。大きいのが沢山ある。内地のみぞ貝と同じで、湯でたいて味をつけるとしこしこして中々うまい。一人で一斗位とるものもある。誰れとりに来るものもいくぶんある。貝を開いてかいだり腹をぬいてたべたり、どこかへ行くのもない。御馳走をつくる。野外の自然料理だ。又煮てみてうまい。中には竹を持ってきて魚をつって食うのもある。大きいのがつれる。めいめい休みの日などには好きなことをして、すかすを作ってみるのもいる。一面広い高地帯で、じめじめとし田でも畑でもない草一ぱいはえている。すぐ山に近くその山が珍しい山ばかりだ。小さい木が生々とはえて居る。そして山の上一面にレンガ作りの高い城壁があり所々にトーチカがあり今は反対に友軍が見張りをして守る。城壁の中には何千年と云う京があって支那らしい所だ。中には寺院か廟堂があったりする。自由にいけばいい人だが行ってみたくてもなかなか行けない。せいぜい工兵について見る位

1008 コクヨ

4

し時は皆揃って工兵隊へ行って交代した 俺は歩哨係りだったので
歩哨を取って交代になった 雨も止み雲が切れて天気もよくなってきた
夜は星が出てよい夜だ 前の三角形の山 城壁が黒々と見えてゐる
夜は静かだった 交代が来た 俺は詰所から隧道ゐた、皆が詰所に起
きていたので やかましかったので ぐっすりとよくねた、足はどろどろになってゐたので
兵舎にはどろどろになった、天幕をはった土の上へ干して其の辺に
ねていた 丁度今頃は家を出て声に送られて神社へ来て宿舎にとまって
て梅田と一しょにねてみた 海だなりらくとあの時のことが頭の中にうかんでくる
お母が近所の人々とみんなと一しょに送ってくれた女の姿を
思い出してたまらなくなった あれまだこの一年たった早いものだ、
俺が出征の時お母が親類と一人々別れをのべて おまえにはお国のために
命を捧げた、母の顔と妻の顔が頭にうかんでくる あの時の母は涙
流さない がっかりするよ いろいろと考へてゐるうちにねこんで来った

1009

5

五月廿日 快晴 晴れて 朝から あつい 七時に起された

池へ顔を洗ひにいって帰り 一時頃までに作業をしてゐたが 大して 疲れて

来ぬ 夜はよくしかゆくてねなかった 日がまつい 昼になるとゆかいし

じっとりとして来る 二、しばらくなかった あつさが戻って来た

ナンとてりつけるに 作業は馬の首運動に馬に乗って出ていく 砲手は

砲の手入れをして 岩山口君が来てくれてゐたので 久しぶりに 散歩に

出る 又しつこく暑中休みして来て 先づカラカラになった

から へはいって休んでは 時々に作業しては汗をふいてゐた あつい

昼には机へ帰って食事に取り 帰って又作業だ 二時頃の首だに

しっけない上官の受代所へ申込 行った 二三十分けかかる 夜から朝へ

二十四時間上官と過したが 一つ下に居る それに ゆかいしな

寝ずに作業して来た、 四時起きされて 目をさまし 休めるので

来た、ねむい やはりて 眠るので 日本のために 作業にいるんだ

1010 コクヨ

あつくなって汗が出た。はせんたかが山の上へ入道雲がもくもくと
見上って来た。空の方へぐんぐんとのびってきて、ごろごろと雷が鳴り出した。
むしむしとあつい。[illegible]六山の分校をして帰る頃にはザッと[illegible]
困って走ってきたら[illegible]と降って来た。夕食を食べて一服して雨を止ますのを[illegible]
[illegible]を[illegible]てあるうちに。三時半頃雨が止んだので家の所へ行って
来た。太陽の下で虹になって光った。今朝の空は町が黒くなってる。
雨が上った途中。七時から交代して一日の仕事をすまして[illegible]帰る[illegible]
家と言っておばあさんと一緒になって一服。お祖父さんの写真を見ておた。[illegible]して
見せてくった。左に自分の家へ。[illegible]なつかしい。帰って見た。[illegible]へ
上って行く途中、日傘を下げて居る時に雨がふってくる。明日は〇〇へ行
ろの[illegible]鳩が来たら又つみつみた。[illegible]の中[illegible]所へとまった日だ
山を[illegible]にむかって今度は一個ずつ帰って、お母さんと山の方が言い
出して思い出した。日カンゼンザイを作ったり[illegible]に[illegible]。さあ飲もう

五月廿一日
青木一組 [illegible]
九州男
1011
三年へ
東生

No. 1

五月廿六日 今日はここを出発する事になって 五時半に起きた
又あつくなりそうな日だ。すぐに飛行場へ行って 荷物をつみこんで帰りハンゴ
スイサンをやって 朝食をすまし ここを立って 七時半 ○○のハトバへ来た
支那の漁船が泊って居る 揚子江の魚をとりに来て居るのだ
昼頃につまったので 今の一番は中々やって来ず かげへはいって休んではパンも
を食べ居た 先へ馬をつんで船をつんだ ひるめしもパンだがたべておいて
工兵の鉄の船に馬は十頭づつ 船は三つづつのせて 川の中の汽船へはこび
起重機で船と馬を一つづつ がんじょうと上げるのだ 中々うまくいくものだ
あつい日になった シャツ一枚になって居ても汗だくになってはたまらない
全部つみこんだのは二時半頃になったろう 今度の船は小さくて 千二百トン位だ
小さいと言ってもやはり大きいが 部隊だけなから大きいのがいらなかったのだ
三時頃に船が出た わるいのだが船室へはいってみてその上にごろ横になって
うとうとして居たのだが 船が出たのがわからなかった。あつくるしく おまけに

1012

2

No.

広るおだ、汗が出て背中もかえしと汗かんしと流れしくる　鉄がやけるので足
だまっていたのだ　ぐっすりねこんで寄ってどこを走って居るのか分らなかった
於東君に起されて目をさました　夕食を食べておけとの命令なそ言って
五時半頃だ　カンカンのかんづめを切って　一つを二人で食べた　ねぼけて居るのでめしも
うまくない　食事を終って甲板へ涼みに出た　上げ風があるので涼しい　沢山甲板
に出て居る　船は水を白波をけって下っていく　どこへ行ってもどろくの水だ
両岸は皆同じことでひくい堤防だけ　其の所々小屋が二三軒づつ有るんだ
大きな木で家をまわかして居る　のどかな風景だ　きれいな景色へ来たら
水牛が三十匹　放しがいにかってある　の人まそうに　少しして付き牛をとって遊んだ
居る　船が見えるを小さく見える　風呂が有ると居たので　汗くさい体を船の風呂へ
はいった　いい気持だ　まめいに汗を流して甲板で涼んで居たら又分られような
べったり頭の方が涼しく　ぶって居るらしいと思っていると　やはり　あたって来た
於東君と二人で船員室へはいって　麦場をはれていく　船員さんの生活を

1013

少く盛んだった せまい所に上と下と寝室があり十六人寝る様になって居る
面白い様になって来た ○○は近い 七時頃になったら○○が見えて来たと言うのでかけ
出して見たら○○の岩が一面に並んで見える 一週間目だ これで元気が出る
船は二つの岬の中をすすむのではないかしれぬと思ってみたら○○の入口だ 前の湾十位
のまん中へとまったから上陸をしようとしかりをおろす音がかかって船はとまった 七時半
陸につれ出しの用が船のまわりのがすんで すっかり上陸のは九時頃からだ
雨は無事止んだのでよかった ハシゴがぬれて居るので危ない船をおりて小舟へはこび
つないで道へ引き上げて まっくらだからあぶない 電気をつけてやって居た 次に馬で
馬は一匹に二十匹位はこぶので早かったが それでも人夫ので手間をとった その内へ雨は又
どんどん降ってきた ぬれて帰った 皆おり終ったのは一時頃だ それで じっとをおりて
馬を干まってらな道を飛行場の兵舎へ出かけたのは三時か一時過ぎであったが
ぬれてしまってよろしく 腹がへってとろし 夜と共に疲れて来て 皆往生した
雨はじっと降ってあまりをゆるしてつえとびょろつしんかんの電気灯の灯しである

1014

道をごろごろと帰っていった。初めの内は涼しかったが しまいには汗が流れて来た。宿舎へ
来たのは四時だとて一段 案外に来た頃だ、一週間位だが長く感じなかったなと思ふ
残って居た人は寝ずに起きて待って居てくれ迎えてもらった。嬉しかった
小雨の中を荷物をおろして宿舎へ帰った まっくらのはへローソクをつけて炊米をとっ
た様になって一服すると思った へとへとになって居る お茶をのんだ 夜食の白飯がた
てあったのが一ぱい食べてみたら手紙を持って来てくれた リカナから数枚とお母か
ら竜紙一色と安山の様な清水へリカナをかしたら お守を送てくれた
リカナを一通出しお守を一寸のぞいた 石かゆかい 土だ あたたかいフトンの中へはい
っていた いい枕だ やはり自分の家はよい ゆったりとした気持になったが激
しいびくびくとんで歩く中にゆられた そめかけ死んだ様な気がして失ったが
大分数にもまれて来った 非常に疲れもあったが 疲れてねむたいのを明日にす
ることにした 一ヶ月もかかると思った 大がかりな行事も今日あっけなく終った。
最初の内は何となくあったが帰った今日は全てうらいと思った

1015

上

五月廿三日。七時半に起こされた 雨だったらしい 上衣等をとりに行って
跑手全部が碗を元の所へせっとして水でどろを洗って帰って来た。朝食を
膳もへてみながが一寸たっておいた それから頭を洗いにいった 雨はひどい
朝食後場を之 風呂へはいった 朝からわかしてもらってあったので垢をおとしてシャツを
すっかりかへて 風呂場で洗って帰って来た 手紙が来てゐるので 早速へやへ帰りに見た
フートーを通してみて 京都の橋本の吉田さんから小包を送ってきたとかいてあった 今月
末か来月早々着くであろう 中々親切な人だ あの一件はすってゐる 久米の小包も
来る頃だがどうしてまだつかない 今月末迄にはこれもきっと 世界へつくだろう 中々思い
がけぬ人が 此の口に沢山世界中のだ 嬉しい 特に小包を世界中のは僕が多い方だ
手紙は僕が一番多いらしい家だ。お前の五月十日出のフートーがきてゐた うれしかった
た。まっさきにみようと思ってみたのだが よんでうれしかった 色々は次にかくことにして
く まづ手紙からもよんでみた 一通りよんでたまらず十時迄一眠りした 後におきて会ー
を 今年の五月をおもって これを写して日記を出して送くることにする。小雨だ
五月廿三日 午後二時半書

春子へ

豊

1016

5月23日着 1分

出席

梅田 二包

次郎 三包

清水きみ 一包

執法

洗印 一冊

ハガキ

近晴 アートー

佐竹 クラモト和美

野三 宗教

東長 土田東哉

金之之 深田精一

幸蔵 久保きよ

不折 青保ひ二

貞之助

徳平

安達喜庵

101

（フクモトの和美君がもちをおばあさんが持って来てもらったと言って大へんよろこんでゐた
俺からも礼を言ってくれとおっしゃってあったから母上にそのわけを言っておいてくれ、
）

五月十三日 今日は昨日の今日で休みなので点呼をとってから早めにすませて
ゆっくり寝かせ沢山の手紙をかきたかった 雨ばかりふって居る
昨日の手紙の通り兄が来た すぐいろいろくわしくかいてあるので お前たち
読んで居る筈であるし 別れてから十三日まって居たらしいのだ
手紙も段々に着くそのころであらう 母も元気で内仕事をして居るとのこと.
子供らも大きくなったであらうし 遊んで居ると 喜んで居る 何より丈夫でなければ
はならない 勉強も大きくなって みんなに話てやおんぼくして居るのだ
こうして笑ったり しかってやかましい事を言ったりして居る姿が見たい 大きくなった
だろうナ 半年にもなるからナ 病も来るへんなにならんので一人でさういふ自方
しまうに 一枚二円位にしたとか 飼ってひと家の足しにするのはよいが皆が協力
で田をしなければならんから 決して無理をしますな 体にしてこれよ大切
お前大の体ちゃんなんだからナ 母上にもよく言って 無理をさせない様に頼む
注意するな 忙しくても自然無理にならないようにしてくれ 体が第一だからナ

1018

2

No.

宮の手紙に五十日見当だと言って居るが何くれ居るがよいだろう。盆栽も之から
の季節に家の前の梨山が桑の葉にしげってよい。桑ですとかくなったが、
球根の出すぎの金中とのことしぼりがすこれたのだナ。どこか此の所がよい。
麦大分太ってなり五十ん六本は之だとか　まだ肥の豊な土の所へまいたり植えかえ
たりすると古い根を切って植えし来るから田の土の豊な所へ移植した方がよいのだ
各々それぞれ太くなったとの事自分で見に行き、それを手入れして見るのは楽しみだろ
う。苗代の上では忙しいけれどもね。稲は育てるもよい。多作がなければ出しかん。
田んぼへ入れるかナ　ボーボーナンだ　苗も太く育って移植もして世話をしたとか　父では
忘れるかナ。ハハハ　まあ　あんたには苦人よ。本当に植えこんでいる　太くなったのを
よく出来るなになれば　毎日少しずつ　仕様な事だが　それは何度でもする　すまい。
苗場も植え大分出来て　此の間の気力等に応分になったとか、
今日礼状を出しておいた。田舎じゃ事はないものだ　酒はくれはすまないが
気を大きく一寸あくになれば何かがなると上手い気で居らねばなんない。

1019

No.

しみのまま方はよりが二三日のことを考へていふる様にしなければいかん 大神は大して
一つにして 例へば下町と忘田とを一度の苗にすると二三日のに 楽だ 一町毎に種類が違ふ
とすれば一町ごとにかへて人々が一作をすとしては大分だろう 合田と下町をアイタに
したり 大町上ノ町を細かにすると 二三日に便利だ スーキを2度のにもなる
もすを一足するのだ 家の田と苗床下に二町すとかしてもよいだろう そうすると苗場
は細かの方がよい 高田の稲大部は一度何でもよいが 田のついて居る所は
そうした方がよいだろうと思ふ故と相談をしておいてくれ 今度それをこのは俺
がするだろうとは思っては居るが 家の方はあれでよいだろう 水入れに気を付けて
やらせな様にしないと苗取りにこまるだろう 大忙しいけれどもしっかり充分る様にしてくれ
三度に二十日送った金は無事ついたその事安心した これからは一寸送らないから
そのつもりで居る様に 又あまって来たらかしかも送るから あずかっておいてくれよ
写真も来た 三枚十人ごし一枚ついた その事安心だ これで俺のことは心配
することはないだろう 病気になったらなったで上田へ人のデマを出す様に

了

コクヨ

1020

No.

せずに安心して体よくして呉れ 体につくとは俺も今々月をへて了つた事だ
まちがいはありません。お兄さんは足は仕方が無いが酒なんかは月に一回か二回は勘弁して
のむが女遊びになんかしかし時々のうちはよしにしと思つてやつから 許して呉れますが
つたことはないし無茶苦茶はしない。お前から指切りの写真がみとられて帰られた
との事うまく行つたんだ大喜びだろう当りまえだよ 俺が帰つて見よ皆大喜びだろう々々。
其の中には俺達の事も廻つてくるから心配すな 母や其の他の事をたのむよ
マラリヤの事だが心配をしているらしいが ちよいくマラリア熱にかかつてしわれのこなるが
俺はまだ一回のやつたことがない 一寸でも四十度以上の熱にでも青くなつてがたがく
ふるえてしまうと云ふ事になつてみるのだ これは気候風土が違ふから在るため弱い為に
けふ、一年中かかつてみるものである位だ それがくると可哀想な位だよ
俺達みたいに家で体を充分きたへて来たものにはかからないのだ。マラリヤの
4
心配するを持つた大または蚊がないでもしていつもらしい。気をつけてあるから
心配はない。然木の服部はマラリヤだろうと前川さんも助かつてみたらこの夏は。

コクヨ

1021

太るのもなにかくになるからと言う。俺は貝んかの所へは アフリアルにあがって
ドダへ来たよ ミんなは何は作文のつもりで手紙をかかすなたしたのがよいよ
字もうまくなる。作文も上手になるからな。友の母たちにかく様に言って かいたら本ともを
やすにつけば、自然かくなるになろう、せいぜいけいこにはげんでかかすなたしこれ、
先生も困ったのだろうな。母様の葬式には遠いところを行ったので、?が悲しまれたかし
気ない胡ちゃんが悪いと先生がいってあった。前の夫婦もあったのだろう。仕方がない
友の母様だ。親類で寄っていて楽な日はなかった。友の母様だ、二千円と金借った
来て持ってきたとあの十日は嫁に行ったのお指しが来まらなくてたへ、俺も努力で
あとたら今何も出来なかったが、家族に出たとしておこうと思っては仕方ない
俺からも一日送ったのだ。大吉に対伴になればつまの方に苦の人がすいたのだったら
送ってくれるだろう。陣中からの手紙だ。苦が悔しまる大吉さんを又右の
らんが切ってぶって来い、つまへは大吉からお帰って御父さんと知らの手紙、それでかしら
大事にして切れ又悪くなると皆が困るからな。又次にしよう皆よと治と考えよ

三郎
1022

青木三千代様

要く

以上

十月二十三日 昨日もゆっくりだまって手紙の返事を書いて居た
二時頃に島原へ手紙を出しに行って来た 今日は下絵四 夕がた三つと海へ
七つ位しか出来たので イモン品のコンナヤイタンのかんづめを切って皆のんだ
疲れて居てぐったりして居たので僅かな酒では有ったが気持よくよって来た
夕食はれんこん切りの汁でたべて一服し又手紙のつづきをかいて居た
一服して新聞を見たりして遊んでいた 面白いざっしを見たり読んだりして居る
夕方に又島に水をのみにいって来て最后にまじめな又面白い返事をかいた
明日日に島原に行って帰りまで女の手紙を出せはけんさ 又来て一週の位
外の者は座れたので寝られずにもありに活をして居る 時にトランプをたたして一家の者
が集まる 今晩は楽に寝られる やはり兵舎は兵隊の家のような気がする
手紙をかき終えて一服していた 石田君へイモン袋が来てコンサイコブをもらった
うまいこぶだった 今晩は家に帰ってお正月にあって居る夢を見た 兵隊の
様に思えてならなかった 外の人が沢山来て居て困ったと考えていたら目がさめた

1023

2

No.

六月廿四日 雨はかんかん どんよりとして居る 今は手に無沐 ラジオの音で
又生活をするなにすっきりとした 規律あるらしきので 気持がよい
ゆあかった。ばかりした目をこすって 点呼になった。 役場と二人で飯盒へ行った
飯を入れて帰り 顔を洗って 今日早もし 朝して居た
午前は我の手入れで有ったが 急に俺たちの班が修繕に行くことになったので 班長が
来。材木の馬を用意して 俺と班長とをつれていくことになって 用意をして飯盒へ
いった。つくる道具を借りて はずして 水で洗ってほしてすぐ朝し馬が来
たのが車つけて 外へ出た 道は悪いと言ったが 雨がふらんのがまだよい方だ
この日三へ来たのは初めてで 何も見えなかったが 今日通って見ると 両側の田は
水のすかり植えて 土民の家は田では見られずなった 一面水田になって 十日ごとして
今日見た植えたのは きっとあるので 急がこ めのとは育ってある 家の方も来月の
今頃になれば これを目にみなになるだろう 今年はとりて 支那の田植を見た
そして家のは見られなかった 草ぼうけの田も すっかり きれいに十日田に変った

1024

3

畑は主として大豆を植えてある もう大きいのは三寸に伸びて居る、僕たちは畔へいって
この辺が大部は畑が多いが畑に一面に大豆ばかりだ 芝草の中に生えて居る
豊野の辺には内地と同じ様に ナスビが植えてある、三四寸になって居る。
何か少し分らないが 刈かれた様な一面にびっしりはえて居るのを気付けかって小さ
まそって居るのもあれて人家四五軒を見ながらアカシヤの並木を通っていった
道は左に曲って沢山走ってられた 大会位が八号位の大きさの一軒家が多い
引切りなしにまるで本の家の様だ、それでも自分の内は仲よく住んで
居る、子供も仲よく遊ばれて遊んで居る その小さいためでも 十畑位の
皆でつかって 不思議にも三十とつづけ 机子供目のかーをかぶって居る 二人な
合が商売が出来るのかしらと思ふ位だ 昔の収穫なるらしい、まるまる薪つ
てい一日もない位のものを、左より左い日本の上会以下の 生活だ
和せてみんなのをまして みじめなものだ 城外の通りへ出た そして 城内へはいった
九一からだ 大東亜から二人来ていて、行く来ると何となく気持がよい

1025

4

No.

まれな眠を去りたにか（眠）がでると歩いて居る 又 別な感じがする
よい氣の位 兵あの兵隊さんも多い 所々の人で頭をおとりなしてめったにこし歩いて居る
通りは眠かな位 太陽がじりじりか おくのむしまつのをこしきつく上げて居る
小さな村では子供等が遊びまわって居る たまたま居る位 そこを通りぬけて修理する
る所へつけた 元のこの畜牧村の所々で大きな建物がある 入口に在の元老の様な
の方 両わきに立って居る 時車をあつけて一服して帰りかけた たまたま通りを
歩いて居る子を私が写した所に 何事か急いで出して来たのに驚いて うまくとれず
様外へ出たら 小父さんが来て のれと言ふので 私は子供を二人 よんで 小父さんにのせて
写った 小父さんにのるなり 写真を取ってから 一年以上たつ 今一から たてると 在郷の
伴ず おちついて 元気大よろこびだ 途中に用にいった 畜あたらた 直付いたので
元気のせてやらい 助かったしと大喜びの伴を ごとくの道に 戻ると早く 大勢に
来ての挨拶へ来た 車が すいて 兵隊へ帰ったよ 面会をすまして 丁度
お互を二人 会して 丁度一服した 夕後 館の検査がある 皆で 手入れを

1026

した。そこへ今村旦見大尉と言って来た。横になってねころんで居たが二時半になって
常経験へ行って砲車の整備をし一服 木のかげで休んで 今日持ってきた前車
其を木まとれが送った ついで居た道具を倉庫へ返して終ったので班へ行って
シャツを洗って干してあらい一服して今日の日記を書く 今日は下士官より日尤
あって寒くなった。今夜の寒さも雨は大丈夫だろうと思ふ。昨年入れにやって居る 514
皆待って会も来たので 脚絆をたべて一服し 寒さに出来て一週手紙をかいてから
入浴へ行った。せっかく流して倶楽部の文章をして 村のを見てみた 記念手文代
上る前について 三日月位の月が出て明るいよい星の晩だ。風もなくあたたかいがこれ
十二時過ぎたならば寒く外套をきて寒い位でこうも寒いのかと思ふ位
一昨日が二回目だが めったに悪いので ろくに眠れないなかった 夜は静かだ 夜中
には野犬がワンと盛んに来て来なかった 鳥がないたりしてゐるだけだ
りょく家の事を思い出して 敵の方を見て居た 明日はよい天気らしいが又
あつくなるだろう。七時に終って全部班へ行って来た。ねむい。又次に

良平

五日午前 朝二時

妻へ

1027

No.

五月廿五日 晴 あつい日だ 昨晩の工兵は事なくすんで今朝の七時に
帰って来た 借りた銃を手入れし 顔を洗い 朝食をすませて一眠し
八時から単独教練で 馬隊の広場へ出て 銃を持って訓練
をすませ 十時に終って一眠して 馬糞の山を外へはこんでほって来た
又土民がよろこんで取りに来るだろう 内地ならこんなよい馬糞など堆肥は
畑へ入れるのに持って来るが 満州ではどうすることも出来ない
昼は寝てた あつい日になった 二時迄休みだったので横になってた
中央(?)のだ ゆだった 二時から中隊のガーゴル(?)作りにいって来た 十二才ンガ口(?)へ
土を取って丸く盛して置くのだ 四時頃に終って 砲へ帰り 砂袋(?)を作って
皆とのんで 休み馬廠へ手入れに行き帰りに砲廠へよって 夕食をすまして
主任砲手を整頓しておいて帰る のののから とこうは来ないし居る池田
特務が一番四号での されたる 森山(?)曹長と一しょに呼ばれて酔った
それより大隊へいって帰りに中隊へよって又のみをすすめられて

1028

2

No.

がしよばれて行った、帰ったので手紙見るのがおくれた 兵隊によろし
帰り途から見えるた手紙をすっかり出して手帳へどこが何か来たかを
書き写した、又ひまな時に勉強して納めよう 一番は本郷だが、
兵隊仲間も それを知って皆はけたまげて三百五十七位あった かわり新橋は
どれだけが来るかわからない ずい分沢山来たろう、えらい荷物だ
でかかえて今日みつけることになったので 俺達の方の例は 又神戸宛二人
来たので 十人づつになった、六人用一つ、二人用二つ おいと山口 俺と橋本
と二人づつ、これはいいことになったかかれをつくと知らなくてかもしれない
任せて帰えるので すぐについた 今日は保険をせっつた
手紙も見た時、安藤兵長 梅田淡路とい中に来て フートーは梅田
と、おばさんとおとく三色おみやげは梅田と小林新七の分と二色
だと思う 僕の出身の来るのは少い位だ この方なんか 一杯かえ位
あった よその伍長が揃って仲だ 嬉しくよろこんで見ているのでよい

1029

3

No.

五月十六日 晴 あつい日だ 今日は この聯隊の出来た記念日だ
丁度去年の今日 軍旗拝受があったのだ こんど本部隊から来
た日だ 二回目の記念日だ 点呼をすまして 飯盒へ 昨日なをえた
飯盒をもって水で洗い 泥をおとし帰り 顔を洗い 朝食をすます
八時に出て 全員集って 隊の窓の広場へいく 整列した 井上部隊長殿
が来られて 敬礼をし 終って 訓示があった それが作業にいくのか 朝早くから
ブルとつるはしをもって 工事にかかって 帰って来た 作業がおかった 位たか
三度 ごはんがあった どこか 流れ場にいくのだろう バケツをつないでみたが
水を終って帰り 体せた 生きていたのは あふれた 手を仕事していた あついので
近道を 使用するのは かなわんと思って 行くのを止めた あつい日に
もう一人だけ 会えば みれるが あえなかった 二里近い道を 歩かなければ
ならぬ 十 それより 一番の 命事 新しい 者して しかし おなかが
軍服上下 とシャツ いりやくつた 私のを 洗ったげなくてだ

1030

P

No.

汗をかいて一級も大山に登ったので汗と泥だらけになってみたのだ
夏の収穫は既に終り 兵隊へ行って水をさげて帰り 今日の休みは
下給品が多かった 今晩細々の兵が二人ばかりで 二十三名で 夏の外に下士も
あり二十人名の所へ、酒を三升五合下さった レンコンや牛肉や大切りで
大御馳走だ その外分配で三ケずつとヨーカン半分 まんじゅう一つ 大きな十位で
とあり というほどだ 早速火をたいて めしを炊いて外出してみるのを務して
床を敷いて寝る 畑、田地 山などを皆で飲んでめしを食ったり ムダを
切ったりした 暑くかまわりのしはしみらで のんだ ゆっくりすごしてたくさん大きな
これまでの人だ 帰って来た スッカリのんで失って ドシャぶりにもめぐまれたが
夜は夕食にかかり 山にはゆれの傷もめた、起されて目をさますと 雨は手に
なって外出禁止帰ってみた 蚊が帰って来て 蚊に刺されて 俺を起した その
だ 隣の大きなに小さいエビジャコを買ってきてくれたし 太郎ちゃんには中々まで
沢山みかけたに持って来てくれたのだが 行かなかったのにかけて来た

コクヨ

1031

みんなあつ湯をわかしてのめるのにやつた　傷も大分よくなつたが　正　沢山な人で
みなのでしう　かけへつくのはなかなかつた　今日は男の人につけなさる
一服と様にあまりいやな心持もあの屋台かくたことを済まし
におやかなど　どこの大屋か　手をたくつて　顔が嫁まつして居る　にわかに出来まし
ところ七時半頃に水をのまして帰る　眼もかわいく　サツパリとなつた
とうし昨日今日　湯をのんだので　早くも平低しわけなかつた　昨日の手紙の
返事もかいたが又明日につづけしようと思ふ　すこしわすれしたけども
でなにかいろいろ手を沢山世話になつて大いに梅田婦にお伝え下
㊞やカ々へ送つて却下した　もしとあつて　汗かいにじんで来る
日にたけば早ければと思つて居る　少すかず　早くなるか　頭が不一つと
してねつのでうまくかけない　それで　ねつの出るから　毎日だ
皆おとうさんのおなにロりをつけて　日にやく手紙を出してみろ　おせる
もう早速近日　傷もねよう　構えば　あをよんで　先生　先別うつりがなつて大いに半年の
去年出て一組九時半

良とし

君へ

1032

六月廿七日　朝の間は小雨が降って居た。点呼をすまして砲廠へ手
入れに行ったが雨が止んで兵器を持って帰り、砲の手入れをした。再び行ったので
止めして洗面をして食事をする。一服して十三号へ来なかった　運車をかいて　十四年式十五年
運車をかいておいた。食事が出た　しばらくして　砲手は砲廠へ行って夕方の
手入をした。泥とほこりが多いので、営庭の砲側へ行って砲車を入れる
大きなかうりうを見て居る　大工さんがなにし工兵が付けて来る。浴用紐があ
来て居る　大将がかいてたいそう来ている。かうりうが来まして砲車の雨にあたら
ないようにようしろう。手入れをして大砲に行った　五分しかしないうちにかうりうをたのし
たいそうのだ。一服して又桶田へ運車を一通かいて　一日に又来ていて手入をし
午前と同じになり夕方の手入れをした　けれどもかえって一服して　たべまいを見て居た
全く来たので　分解の砲を工作部の所へ持っていって帰り　杉山　砲兵の
細田と四名で砲の手入れをする。全部すんで立って帰り　廊下を洗って部屋で
洗い。浴場にせんがあるので　固い石鹸のものをこんであつかってあります

1047

2

そこで今日は手紙を書いて居る。あつい日だ。一雨来そうな空になって来て
かくとしてやれたのだ。西荻から手紙がすんで帰って居たとしが石田君に
勝手が沢山に分けてある。夕方の分のを貰ふ様にたのんだので一人一本
ときまって居るのだが、のまない人をつれていって二本位は貰ってくる。夕食だ。又次に
夕食が来た。トマトづけとになづけでビールを出して大井山先生と三人でかなりいい気に
なっておたので とてもうまかった。雨が上ってから帰って来た。せんを買ふ様にしようかとも
品切れだなんだと言って酒を買って来てくれと言ったが、飲んでいい心持になって
おる―腹が一杯になっておるので、カレーの定食だけ止めて夕食をすませた
入浴へいって帰りに少々を買って来た。又来ようかと思ってみたら京都の
橋本大路の橋本の息子の母親から届った。嬉しくなってみた一しょに
もらって帰った。又米のはどうしたのかまだつかない。あとになるのか
早速申込んでくれた。日用品は使いきれぬ位あるのに不足してあるだろう
と思って入れてあった。今の所不足して困って居る位なのだ。もったいないので、

1048

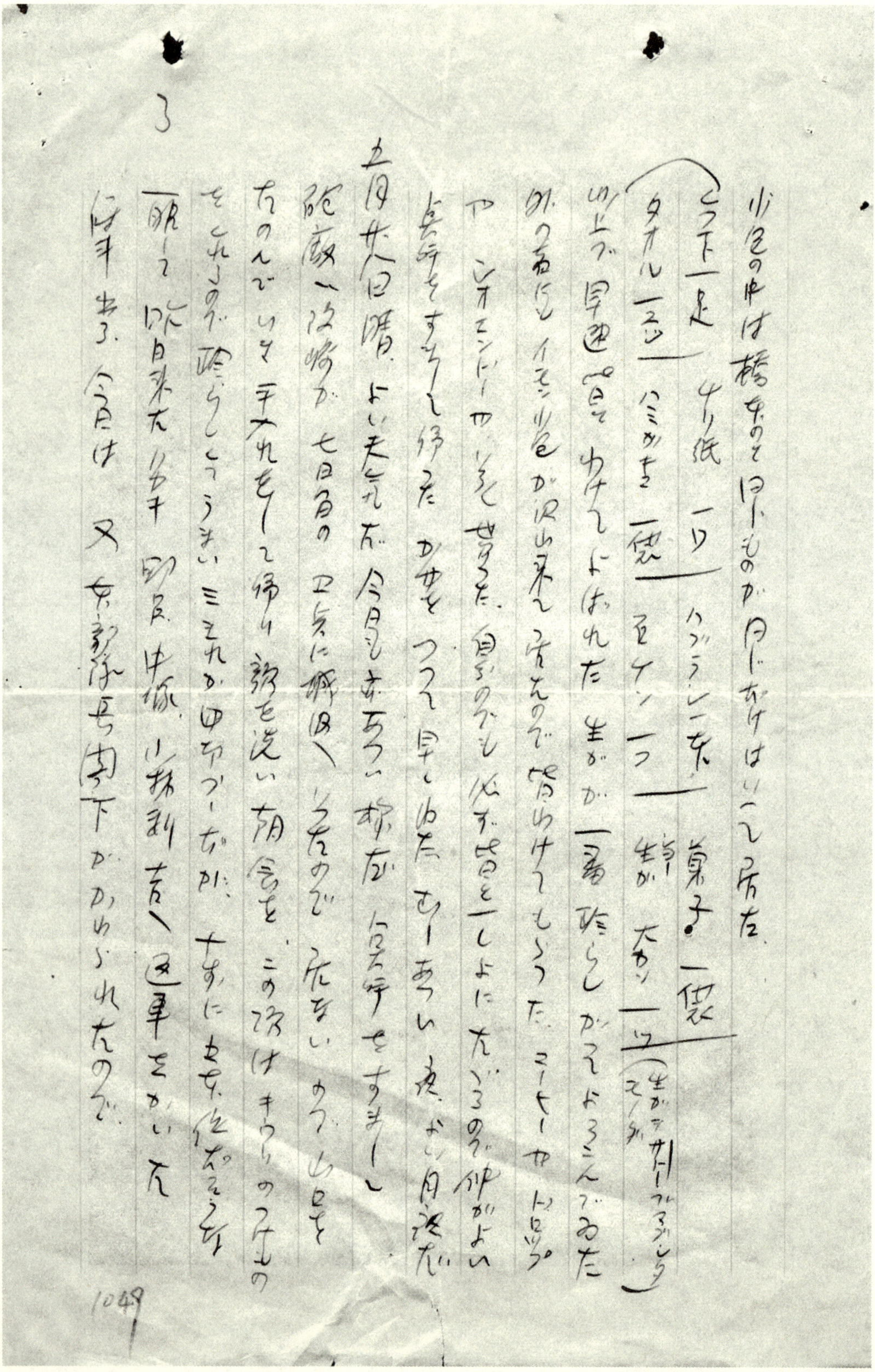

3

小包の中は粗末なので目ぼしものが目だけはいって居た

（シャツ下一足　ちり紙　一〆　ハブラシ一本　菓子　一袋

タオル一ヶ　ハミガキ　一袋　石ケン　一つ　鰹生が　大カン　一ヶ（生がサトーブラブル そんが）

りんご早速一個でわけてよばれた　生が一個珍らしがってよろこんでゐた

外の者にはイモ少々が沢山来て居たので　皆わけてもらった　ミートやドロップ

や　シオコンブーやハシ迄が尚送った　自分のでも必ず皆を一しよにたべるので　仲がよい

兵隊をすこし停たから　休せをつつて早く帰ったが　ぼーあつい夜　よい月夜だ

五月廿八日　晴　よい天気だ　今日も赤あつい様だ　会衆をすました

砲廠へ防暑が　七日目の四兵に滅退へ帰ったので　皆ないので　山田を

たのんで　いま手入れをして帰り　顔を洗い　面会を　この頃はキウリの汁の

を呉れるので珍らしくうまい　三それが田中君だが　十すこに[illegible]依たそうな

帰って　昨日来た　伍長　加賀　山梨　小林剣吉へ　返事をかいた

降半出る　今日は　又　兵部隊長閣下がかわられたので

1049

いろいろの事があった 清水部隊長閣下は○○方面付に転ぜられ 後任は篠原（シノハラ）
方部隊長閣下で 見かけは上品のようで メガネをかけておられる様な
方だが かなり様に命令が出たから今日から かえるのだ これで一通り
変ったから しばらくはこのままになるだろう 各部隊も変り 野砲の部隊長
殿も変られた 中隊は変らない 今迄通りだ それから 明日実包を打ち
出祝になられるので 砲殺の馬座 其の他 兵器の周囲を きれいに かたづけて
やるのだ 俺は毎日週番の代りをすることになったので 付け手に代りたい
った 周囲上兵と交代して 兵舎の ぐるりの草を引いたり 防火用水の其の他
の仕事をしたり 湯をわかしたりして中々忙しい 二人苦力を使ってやるが
水をはこんだりしてくれるが 自分でも中々用がある 互いに手伝うと又忙しく
なるだろう 内の方は 夜かかって上るだろうことと言ってきたが 戦に上ってくるのは
どうした 帰って居るか 又麦刈りの季節が近くで 忙しくなるだろう
ろう 体を大切にしておいてくれ それと 少年へ めしを取りにしてこようかな

1050

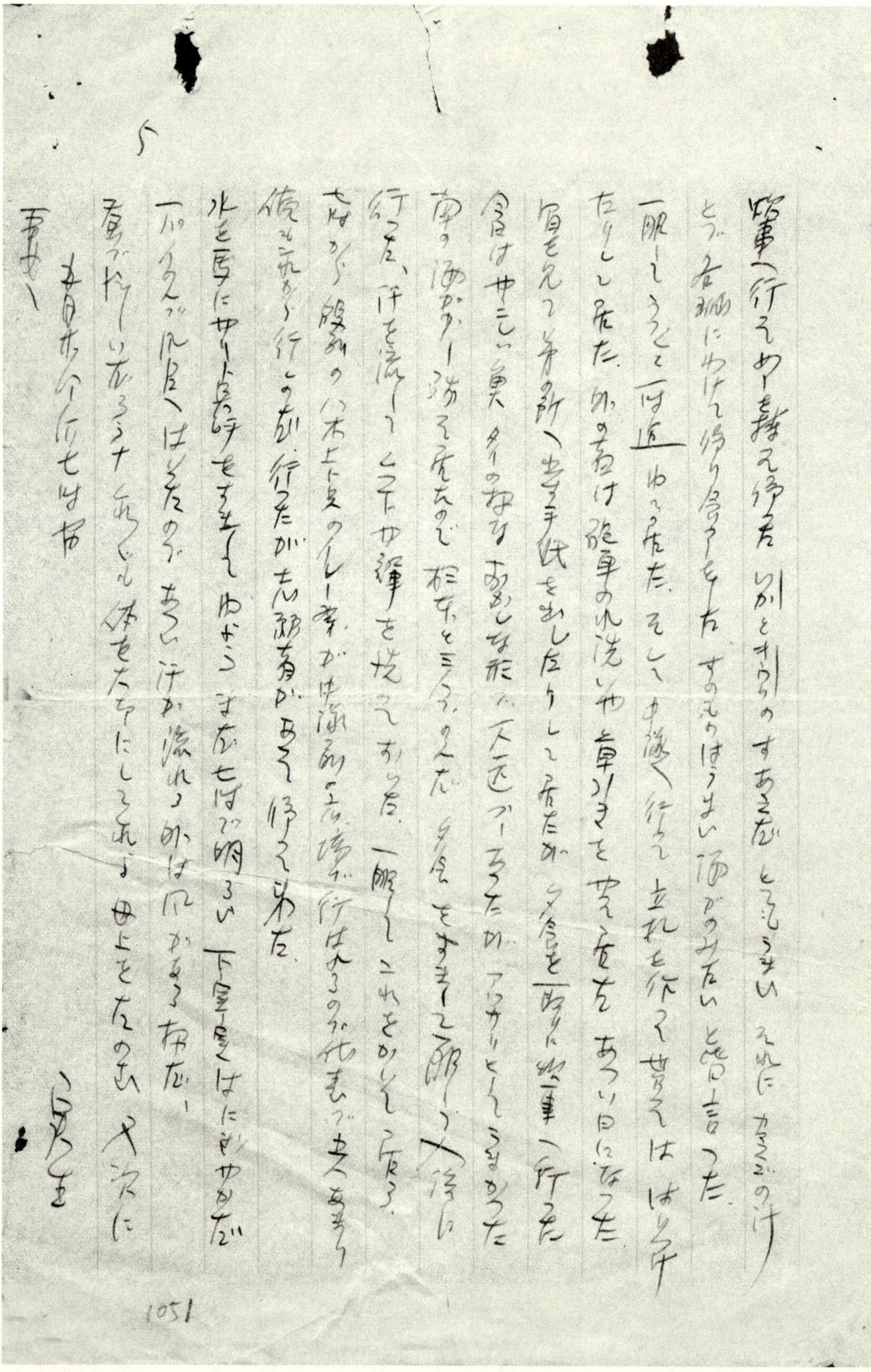
5

炊事へ行ってめしを拵えて帰った いかとすいかのすあえだ とてもうまい それに かぶこのつけ
とうふ各班にわけて帰り急了した すのものはうまい 酒がのみたい と皆言った
一服してうとうと一時近く眠って居た それから浴へ行って 立札を作って昔では はんけ
たりして居た 外の者は砲車の水洗いや卓うきを拵えてた あつい日になった
首を見て弟の所へ出す手紙を出したりして居たが 夕食を取りに炊事へ行った
今日は甘らい奥 タイのなまなあえものだった アワサリとしてうまかった
東の海から一陣来たので 杉木と三分のんだ 夕食をすまして郎へ停に
行った、汗を流して ムネ甘輝を抱えておった 一服してこれをかいて居る
森から暖気の小木上下見のイレ一寮が中隊の本場へ行はかるので 化まで出てあそぶ
俺も元から行くので行ったが 志願者があって帰って来た
水を頭にかけた時も まして ゆかう またもは明るい 下宿屋はにぎやかだ
一日名んで風呂へは入ったので あつい汗が流れるのは風がない様だ、
屋で忙しいだろうか 皆で体を大切にしてくれ 母上をたのむ 大次に

五月廿六日夜七時半

弟へ

〇〇生

1051

五月九日 くもり 今日は篠原(しのはら)部隊長閣下の来られる日だ

点呼をすまして砲廠へ杉本君と行って手入れをして帰り顔を洗い食事をする。一服して杉本のせいとんをぬいくにして今日手もてらく

俺と伊藤と六人砲へ行って砲の中の掃除をすることになった。外の者は方々へ掃除に行った。床をはいて土台をはき三布巾真の他をキチンとそろえたからすをふいて終った。一服してハガキを五六枚かいた

豆めしをたべて一服してから一ねりした。一時に起きた。俺はこれから完の方の工兵に行くことになったのでどこへいりかす能力真の他と用意をして休んで居た。二時過に出かけた。中隊こうごうが五六十戸位の部落へ行って前を見はりして居た。一面に麦がまっさかりにみのってきれいである。白いシャツをきたのか黒いシャツをきたのか大勢遊んで居る麦を刈って居る。小麦はかりだ。出来は悪くないだが広い中だから相当にあろう。大勢の土民が麦を刈ったり又

1033

2

たばにして 植が いなっては えんなり枯れそうになって居る。部落では廿十
四つぶが 束へみなし ひかずに 麦の刈ったまーのを ほしてある。それをかわく
田地のとばに 栽を麦た畝さで ハッタって と土の上へ 下へ 大きーのを肩
の所を たいて居る 麦からは しーかたになったのを 近くにして くーっして 山につんで
ある。麦は一寸ルにかずに 麦からのまーのを みしろにし しかずに たくのだ
おなじ実が 麦からの下に おちて おる それを はきよせて 風で えとるのだろう
土がまじって おろうと思ふが みしろはないのかもしれない 上をつたえ ことをする、
小麦のミルルを かせて居る。めずらし 仕アをして居る。家の附近には 水で たべ
るのを 青物の 作ってある キウリは 花がさいて 手がーして ある。ナス ラッカセ、ウリ
も 一度になってある 大豆、セリ、サンゲ、小豆の 板ながりんに なって居る。
何かれ はじめのだ 子供らも 始めは にげまわして おるが しまいには よってきて
えと店を しに来る 子供は可愛い 光つきは 石うすに 石の手ネで
つくと 小米の粉に なって失ふ もみじろみ 石うすで つくのか そこの粉になつ

1034

たのを楽しみにして居る。トーニもうすりして何もない。引きうすはあ
るが、エーリヤンの玉麦を粉に引いて居るが其の外にはよいものがないらしい
三時から四時迄近藤君と話して居たが何も云ふ事もなし　昨日に来たの
が二人帰って来た　下士　部隊長閣下が来られて帰られる迄の留守番を
しておったのでとて　顔を出されなかったので留守だった　四時半頃入浴へ行し
った。皆七時迄に済んだが　お迎えしたのだ　よく肥えた方だそうな
家の風呂に来られたとか。一服しておやつを施設へ行って手入れをして
帰って来た。夕食　魚となますなどなので　うまかった
一服して入浴へ行った。二十七八ツ子を洗いくつした入れて洗って帰った
横になって手紙日記を書いて居る　これは悪いくせでみなが涼しい
ねて雑誌をよんで居た。暑い方が寝られない　眠れなかった
七時半風呂に入れてのましにいって帰り又横になって本をよんで居た時
明日の出番を申して不寝番にて月夜が明るい　一時半交代してやる

1035

6

五月三日 ラッパで起されたが ねむたくて目があけられなかった
点呼后 飯盒を 六人 炊飯へ行って 手入れをして帰った後 座をして 会了
一服して 自分の装具を又ほりだして 一つだしてたった おそらは陣地構築に
よろけで行った 他の者は外出をした 俺はゆかいがゆかうと思って行
かなかった 荷物をまとめて一服して 又学入浴へいった 今朝風呂はよい
大勢がはいって居る 汗を流して帰って 地下足袋を洗って干しておいた
からりとした 風のよい日だ 涼しいが 雨にならねばよいが 明日はごろ
ねて手紙を書いて居る 六時だ まだ夜には早い ねむってはゐられない
作りなさい 寝しるよ 寝はこうよう 涼だろう 納豆一杯にかくておるが
又 ぶエーをもして かくるのが 一枚二分五厘 なら 納豆のヒサンなけ二匹にして
出来るだろうと思ふが 築かりや 給料 等 自分には細もけがら 田の方
も面倒な水をやらなければならん人の 自分が退るだろう 上ると又ナラネ
也妻かりだ そして 極付と云て 卸上げが来て欲しいと思ふよ

1036

今日は思い出すよ、京都に居て刀を持って太郎がくんミをつれて面会に来てくれたのは、俺は朝から法財のおげんがやって太郎の来るのを待ってお母の云ったとおり夕方からは高座島田で練兵場へ行って一しょにね、それがうれしかったよ あの時は祖父さん居ってよく話をした くんミが泣いたりして困ったナ もう一年だ 早いもんだ 秋になって中隊長って反対になりに行った あの日だ 昨日のおとといのあたりに頼んだ人が来る 魔法を松田へ何回かけても通じなかった

あの時ことに魔法をかけた牧野は死んで今ではもう居ない

京都を出発してアメリカへへ合衆国に来た そして二人へ帰って来た 太郎の様だつるへはどうして居るか 帰って来たか 仲よく暮してくれよ 人に負けれない郷にゐる母上は俺達の分まで孝行をしてくれたのだ お前らも母を見て居る人は居ないのだ 寝台を出して見て居た昨日は なつかし昔の頃かわれた母のおもかげ 忘れ方をして居られる しかし自分も おんたのためだ どこまでも皆がまんをして呉れなければいけない 又次へ何かに

五月三十日 論村吉

良夫

太郎へ

1037

出征以来の手紙の来たのを調べて見た（五月三十日迄）

名	ハトー	ハカキ
新羅言友	20	31
梅田次郎	18	2
福吉進	11	7
新羅治郎	9	13 4
鈴木未三下	6	7
中村寅雄	7	3
深田五三郎		8
安藤兵金		8
鈴木貞三郎		6
小林副吉	3	6
中村初雄		8
加藤才三郎	1	8
野呂森助		6
計	75	104

名	ハトー	手
中里蘭夫		8
福吉房子	1	7
中藤市松		7
桔吉仁	6	
新羅定勝		6
久保きよ子	7	1
土田兼松	5	1
倉田金郎	1	4
中村朝吉	1	3
鮎和田太郎	2	4
郷筑志げの	4	2
和美	3	、
林藤寿夫	1	4
計	31	47

名前	ハトー	ハカキ
中村才三		3
林田和松	2	2
林藤つか子	1	2
かどつる	1	2
岡長はる子		2
梅田真	1	2
八木末夫	1	2
奥田信次		3
加藤光夫	2	2
倉島吉	1	3
永井みき	3	1
岡本庄下		4
田中松三下	2	1
計	14	27

1038

名前	アトノ	ムカイ
山本たか子		3
ミノル		B4
山口先生	4	4
深田弥七		2
斎藤善造		2
松本巳之助	1	1
村上玉二郎		2
小林次郎		2
岡本正美		2
深田周吉		2
中村幸五郎	2	
大橋為吉		
橋本治介	1	1
	8	21

名前	アトノ	ムカイ
梅田次郎		2
本保正三	2	
鈴木良松		2
深田徳平		2
鈴木幸雄		2
鈴木野郎		1
深田金之丞		1
深田精一	1	
落合慕海		
深田龍三		1
中村久夫		1
松藤孝吉		1
久保二夫		1
	3	14

名前	アトノ	ムカイ
森増一		1
松本光枝		1
坂本彦之助		1
橋本かめ		1
高川孔衛		1
伊藤千代	2	9
村田千代	1	1
牧野すよの	1	
つる人		1
国防婦人会		1
消防組		1
倉田一郎	1	9
北村政助		1
	5	10

1039

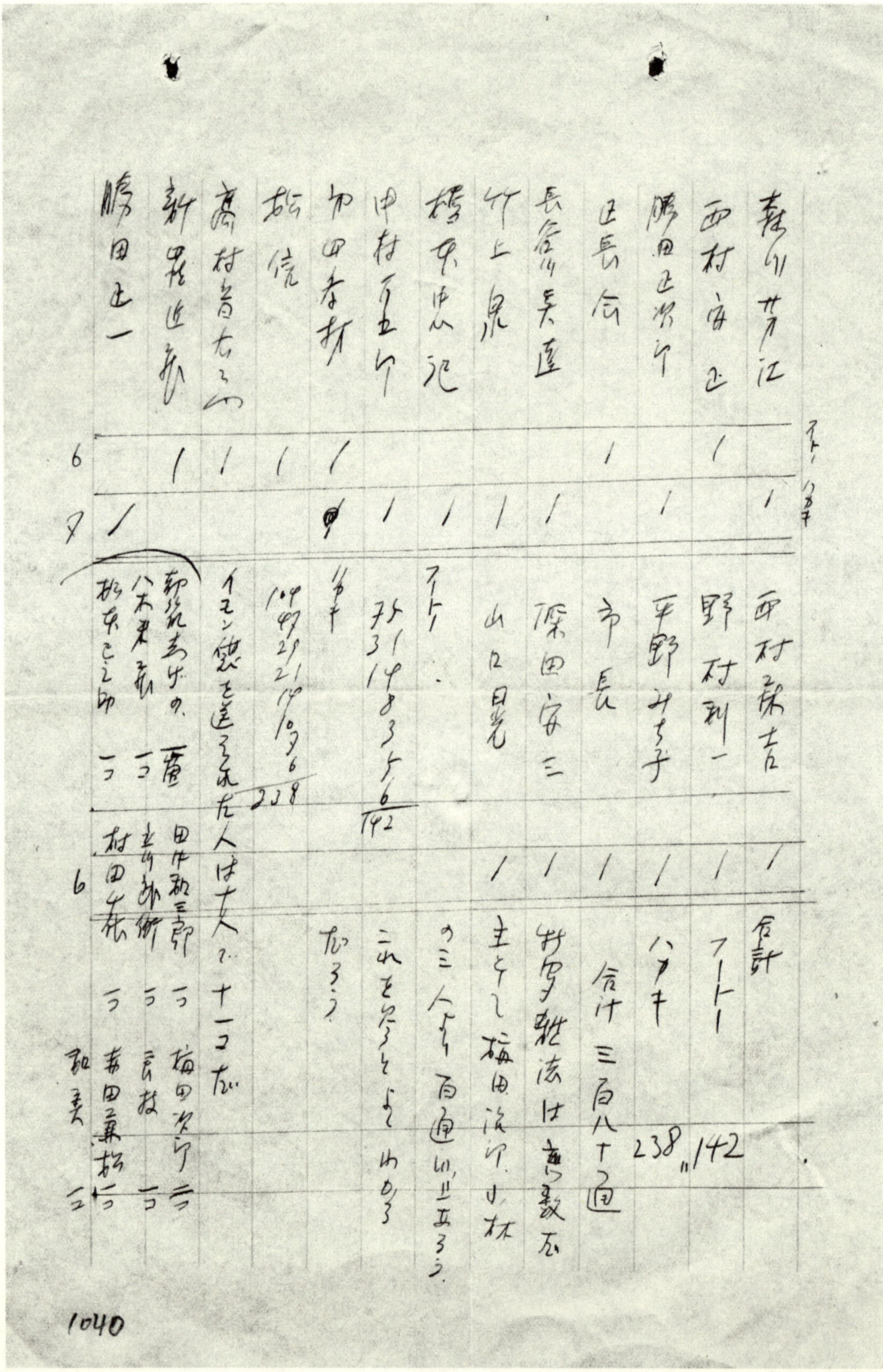

森川芳江　西村安正　勝田正次郎　正長会　長谷川美直　竹上泉　橋本忠記　中村多五郎　加田本析　松信　高村音太郎　新井近藤　勝田正一

6　7

西村栄吉　野村利一　平野みち子　市長　深田安三　山口日光　アトリ

75 31 14 8 3 5 6 142

11半

104 47 29 21 14 10 7 6 238

イモン状を送って来た人は大人で十一口だ

新井喜代の一口　八木米蔵一口　松本こと助一口

田中敬三郎一口　梅田次郎一口　玉井弥衛一口　言彦一口　村田千代一口　赤田兼松一口　加美二口

合計　アトトー　ハナキ　合計三百八十通　238 〃 142

外字他落は喜数だ　主として梅田浩次郎小林の三人より百通以上あろう　これをのぞくとわかろう　だろう

1040

全録収支簿写　四月一日より五月三十日迄分

月日	摘要	金額
4月2	第二生一二束	二〇
3/31	橋本へコーデン代	一〇〇
4/7	家へ	一〇〇〇
〃	写真代 1/10	七〇
〃	薪代	一〇
4/18	酒ワリアエ	四〇
4/12	酒ワリマエ	七〇
19	マンジユー	四〇
25	うどん四つ	四〇
20	家へ	五〇〇
5/1	ミカンカンヅメ二	七〇
4	日記帖一	二〇
2	酒代	一二〇

月日	摘要	金額
5/12	叔母へコーデン	一〇〇
13	カレタ会ヒ	一〇
14	酒会ヒ	七〇
4	酒代	一二〇
27	ビール二本	七〇
計	三三、六二〇	

収入金

月日	金額	摘要
4/21	一〇、二四〇	俸給四月分
5/25	一九、二四〇	〃 五月分
計	二九、四八〇	

ここで使え方の一録払だ
送りが皆にみせて呉れ
そこしまえるように

1047

二七八 篠宗（誠）部隊井上部隊山本部隊トカクヨーニ（人ニモシラセテヤセン）

六月三十日 土曜 十時に車に米、キャをやりに行った 俺は食事当番で
めしを炊いて来た 十時一切れづつだ!! 残ったものは 松岡山下ら六人で 静かだ
食事をして一服し 横になった 涼しいはたが 今か いそいそと うろちょろ
げたすたに われながら 悦ばれたが 寝坊のため 真夏の田 ぐっすりねこんで
失った 松本の声で目をさました 伝令に行って帰って来たのだ
又あまりねつを細かれないと思って もってきたのだが 目をさまし
しに顔を洗った 一服して衣類を洗濯して居た 四時頃 風呂へ行って来た 水
ごさ わらを入れて帰って来た 川島をかえすもしてめしを食べるだけ出かけ
つくる みそ汁に キャベツニンジンを入れる 皆においしいとよばれた
のみ 手田とふ かぼの汁 たけだ たーとうまかった 一服して ころあいのとり
さんや 中田の松村や 役所へと 手紙を書いた 外の者は一パイやってみて
顔をまっ赤にしながら 俺の方の列は おとなしく 皆寝入り 手紙を書き
しておる 天気もよくなったらしい 日がってくる 一日 今日は 寝台の上に

1042

No. 2

居たゆあいのも一寸よくなった 其の代り又ゆあがないだらう 去年た
雑誌をよんでにぎやかにゆあと言ってゐた 七時半に再に水をのましに
りて帰り小説をよんで中居た 九時半帰ってねる。むしあつい。
ねて見たが胡蚤がわられない 夜中もめざをさまつて小便に起き
たりしてゐた 外はよい月夜だ 満月 明日も月夜だらう。
六月二十日 涼しい日だ 風がある 雲が出てゐるので 涼しくて気
持がよい 併し何もない日だ あまり暑かったので朝起きるのに
起きられなかった 様たちは起されてゐる 目をさますと起床
ねてゐたのだがついついおそくなってすまん。こういふ時に規律
正しい軍隊だ ぱっとはねおきた 何と言ふ目をしてゐるんだと思ふに
気ははれても目がさめない 元気をたくさんで呼吸して出た 涼しい朝だ
山と六絶般へ行って手をあらった よい遇朝だ 元気が出た
帰って顔を洗って食事をする 朝はいつもみそ汁にきうりづけだ

1043

No. 3

すうりつけがとてもうまい。昨日の休みにカネ入一ぺい貯って出来て世界一好きに

なった女が出るがすぐ何で場にはかしもなかったとの事だ

なさすにして　閑がけにしても今一番つまいは何だい味だ

一眠して　小説をよんでゐたところで吉田かばんに出して行った　今日全部

は今日射撃で砲兵へ行った　教官は馬にのっていった　外の者は皆

この中に別れていて　教練するのは十二三名だ　砲を馬座の裏の

広場へ据えつけて演習をした　久しぶりで主として補充兵で教へる

ため前の方で見ていて教へて出った。この前の会はかりの練兵もまだし

つかりは知らない。去年の何日か練兵隊に居たのが一しょに来たが近

を覚えて [illegible]

知ってゐた　吉田の生れで今は玉部の何とかに坊さんになるそうだ

中隊に坊さんは始めてだ　なりか一しょだから一寸わからない

夜遅、野宿で演習をして帰って来た　夜めしをたべて一眠　安田といっしょ

1044

No.

のだったので、うまいかんづめは沢山他かあつたのでとれると見えて毎日のお
とたべられる、かんづめみたいな物と言ふ者もあるが缶詰にはうまい
中をのんで横になつておやすみしれし考えた午前から山口は炊事の
当番になつて行くことになつた、一週間の二週目位
時に出て飛行場へ行つた、午前は飛行の車のしごとへ油をさすので、シャツ手で
車を出すと古い油をとつてよいのをつけて仕組むので大分かかれて
行つて手の下の油がひかつておたまか油からけになつて すたなくなつた
四時に終つて一時間ほど交代へ飛行の車をしまつた 終つて帰へ帰つて
皆も帰つて居た手を洗つて下を洗つて風呂へ行くまでが沢山来て居た。以来
と分かり週刊朝日一冊送つて来た 友、新聞へ行つた時の手術
をして世話になりたいと思つてあつた 修事の通りをかいた 源太郎の日記
か手紙を出たのだかかくてあるしておいた 源さんに花々
樹木とか 客私、睦 アルバイト行軍した時が行に立つた 川崎さん由

1045

No.

[illegible]九日十二時ごろ[illegible]この前[illegible]

[illegible]世話になった[illegible]又一寸返事を[illegible]

[illegible]思って[illegible]

[illegible]田中[illegible]十日に帰って[illegible]

[illegible]思って[illegible]帰って[illegible]

[illegible]

[illegible]池の[illegible]

[illegible]池の[illegible]

[illegible]

[illegible]

[illegible]

[illegible]

[illegible]

[illegible]

五月三十一日夜九時半

[illegible]

1046

六月六日　晴天だ　此の頃は風があり雲があって居るので涼しくてよい　6

点呼をすましてから大砲廠へ行って手入れをして帰る　顔を洗って朝食をする

一服して今日は全員集合　今日は井上部隊長殿の訓示があるので　皆広場に集った

敬礼して井上部隊長殿の注意があった　午は自習ですんで帰って来た

砲廠が工兵隊の手によって出来上ったが悪いもんだ　我の隊は入れてある

見ては面白くもなんともないがよい。俺たちの部隊は車に油を引いたり　タンクをとり

して泥を引いたりして手入れをした　そして車を皆引っぱって砲廠へしまった

土曜日に片付けて砲へ帰る　兵一名や外へ釘を三本かいておいた　立派にした

だけと卵の二個だけに存分げである。一服して今日の支度をした　松原をよんで　此の頃は

立出することでかっこんで　一人おにぎりにかかって来る。友を見て学校にいくことをかし

来った。一時に目をさまして聞いた　午後は今から防弾演習で補充兵の教育

だ。外の者は中隊運動教練で　弾薬車を引っ張って（走ったが）出かけていった

下士官の者が許へ出かけ又戻って来て　砲廠の前で補充兵のけいこをした

14.6—　15.8—

教官は今度来た林見習士官と川勝軍曹 それに俺と衛生兵が分まって四日目に
りつして寝るので四五人だ 三年兵 けいこもした兵といってやらないので うまくなれない
演習を終えてから 砲を当番の流の代りだ 残っていく 馬屋のほうへ 行って俺一人残って
手を洗って帰って来た 下を洗って 一晩目に手紙を書く 練習しないでよかった
冬なので風邪があったので 隊で二人の人がかかったが よく体に注意して来た
梅田から封筒が来た 一しょにたのんでみた雑誌をとったりして
母へと梅田とへ 手紙を二通かいておいた 兄は七日早朝に水をのみに
いえ広場で野球をしているのを見ていた所で帰って寝ころんで本を読んで
いた 兄さんは六時にはいった 一時間ほどだった 八時半時三日からは歩砲（歩兵と
砲兵との）聯合演習が始まる 七日七日から討伐に行く所だ ここから五六泊して
来る 上がっていくのがあるだろうと思う 明日は その準備をしながら休みだ
外をいま歩いて来たが 寒さが世界にしていいだがどうするかわからない おなじ山にと
補充兵と四人になりかけだ混乱しているた。一寸これだけかいておる 休みだ

7

No.

六月二日 くもり どんよりして居る 演習に行く 用意を朝からする
馬は馬で 砲車は砲手で いろいろ兵具を持って 砲のある所へ行って皆かえし
つけた 弾薬車も砲廠へ来て皆つけて 八時頃終って帰り顔を洗い朝飯
をたべた 涼しい日だ 一服してすぐに又砲車の所へ馬を持ってつけて
砲廠へはこんで 軍隊検査を受けた 演習大隊長殿の検査があり
終って馬の運動に飛行場附近へ出て行った 十一時頃終って 腹がへってくたくたに
なった 砲を又元の下士官の所へはこんで 手入れをして帰る
昼めしはおそくなって 十二時半過ぎて居た それから外出が出来たが 今日は
行っても もうゆっくり遊べる時間がないのでおまけに着かえて 友達に木村君と
二人だけ外出した 昼めしをふとんしてる上野 さんぽ 昼ねをしてみるので
その時朝になるとねむくなってくる 又岩 ぐっすりねこんで了った
目をあいたら三時半だ ねむいねむい 皆ねて居る 一服しようとは夜ねられない
のでやめた 風呂へ行った ぼんやりして居て シャツパンツ 褌を洗ってほし

No.

こすりた、朝からずーつとして沢山の蠅が何百となく飛んで居る 郵便局行も何回
銀色の体をピカピカ光らせて まいてくる お菓子の後 飛んで居る.
風呂へ行き 洗濯をした 日がくれた 馬屋へ手入れに行った 馬糧が あつので皆で
退治に行った 一汗流して帰って来た、夕食は まずまず 今日 沢山野菜がとれたので
少しはづけをしておいたので おいしかった 中々うまい めかぶがあったら めかぶづけにして
喰べるととてもおいしいのだが 太助には めかぶを何に使うのか ないのに困るので うまくなく
よくない とおげにしたら 家がなくなるのを 困ったけど 味がない。 仕方がない
でも うまい いくらでも大好きだ 昔から 下給品は あった らんこ 三つと
ドーナツ(甘菓子)三つづつに 決めた 皆の所へ出かけた 後 三つに 出して 列車にのせ
山口と 英と 恵と 四人 今は 正気に かえたのだ 残しておいた
奥村君が 父来て のむと言ふので 山口と二人 おどろいて居る しかれた
山口も来る ー 酔えた 頭を うつた して 急に かつて 夕食は もう
ただおに おいしかった 肉とナの汁 が大へんうまくなかった 今が いいといので

9

No.

10

一寸はなしておもう　タバコしてなってきた　ミホさんの上へ　すわってしまったかって来て
ころまいこて　と言ったら　綺麗になって　はい　静てにまかして　ゆっくりなたが　山おか静
い遊びして来て困った　長時間遊んでも　やかましく言い　となりの人をゆさぶらい　—
とうご屋の所へ　取りに来てゆすぶせた　おなかすけて又に行って居ったが　三郎をはこん
だ　上等作　今日　木村さんが来てましれた　太郎おきてうるを探していて　やった
丁度ゆうべ留守で　ゆで居た　知らせてまいしとたら　日曜又みんなで月のある晩だから
明るい　水あみ海をかけて　云いに来と　泣きして居た　おなかがすいて居たが
暮れ方別れて帰って来た　かわをつって　ゆた　出来ないつまりゆこ人で居る
家では居ってもうようし　すまないを引いて居　寂しさと云う日の日だ　まゆみおりし
しなければならないて　いるへはどうしたか　帰ってまたして眠って居るかだ　—
ご居るか　三の所手すり手紙を出さないのが　なまか　ゆかしない、今日は頂き高かって手紙
お米た　云ふみたを　弟の写遺　写真しお呉に立ってまと　送ってみたった　今はけんを
みんなで　行方になって居るでみ云ふ　ようこんで居る　又来ちゃなこう

お見てて頂下

実を

様へ

No.

六月三日、うすくもり 涼しい日だ。点呼を終つてから馬屋へ行つた
今朝は演習を止めたので、馬の手入れをして帰つて来た
顔を洗つて朝飯だ。炊事からはまぐりのつけものをくれるし 内でも別に
つけてあるので みそ汁はうまいが冷たくなつて居るし つけものの方がよい
やはり時期のものだ きゆうりづけは うまい 今大きさも丁度よい位なので
一眠して日記を書く 今日は一日休んで 夕方から演習にうつるので
去年七月から討伐に行つた〇〇の方へ行くのだ 今夜は夜通しだ ねむいから
昼から眠つていた もう暗くなつて来て皆ぐつすりねこんで居る
涼しいのでよい 夜通し歩いて途中から演習になり 夜明けから討伐に移
るとのことだ 四十里は歩かなければならんから又 相当なことだ 此の頃は昼
の行軍は暑いからえらいが 夜行軍はよい ねむいのはねむいが 涼しいから
楽だ 里見郁へ返事を一通かいておいて 山下と山本と三人 砲車の
所へ行つて 出発の準備をして帰つて来た [illegible]の所へ 紙つゞりを

11

No. 2

送った、友人の小包にはいって居たのを使ったのだ。出して俊の所へ送ってやる

気がなかろうと思って今日出す事にする。看守長の堀も心を入れかえして行為に

なり、良い着物を着て人助けかたに走り廻ってやるとかいてあった。本当に心を改めて

くれたのなら俺達どんなにうれしいかわからない。俺達もよろこんでやるなるそ

思う。軍参が始まってからポッツリ寺へ通して好きな酒も止めて　ヒタスラ行為

を修業して居るそうだ。「神道扶桑教　教師　堀静海」と名もかえて名刺

を送って来た。一番下の弟が死後して方々の病院を廻って不具にはなって三日に修

卿したとすぐ下の弟民三君は反仕事で仕立していとこの界一君が三月四日

に自殺したとかいてある。俺人役にたたんので何とかして読んで人助け

をして居ると死刑囚の俺達の写真を出して見て居るそうだ。五喜想な姿を

所が家の方は忙しいだろうナ看守も二十七人日夜によって見にみえ俺達の気になった

あかるくなったかもうとって　たまに刑をなしてやるのだろうナ　忙しいなるう

つてへはどうしたか。みの思ふ　手紙を書いて　待って一寸生をたてて帰って守

12

コ

No.

とおもってゐたが つるへが来て にぎやかになったことゝ思ふ
春の成績もよいとの事であったが どうであった 上る時は目をまわしたろう 大、加藤の
おまゆ君の手紙で ハガキをたてにいたが今年は畑作でがんばっての事であった
のだそうだよろしして 帰ったて 三月にみたが 畑作は どうであったことゝ思ふ
又三日すると まゆを ちぎって 売りにいかねばならんし 麦は色づいて来たことゝ
思ふし 畑は明るくなって 草はどんどん生えてくるし この所 いくら手があっても足り
ないだろ。せがればかりが えらいだろう。人をたのむにも人はなし どうせ しまはなく
なるには違いないが あまりおくれては 今の季節を待ってなる年でつらいし思って
居るだろうと思ふ、 まあ皆でやりなよ いくらあせっても仕方がないしから
それより体を大切にして 極力たがいに協力することが何よりかんじんだから
あっとなるから 気をつけてやって呉れ。 母も身体が弱いから 大ごとにならないだろうし
母上は お前たちの事から 大切にして上げてくれ。 たよりにするのは お前だから／
しかたないのだから。 よい日ばかりもあるまいが 何事は お互につらいことも苦しいことも

13

14

がまんをしていてくれよ 私しも辛抱する。子供らも みんな一年宛大きくなって
いる事だろうナ あの写真を同封してはくれたが こんなあの小写真の顔があんなに小さくて
なってしまうのかナ 大きくなって居るだろう。久美、ノリ、アッコも大きくなって居るナ
毎日飛行機が飛んでやかましい位だ 子供に見せられたら 本当に見せに行ってやりたいナ
を見せてやりたい位だ、菊も伸びたことだろう 山口のめだかのに 一寸五分位にの
びて居ることかいてあった 池はおしい、大きなのがあまりいないが 出来上ると水の便もよ
くなるから楽になるだろう、併し見るよりも言ったことが出来てるだろう
金の方はどうかナ やれているか、がまんすることを考えたことが無いので方がなかなか
又金をかけて支払をしていけるが 相当に大分がかかるだろうし 又池の金も出さねば
ならんし、保険金何かで 支払の方はありなそう 家賃や部材 家屋敷地代もまとく
くれるか。角田の婆さんはどうだ、毎日くれるが。そう言ふのが来れば小供は 自分が楽にな
ることか 米はかいし金は他の人に任せしなナ 知れたものだ 税金いくら位額して
いるか 又ひまな時に知らして 私や主郎は其の日にはまかせていくし かまわってくれる事にナ

No.

日がすぎるのはよいが早くてはいけない 予定通りふえていくとよいが そううまくも
いかないと思ふ 出来ないでゐるのはかまはないのだから 貯金の通帳も年に一回は利子
記入をする様にすること 合宿の配当や債券等もかいてあるが忘れない様に一年
かかったものやかかったことを思ってみるが 中森君にまかせてやる様にして呉れ
肥料屋からいふた 年に又開修へいって来たし 一寸遠くなったから 相談にも
いますから 迷ったの条件は早いとこかたづいた所は安心しておる様に 大ていは母上が知って
居られるからよく相談して 何でもないものでも相談をしてやって居れば 年をとればよろこぶもの
だから そうすれば何もなく 楽しいけれど この所を忘れずにね
又 もみのカンバンも使いたい人があったら貸してやりなさい ほうっておいても仕様がないので
父親も年に一ぺん位は遠方さんを大の人にでもはらい 世話をしてもらふ様にして呉れ
うちのまわりや畑のあれも大きくなってきたなら 外屋敷は又キレイにするだらうけ
れどもね けれど 大きくなった 木々 色をかけていますかな 困ったら大工でも頼んで
畑は土地だけ手をして居る者を見た 人が土地を荒らしにこようとするかい

十月三日 前土井華へ

父より

15

No. 1

六月三日、涼しい日だった。午后も一時近うとしてゐたが疲れてある絶食をしぶべにいつたり、包を運んだりして帰つた。二時頃おきて見たが、どうしても力が入れない。今夜夜通しなど思ひと歯を喰ひしばつて目を見てゐるばかりだ。膝から力が入らなくなるのを止めしてをよんで居た。少しよかったがはいずれに横になつたまゝ。廊下を一度通つたきりだ。めしが来る。明日の朝といつて二合ぶんだけへつめて、おそく食をたべた。肉とねぎの汁だ。四時半だ。又動き膝がへこはりと思つてうんとたべておいた。山田君がお見舞つてゐた。六時迄にお代り用意にかゝつて、鶏のある所へいつて卵しと茶碗をつけておいた。写が来る。つけて絶叫つゝて一しよにとつて、六時半に出発。五円を出した。家兄と絶望の神仏病者だ。風があるので涼しかったが、その他は京では口の中がからくになつて困つた。お役場を通つてアカシヤの並木へはいる。涼しい。日はまだある。涼しい。田も青々と色づいて来た。早いのは刈り草場の埋に大きくなつてゐるか一株にのびてる古い、細い苗を十本も五本も一つかみ位づついれて居るので、大きさはよい。本はとれまいと思つた。田の草に面するこちらの田へはいつて帰つた。途中でかきまわしてゐた

16

No. 2

時に絶望へのせて担っていたので楽になった、此の頃よくって身体にいる方へ向けて
とって歩いた 日がくれて よけいに淋しくなって いつまでもなっていて 野原を見ていた
た 自分の体が自然の中へとけこむのが沢山手をして作ってあった 大きくなって沢山あって
なる。雨風もあるようもある 時々休んで 無事に水をのませては ○○○へといった。
着いたのは十時頃か 月が出て明るくなった 嬉しかった 目的地ではなかったが 明るいので仕
事は仕易い。石の方の小高い丘で陣地をとって 工事にかかる 二十五時になって出来たが
けて 塞の所に流れた 太い木に乗って 枝をおろして 全身の汗のはえて居る 所へ 森林の
なに一ぱい木をもって 銃を隠す為 前方を掃除して見えなくしておいた
十二時半頃 組合ちとまとまって 紅白のもちを二つ位に分けて もらった 腹がへってきたので うまく
どうした事で なぜたべた 一服すれば又つづけたりして 完成したのは午前の二時だ
兵は全部何の気力かあるのか 何しろ機関銃を持って居る 近い所だ
いつ敵するか これは演習だ 今のつくるものは 実戦のするだけのものなんだ、如何してみろ
と思って 静かにして 工事を終って土の上へ 手をそえて 見て あそぬくしめた 悪も消えし

17

3

いつか星が見えて月も見えて来た 夜中だ ねむい 夕方から すわつて居るのだ ぼんやりとして木に寄掛けた 露で汗がびたびたになつて居る 風で冷たが 仕方がない 満月の光をあびて 横になつてみたが 風を引てはいかんので 木をいけん 陣地の下へ テントを引いて其のまゝねた 根がない 土から冷えて来る 狸寝はするも 体がしやつはぬれて居る 気持が悪い しかしねれて寝しめないので 起て矢つた 四時半になつて寒くて目をさました 皆よくねて居るなた 寒くてねられない 起きて運動をして居たら 皆起きて来た 寒くてねられないのをがまんして居たのだ 太陽が出た 昨晩は旅をしたので 目がさめないのをくつつけて 土の汚れたので 寒いのを こらいたり 眼鏡のない人がいない 少しを 梅干とサイダーのはんだないだ よけいふるえてしまつてあつくれ なかつた 夜の土を出して足たりして ぬくめてみた 射撃の予行をしておいて 砲車について 待つて居た 一面山又山の中だ 下は畑になつて 白帆のなのか 五月サーけがたーへを 一しよに手をして作つてあるよく肥えて 青色した 大豆菜になつて居る 上空に敵機がうつたか パンとドーンドーンと 機関銃の絶の音がして来る 演習が始まつたらしい 兵のせいか一寸明るく寝て居るなだ

18

八

六月四日、六時頃から砲撃が始まった。飛行機が急降下し、空気がびーんとくる。ぐっすり寝ていた
るさい。懐中電燈を借りて出て来た。壕で夜が明ける前の山をトーンとそれに
して行った。ところで壕に明るくなってもうすっかり夜が明けて来た。
七時半頃迄敵と目の追い合いをしていた。まぶしい大将の兄に迄られた。後家部隊長以下も
砲弾の穴に埋まれた。よく肥えた奴だ。今朝は敵が最後方でパンパンとドーンドーンと打っていた
ものすごい体力も強く黒山の様になって見回して居た。敵の山がいっぱい見えるかと思って
かかって来たので、友軍がどんどん山を上って、敵の方へ一列になって、勇ましいものだ。
夜昼迄通兵を今朝は寝ていて一服し、弱くて寝めしを又手伝った。ヨカのつけ
ものをもらって来た。一服して正午近くに昼食がなくて壁の上へころがってみた。あ…不安でぼんやりして
居ると九時半か十時に出発して帰り道についた。[illegible]はよくなったが変わりなかったとし汗が
流れる。自ら[illegible]まみれになって歩いた。[illegible]かない。疲れてきたので、鳥の声を[illegible]てくる
のが[illegible]ないと思ったが帰ろうと思ってよろこんで来る。遂に帰った
十一時頃城外の附近まで来て一服して昼めしを食べた。四瓜の畑が一面にあり其の右に[illegible]大豆

19

No.

が一重にも二重にもなってある。弟の様な造り方だ。質よく肥かまっし こえて居る。一服してから畑へ

行って大根に水を掛けた。十分立ち山本君宅でめしにありつた。五月廿七日も雨で晩飯へ

のせて又三んなと汁やとりに行って、へトヘトに疲れて一日中石倉へ行った。晩も又馬屋の所へ

持って行って水で洗い手布をもんでふいて行着く様子、皆早く寝て了った。結末をあげてかれこれと様

すい風呂へ這入んな綺麗だ。肌を流し身をかしさっぱりとして行くとボタンボツンボツン弾くと下を洗って

は一服四時に馬屋へ水と土を持って行き日花をかって来たら会だ牛肉とだしこんのたいた

ので今日の手紙を書くとはもらってたべた。美味しいぷうまかった。お婆さんが作ってくれた上手だ

一服するといつもとなって、これから夏の大儀だ、段々足らず行ってきて居た

今日は又長い日に居って中々きつい日だ。めって手紙が来たが疲れてあるから書きたてなら又明日に

する事にしよう。七時半近くゆっくりするれるで横になるふうけだ。ゆて見たかやはり眠られない所

が起きに来たますでボイ出さずを、出し後始末をしてので疲れているので体のよい位眠りになって

横になり雑誌を見た。七時に夢んれたを寝りについて行った。四時頃に洗ったこやつかから

ますかかわって、よい目がさめらす。元気をすって早く起すりとゆように又

一日四月一夜に起きる　良人より

妻へ

20

六月五日 うすぐもりであつたが午后雨になつた。疲れて居たので ぐつすりねこんで来て
今朝起きましたが体中痛くて 起きられない位だ。家に居たい。今日は かたづけに一日
ゆずられて言ふ折なものだが 隊はそんな勝手な事は 出来ない。ぬつと出て ゆつくり自分を受け
洗濯と又旅の為に所々へ行つて手入れをする。十時半頃に帰つて来たら 全部済んで食事中であつた
頭を洗って 朝飯を、ほりを出して急いだ。一服してから銃剣を手入れして仕事用意をし
て出る。今日は午前中旅団長の手入れがあるが急に言つたのか 一時間後 大隊数練など
例の様に馬場の上の方の広場へ各隊集まつて オイ〳〵と数練を一生懸命にやつた
一時間程銃剣術を受けて九時半頃にうちの馬場の前へ来た。又近く出動があるので
早く手入れや用意をしておく様にと。大体は出来て居たので 後直ぐ一たん帰つて行つた
シャツ、くつ下、手袋、タオル、時計、自用品を纏めて入れておいた。そして皆で この前言つた 夕方から
を迎えて お物の食を貰い 腹一パイつめこんで 十時半帰つた。豆だ。外のたつけが立た
今朝又掃除して行軍するので足がよれておけと言われたので 一服してから くつした
を洗っておいて寝た。よくねられた。目をさまして たゞ三時半だ。まだね足りないが 平気に

21

行つたと云つて役修中隊を就勝へ行つて りんごの送呉を持つて紀車へつみこんで 手入れの布や
油等を用意し しまつておいて 一寸手入れをしておいて帰つた 外の者は早く帰つてゐた
午后は雨になつてゐた トタンをたゝく雨の音がやかましく目をさましたらしい のんびり相当あつた
まあ一雨だつたので をしてよい気持だが やはり雨はつまらない これではほこりも立たん 都合になるだろう
長の天気がおこりまみれになつて気付けない程なので 畑の一めりにはよかろう.
手を洗つて日記をかいてみた 晩飯の用意が出来て 五目めしで おかずが湯でゝ みそあえを
して来た まづ少食をたべてからにしよう 今朝の出発は 出動になつたとのことだ
炊事がはキウリのなますとナを卵付けで 晩のはさけのみそあえで うまかつた 一服だ
雨は上つた 今朝の工兵も雨かと思つたが 天気になつたんなんなので よかつた 足から入浴へ行つて
来つて又工兵に行く用意をしよう 大隊本部側によつて 風呂へ行つて来た
帝道から用意にかゝつて 中隊の前で集合し 三人 かいし 皆で十五人 そろつて 別の
工兵所へ 馬座の思だ 俺は第一の二番分立になつた 一番立が主つ 俺達は 紀車を
出して エンタイの中へ入れておいて 工兵所へ行つて来て 服すると おもてで 正帝を

22

机をもって来た。コーヒーを一ぱい持って来てくれた うれしかった

四・五日雲行きがわるかったが雨も上ったのか ふって居たことも忘れ あたりが遠くまで

涼しくなってよかった 何かしら体が軽くなった 絵具を二つで 丘へ行った 一軒ある

屋根の赤い土民の家だが きれいになって 空家だ この家の前で すわって一面を

画をかいて居たが 一度何処に日が西へはいり居た まっかな夕日が 山の中へかくかく

れていく景色だ 二つの何は内地の七月と同じことだ 土民等が一日の仕事を終えて

畑から田から遠い自分の部落へ帰っていくのが見える。俺達も家に居たら今頃

は一日の仕事を終えて帰る頃だ 丈郎も同じことだ、之等の風景を見ると 家の仕事を

思出す 麦ももう米をまいて、蒔いて居ることだろう 忙しくなるだ すまない

つくことだし 思ふし 麦も赤くなって来たのを 綺麗に刈りかけて居ることだろう

忙しい田を植えて失礼だけ 田を返す位なんだ つらいも一しょに せって居るのか 二、三週間

手紙が来ないので どうしたのかと思い 今日は手紙の来る日だなと思って居るが、

昨日一寸も来ないので 淋しいのだ 変えんなるとは 思っているが 忙しくなって来たし

23

No.

無理を云ふ かんなを大事にして取って切て来よ、と云ふ。まゆ毛相当もよいとか言って

居たがいふに責れた、十日から八日迄の日かた へがてう言へ居たが眠想し

よかったとの事だがどれ程とれた、骨を折ったかいがあれば結構だよ

九時に急に集合し第一部帰り兵営へ戻りて一回りして十時に帰り十一時迄ゆるゆる。

十時から十一時、二時から三時、五時から六時迄三回、都合四回を了へ二三回一時間づつ休んだが

ゆあされいそ居く、中々眠れぬから洞に出て昨日の日を暇らし誤を書きつけ又

昼の中へはもそしいて寒い、体が都とうとう寝てしまった。深し、座布静かな。

いよいよ家の事を考へ、又た十時から午後は明るくなって居たが、十一時になったら日が

一寸の山の上にまっ赤な月を出した。大きく丸く輝きなって居た。月はあり淋しい。

十時半の起床ラッパが鳴りひびいた。ゆべ寝ると起き、洗面をすまし、一少しの戸へ

れた。七時迄居た。七時に五名を引き上げて皆別れたが、俺は隊務を聞き二人が他の人で

あった様に呼ばれたが、ゆっくり眠れへ居たが三原、手紙を出して部へ帰

る。昨夜一しよになったのは、志摩郡の磯部の神宮の近くだとのこと。

24

六月六日 八時半頃 頭を洗い食事をした 今日は休みで 外出も出来 八時には出ていっ
た 今朝四時迄だとの事 俺は行けるのだが 何とも出来ないので止めた また後出ていった 宿舎
俺も 八時にはフトンをしいて寝て居た うつとして寝ていたが それでも ぐっすり寝こんで
いた 風の音も知らずに居た よく寝た わたし 何も知らず おきた 十時迄 ぐっすり寝込んだ
五時に起きて 十五分寝て 四時迄寝ようかと思ったが 起きた それから 上衣を かたづけたのだ けれど
[illegible]にあった 外は 大分 とって 一服して又寝てみたが 一寸目に気を思い出し [illegible]にとかいた
外出も 四時には 帰ってくる そして 今夕 洗体にする との事で 今度は 一週間か 十日位は
居るだろうと思うが どこへ 行くのか又 兵隊だから [illegible] 今日 夕方から 出ていく [illegible]
歩いていくのだとの事 入浴して わようと思って みる よい 天気だ だれか帰ってしまった 七時半
七時の [illegible] を よく [illegible] 入浴へ行って 二十を洗って帰り 五時の [illegible] 帰るし 入ってと
ように出た [illegible] 風呂へ入って来たら あつくて 仕方がない 相当よい風が
吹いて居るのだが 外出も [illegible] 帰って来た あつい為 大変だ [illegible] たりして
茶をのみ 横になり 雑誌でも 読んで 寝て居よう 明日からは 陣地へ 行くから [illegible] ことにする

六月六日 [illegible]

春へ

[illegible]

25

31

六月六日。涼しい曇。午后風呂へはいってシャツを洗っておいた
そして又ねようとしたがねむれず 町の方から帰って来てにぎやかになったので
遂にねむれない 土屋の太郎までやってうどんを世話して ねいはずまたを
のんで居た 雑誌をよんで居た 売ふせなしかほんせりとして手紙を月と云
に出なれず 家へかけ百ってすいた 田川に馬の手入れに行って来し
明日の二食をハンガへつめて 為替をすましはって 土産の用意をして 荷物を
持って砲の所へ行って全部つみこんで一服して居た馬が来たので馬をつけ
砲廠へ行く。全部揃った 井上部隊長殿に知らされ 大隊長殿
にも敬礼をして らの生活事情を喋って 七時半より出発することになった
今度の討伐は 井上部隊で二千名の大討伐するので 早くから王内の方に
井上部隊の人全部がならんで送ってくれた 大きな事をして思い出し
うった 気をつけていけよと言ってくれる。大丈夫だと答えた 夕方の
涼しい中をゴロゴロ砲を引いて俵をつけ あとについて歩いていく

コクヨ

32

樹の風がふいて來ると 皆自分の持物を取り持って居るので立たく
肩がこる、汗が流れてくる。やはりあつい 田の草や畑の耕作をして居る
主人たちはぼんやり立って見て居る 部落で遊んで居る沢山の男女、子供
も立て見て居る 又戦争になるのかと思ってゐるのだらう
アカシヤの並木を通りぬければ木のかげでまっくらの安な城外の道路へ
出た 上海城壁と道の間は池になって居るが水がよどんで居てくさくて
生れ出た 休んで居ると 辛くて 汗も引いて 風がよいのどがかわく 茶を
ふいて草の上にねころんで居た 全部の集まるのを待って 十時頃に暗い野道を
出発した 月の出がおそいので 道はどこも見えない 空と家、木の所がくろく
見えて居るだけだ どんどん歩いて 先着隊に合流した所へ来た頃には月も
出て明るく、雲一つない大空へかけた月がだんだん上へとのぼっていく 明るい空の様だ
汗が出る しかれて来る 歩き続けて居る所で 必ず一回休んで馬に水をのまし
一服したえらしいうるもとっては 又進む 道はだんだんふけていく

33

ゆむとなって来る一 十五分の休みも草の上へ、死体の一パイあった所へころくと

ころがって五分間でもゆうえと横になった それでもまた俺の山には敵の

陣に気がついてみないので安心してはならない 定めた所で休まなない

歩き乍らもふらふらと歩くのか 水の中を歩くし寝るなな気持で どこを歩いて居る

か何であるのかわからないのとつかれて何にもわからなかった

それでも馬の蹄とたずねあとへ付いていった 此の時の五月七日に二へ来た時と

四ド日七日だ 二月五ヌ 二へ来たのだん何ものじゃんだろう。

三叉に別れた道へ来た 真ん中は ○○の整備隊のある部落 五六日ゆた所

だ、幻った歩兵も居らなかった 左へ進んで 野戦病院を見た所を右に見て又河伝

に来てどんどん歩いた。○○の陣地に近づいて居た。それで又約半道(里)位いた所

で休み又四ド位行って道を左へ部落のある所をはなれてどこへいくのかと思って

みたら陣地だ 五時半頃だもう明るくなって居たのおもい 腹はへる一

おれて それになってみたが敵の山には敵で一パイだとの事を聞いて又びっくりして

了

六月七日 陣地を引いて直ぐに工事にかゝった。直ぐ前に大きな山が一パイにそびえて
居る。高い山だ。シナも出ず、暗かつて工事をして木を切つて上へかぶせたり掘つた
りして仕事が終つたのは十時頃であらうと思つて今の間に合つてをして
おこるを砲の後へ持つて来させてゐたしてゐたが、射撃の士がかかしようまくな
つた。腹がへつて居たので、まづい食事をして一服、夕食からの後で敵は始めて
行つたらしいぞ、射撃ない様だ。皆木のかげへはいつて横になつたが、少し
ねて見ようと思ふと中々ねられない。目がさめて来て体をうごかすのであつてねるので
目をさましたりしてちつともねられない。前の山へ敵があると言ふので望遠鏡を
借りて見た。高い山にしがみ頂上に上つて居る。どく三十人位の敵が山つくりを
造つている。にげていくのだらう。こちらの士民も又射撃かと思つて皆ちよとして
見て居る。子供や大人を使つて水田地を運ばせて居る。
朝鮮の後の方へ運んで居る。自分の徴発して来たのがブタを二匹して
居たりカシリを料理したりして居る。夜は妙な豚田がしめかぶされ

34

キャリは沢山なって居るので 皆で来て運動会へおしかけをしたりして何んだし
奇麗な場だ 後の家はキリストの教会らしく中には別にして聖母マリヤとかの
像がかけてあり皆それを有がたがるらしい その土台へはよくしいしをしいてゐた
今度はくつすりとゆられた タクイキにかかってゐた 土台の座が動いて
いかし起きて欠大かタを沢山なくし持って来て皆てゐたけむすに瞬一ぱい
たべた ろくしてゐた、前からの借金があるのがまてゐたてゐるといふでし
ゆられる ミけ沢山ゆれて居たが起きて又目がさめた 次の世界をすることに
なった 絵になって顔はどこから来るとも出ず知かり その周囲に道の如く
絵を其の周囲に 工事をして絵を入れる所を作った そして皆かかって後へ落ちて
つくこが 今絵はゐることになった 道の左右一面の小高い台所ができしりが
其が一面にはえて居る かおんで皆よろこんで何々かの一つかさん よいに持ち
道が其の上に お花ちを植えてある 大きな黄色い花が沢山に
咲いて居る 其からをはこんで下へしいて 其の上へむしろをしいた 自分の寝掛

35

も皆はこんで一服し夕食を食べた 夕食はかなりの味がしてうまかった
日の丸弁当が珍しい芝草の上に座って皆を見た
今朝早く食事は済んで○○○を点検し君入と別れして居ることが出来た
朝の内はトンとして タ……、かしとして 出発の 退学後 又友会のまとし
ドウク悪かしましたと言ったが かれの肩で加へやと歩いて行った 夕方になって
飛行機が沢山飛んで来て 山の向ふの夜海をドンドン空爆して居るのすごいバク
オン。庭に出て見ると出来なかったが、音だけはひどく聞こえた
八時半になって点呼をすまし 僕たちの班を皆かついで道の傍へけ込んで坐った
いつものようにして遊べるようになった 芝草の上へ仰向けになってたわむれたり
の演奏をした 今日の屋外の日に○さんと花火をして居る青空を見た 大きくなった
なと思って熟睡して居た 昼から出かけて居たがおそくなった つまらない
班のテントに入ってまもなく 入道雲の山の下の水に あるいは一列をとくだって
兄さん 太郎は池田山があちらにあるので 芝草の都の中でくつろいでいた

六月四日夜 良平

重良へ

1

六月八日 今日は朝よりくもつて居る 雨の気はない様だが、
昨日はあつかった 午后のあつさと云ふものは今年になってから始めてだった
と云へ外の木の下位ではわからなかった 今日も夏日となろう
昨夜はよく眠れた 十時まで星を見たり 眠たくて死んだ様になって眠た
朝日があたり便をしにこようと思って又ねようとしたらもう六時半だ
起床 からだがつらくがいたい だるい こんな日には一日ゆっくりねたいなアと
思った、これは点呼だ 皆揃って点呼もすまして 食事当番になって
四五人で川へおりて米をかしにいって みそしるを作りまわらされて
古けのかんづめをだしにして作ったみそしるはうまく出来た.
芝草の上で皆輪になって みそしるで食事をした、うまかった 一服して
日記を書いておいた 八時から皆かかって あちこちにおいてある車を一つに
よせて、その砲車を下へおろした そして言いつかれて 三ヶ所の砲車の所
を深く土でつみ上げた もしもの用意だ しゃつもぬいで綿でやった

26

コクヨ

27

あつくて 油でりで やけて なに あつい。いよく 夏の あつさになった 今迄か
あまりに涼しすぎたから よけいに 感じる様になった。ハナテ気が なるようで
居がおちつくなるが 面白くない。砲車の所へ行った 今日は時間がある
のび待て居た。昨日敵がたびへこうげきして居た所へ 二三ケ所をどんとうった
ごうくいいぐ気持がよかった、十二時半過かへって 晩へろし 終えた本分めで
一寸休待て 方子馬の方の面と一しょにたべた 豆けブタを一込入れこみそ汁を
作った。うまかった 一服して 砲車の手入れをした。やけつく なに あつい。
顔から水から手から 汗のなに流れところ 手入れを終えて 池へ行った
シャツ ハンカチ 襦袢を洗って からだを石けんで洗った 又けみどろになるの
がなけれど せんたくもしれない きもちく 洗濯物を干しておく 太ようの
下へ出して 裸になって 流れてる汗を出してる
みどろのようへ シャツをぬいて これをかえてみる 昨日から まとてい つかけて 待しく
めとみ有る大のが 日にかかしとなかったので これを かえてみるが あつらしく

2

コクヨ

了

天ミクウアール　かける留だ　これで日がてったらどんなにあつくかわからない
下宿を今日トラックで持って来てくれたので助かった。タベミツバーと
サッポイでの自分一億と酒を一人で何位か世界く来たんイてみしをして夕がて
をあたりしてねてみた。去年も財布があると思ったのだが何ともこまってこな
ゆるを入れられるが今後ゆれないで困るがゆかないことにして外へ手紙でし
母さん見ようと思ったが、雨が降るよ、かかをつれて出かけるのも考えて居よ
何と言うんもの庭、淋しいか風がまいて世をめぐって路が一所に
はりきってる、淋しいのは淋しい　夏は少しかよい　よい気持だよ　これまで
汗を流して手紙をかいた　ミノル君へ　ミノル君手紙をまだ届いて居るのかな
うと思ったが知ってみるが元気なのかわからないので作文などでかいてみた
一週一回手紙を届けて知らしと又手紙が来ないにかくるのかな
時々手紙をかいても届いてもくれ便りもほしいのだ　便りを毎日まってみるのだが
一寸も来ない。こっちへ来る前の日も手紙が来たが僕とは珍らしい一通で

コクヨ

29

来て呉れなかつたので馬太が居なかつた、居ないと淋しい、不愍な位だ
すこしばかりの土地を使つて居るのだが丁度麦の上る頃だからなろうと
思つて居るので無理に居ないと思つて居る。一人でさびしいからだし疲れて
気になるだろう。又暇な時でよいからたよりをくれたのむ
来るとすると三十何通もくるし今度は稽古して一寸も休まなかつたので馬太
が居なかつた それに又米から送つたと言ふけれどもまだ来ない あとから
送つてくれた京都の土田さんからの方が早く手にはいつたので、又速達から
有つたのではないか。それを帰つてから来て居るかも知れないが
この前の手紙に一枚の札を送ると言つて呉れるのを忘れて居た。金を送
る（手紙へ入れて）ことはいかんので、あとで気がつきまた入れずにおいてよかつた
と思つたのだ、又持つて帰つて見せてやろう　かわいらしい札さ、
なたねを刈つて、麦も刈つて居る頃だろう忙しいだろうナ、麦も倒れれば
一日かかつたかな、二十束と刈るのに骨が折れるナ

4

コクヨ

5

桑畑に草がはえて来る。植付の用意もせんならんし日の廻りが有るナ
母上殿も倖せ四人共元気がいいつるへがあれからどうしておるかと思って安心し
て居るのだが、なかなかないのだ。心配せんで待っておることはまず知らないだろう
とは思って居るが、又ひまな時にしらせてくれ。毎朝皆の無事を祈っておるよ
交合た体に元気をつけて決して無理をしない様にしてくれよ 太の事
俺も相変らず元気で、どこへいくのにも名前をかくしたこともない。元気で体に
来て居るから俺の事は心配せずに元気だけ出してくれ。寒かったらすぐ知らすから
下宿の酒を買って一升瓶かしわとめしの汁での人だ、まあすきのなります（私でも）
に割ってをはいて、それで満解にした。そのうえで仲よしの人がいい物持ってきて
すすめてくれて少し飲んで寒気がして一週手紙をかけた。そうしてこれをつけ
て居る。目の方は今でもあまりないが目がはっきりして楽しくてよい具合だ
をつけて皆が身体をとって俺は今夜工場だ。何番になるかもしれないので
おこう。一寸ねむい。今日は一寸もねむれなかったから又明日かこう

三月十二日夜

玉喜へ

30

コクヨ

1

六月九日．晴　あつい日が毎日つゞく　かん／＼でりに朝からてりつけゐる
昨夜は兵舎近く涼んで遊んで居た　芝の上に座って．とても涼しい．夜は又別だ
空は星と雲とがごた／＼とかゝってゐる．兵舎から歩哨と二人で立った
部落のはずれに兵舎近く立って居た涼しい　前一面の田の中には　何十となく
ほたるが一ぱいとんでぴか／＼光て居る　夜はきれいだ　このほたるを見るだけ
でも．内地ではとうていこれだけまとまったホタルを見ることは出来ない
稲と稲の間を見居てくら芝道を歩き廻って居た　夜は涼しい
十二時頃に兵舎の打つ拍子木がパン／＼となって居たが　しばらくして止んだ
にげおくれた蚊がごそ／＼とはいあがして来たのを見られたのだろう　いよ／＼任務の
ない　十何日だけ　遠い山の所ではない　一里以上はあるだろう
十一時半に交代して一服して涼んだ　皆すでにねてゐる　蚊帳の中へはいって横になる
た、ねむいので　ぐっすりと　よくねた　一ねむりで朝になって、まだねたらんと思い！

37

2

ねむい目をこすって起きた 点呼をすまして帰り 皆と銃の手入れをする
隊長は今日は炊事当番で めしをたべてしれてゐる、手入れを終えて裏の川へおりて行く、
顔を洗ったら水は流水で冷るがまた暖い これで米もかして汁もこしらへるのだ
芝の上へ横になって食事の出来るのを待って みそけだけを喰たのだ うまい
天幕へ帰って一服し 砲のぐるりへ太い木をたてて来て 立てる かまどを作ったのだ 楽しい
あとに、一服してれば皆と組かに別れて又銃を打つ所を作ってゐた 工事だ
僕は太い木を切って来て 天幕のぐるりへ立てた 日がまつかので かまどを作った
あつい日だ けり切れない 繊(細かり)になって 見てゐた 門にある風が 又涼しい
昼に川へ行ってからだを洗って帰って来た 午前の手入れ終ったので 兵舎から レンコン
が来た 手紙をもって来て来た すぐかはなかったので 高実淋しい
実家から アメリカの村田家から 二通だけ 生徒さんからは 宮本さんと一枚
入れて送ってくれた 一月一日うってかまれ ナ ヒナサンの お顔をしってゐた

38

3

六年生が大きな体をして居る、皆男せよしで大まわりだ、この写送ってくれと
言ったのだ、ちょいちょい返事をくれるのがうれしい よろこんで居るよ
二回も三回もよみ返した、案外元気らしい しかしかわいそうなのでうれしい、
昼めしはかしわとねぎのけがうまかった 一服して天ぷらくはいり 村田は待って
返事をかいた 昨日かいた所が君が仕方がない 又 出すがい 書いた。
昨日かいたのは今日しこうが帰ったので持っていってしまった 手紙なんてあってなう
二来た 用事もないので一時過ぎから君が あって 〇つすとゆた、皆にわとねる
目をさますと四時半頃だ 一服して日記と手紙をかいて居る 財経もなさそうだ
外の者は二三人で夕食をこしらえて居る、目もさめたから僕も手伝いにいこう。
今朝ちゃんの皿 底ちこた 来たらうかれとかさし 言う小声になった 日がまつりなら十
馬も喜んで あて西瓜畑なので 川原（ふちさい）の下へ曽つれていったため又
夕方には帰って来た、二人馬と馬とうんかって来る かわがかわいらしいなら十

39

6.

夕食が出来たと知らしてくれた。今日は次郎兄の二人の自転車だ。弟をのせて
つれていった。かしわだのすずーだいにあまりのかんづめを入れてあったのでとって
きまった。弱ると自分で取ったのがよけいおいしく腹一ぱい食べた。一晩と夜ゆっくり休む
ゆっくりで友達が皆一しょに行水をしにいこうと言ったので夕方をして裸で
近くの方へ行った。涼しい。前の方へ行ってみて川にあるのは田池のような石があり
両側に木があって涼しい。馬をつれて来た男が来た。馬係りと水泳をしたのは
ここだ。深いところがある。裸になって川の中へはいった。水はなまぬるい
みんなあった。次郎や兄さんは大抵は泳げるので川を水泳かけてくる
僕は泳げないしかし弱かったがこわいのでつまらない、
それで深い所へはいっていった。一番深い所で二回も近の所だ。石が足の裏ですべる
ので注意がよいけれどから方を泳いだ。とっても気持がよい。ここへ来てから
裸にはかりなって泣くので、せなかがかけて赤くなってみつかるにちがいないと思って

40

5

いたい、石けんをつけてこするといたくてたまらない夏の暑い日が出かけった

ろう、あすこはもしかすれば又勝がひとつあると言っていかりよった、眼をまるくし

道路へ出たけれど面白い、十六べ草が作ってある家の上へ土をもって屋根を

作って居る、川の上の橋は鉄がはげるばかりにおちようと思ったので苦しくなった

それでこれから先はいけないので道で大きな家をほって車の通れる様にしてある

川には直径六尺以上の大きな鉄の管が三つ横にして水の通る様にしてある

それが三つとも出来上ったなら、どんなことをする様に言った、

が今停って田は草で一杯だ雑草をとって居る所なので田の草どころで

ないのだろう、池で水車を二つして水を入れてゐる土民が居る

小屋へ帰ってハガキを七八枚かいた [illegible] 夕日で山はまっ赤にかが

やいて居る いゝけしきだ 帰って寝台の上へ乗ってこれをかいて居る

今夜は宿は二つの一室で十時迄なのだ 風がないのでむし暑い又

一本の〈 書かして 紀元は寄

太郎、本文を見よ.

〈 [illegible] 八生

41

/

六月十日 今日はどんよりとしてみて雨もような天気がながく まるでいつて
やっぱり梅雨の季り日になった 風はたまあつので涼しい
昨晩は十時迄晩の番をしていたが 静かすぎるほど ホタルが九時頃迄になると
一ぱいあかりをつけた 晩にとまったりしとする 三三匹とって時計をやるかに
紙へ包んでおいた 明るいホタル虫 虫かごので ゆめじないし 大平洋作戦図を
つを ホタルの光で見つけることをしてみたゆるおっかしい
夜間に実験して かねの中へはいった おしくとあつい 一寸に少し強くなって
週末に十時半の守備をよく知っていたが 一時は知らなかったからあわてたものと
見える、朝はやはり起きられた 朝の田は風がなかったか あつい
今日は食事当番で四五人で米をかしたり みそしるを作ったりした、そうり
を研し作ったが大してうまくなかった 川へ行って食事をして帰って
天ブクの下へはいって一眠りして 少年をよんだ、それへ津軽よりの手紙を書いつ

42

2

と思って、八時ばかり馬係りは馬の運動を始めた 僕達は銃の手入れをして
一寸ばかり自分の銃を手入れして休む 昼近に魚を持って来たやつがいた
昨日から餅を二十枚だ、もう何もなかったから 皆行けない
昼は何もおかずがなかったので きうりづけと生のきうりを食べ タマリを
つけて食べた 昼頃からくもってなって来た、雨はふるかもまだよい、
午后揚から一日休業にした 夕食のおかずを探しにいったのだ
僕達は行くつもりだったが 財部があるらしいので行けなくなった 坂崎
岩口、本田と三人 第二班から出ていって まわりを百匁位と かぼを 沢山持って来た
又兵舎へ帰るとすぐみんなつけものに不自由するから 持って帰る用意だ
話によれば明日のうちから又移行準備をして 帰るとのことだ
敵の方にそれもない のんびりとしたくらしだ 但し一寸は油断をしてはならぬ
若し敵がやって来たら やっつけて見せようと用意はして居るが来ない

43

44

3

家の方は忙いだろうナ、麦刈りももう大体になったころだろう
今年の麦は刈りよりかナ。家へは手傳て居るのか。一寸たよりがないので
少しも分らないのだ。と言ふんで人をたのんで手使いをしてもらふのだから[illegible]
ない一困るだろうナ。畑も相当に伸びて来たおろう。もう五日もすると盛りになる
からナ。どうしてやって行けるのか。見当がつかない。何しても体がかんじんだから
決して無理をしないおけてくれ。母さんは忙しおろう。子供も多いし。何としても
ならんのばかりで手だけはせんから骨を折ってくれるだろう。
こんなにしまけんよく学校へ行って勉強をして居るかね。[illegible]はアバレニー
困って今のおろう。今大変な時だが俺が居ないから仕方がない
ーーーー！シッジうすない様にして面倒を見てやってくれ。子供をいかしらして失ふと
勉強をとりかへしがつかなくなるからナ。悪いことがあったら注意をしよい時には
ほめてやり、手におえん時には先生にたのんで言ってもらふ様にすればよい

[illegible]吉

4

午后も油でりでテントが焼けて暑くなって そのほてりがゆらゆらからだへあたる
火のそばに居る様にあつい、時に涼しい風がサァくとふいて来ると何とも言へん位のよい
心持だ。手紙を引いて一寝りした あついと思いつゝゆめみて来った 二時過に目をさました
皆もめざめる。一服して又太平洋行進曲を出して けいこをして見たが どうもやゝ
こしい、よい行進の歌なのか。一つを見て歌って見たがどうもあまりよい歌ではない様だ
中節がうまく言えない 愛国行進曲の方にはよくない様だ。
三時頃になったら あついにはあついが曇って来ったので割に涼しくなった
馬もあついが静かにして居る 午后は作業があるので 一部岩山へ上っていった
そろく又夕食の準備をしなければならない。何もおかずがないので困る。
家の方だってまだきうりやなすびは食べてはいないだろうナ。野上ケ原からだ
ったた。玉ねぎやじゃがいもはもう食べられる様になったか、大きくなったか。
玉ねぎはどうだい 土穴などで 大きくなって来たか、天神の畑は南瓜とちんびだろう

45

5

ドーンと砲声一発 ハッと思って見たら 前面の射撃が始まったのだった 又一発
前の近い山の上に 破裂をして 土煙を 白く吹き上げて居る 物すごい迫力だ
徴発隊も帰って来た 本日は ニワトリを沢山持って来た 夕食の料理にかゝろう、二時半
やって居たら ひどい夕立が びしょぬれになり 荷物を土民の小屋へはこび 雨の止んだので交代して食事をする
ひとり三匹とれたとうまいのが出来た。雨が止んだので涼しくなった 大分かったが 未だじめり 仕なった
又 麦わらをはこんで ひいて テントをはった 日が暮れかけて居る 工兵隊が 用もすんだのか 帰って来た
今日は 大里から兵站へとはなったと言って 宝の上へころくねてゐた 迎えのトラックが来たので それに
のって帰っていった また やっこしい所を行たが 先づ大だ大だと思ふ。ふっ立ら又 往中でも土民の家の
中へにげこんだ ぬは みな 土民の家は 土作がつぶれの様になって 右左に 一軒づつ 土台が出来ている さら
い 夜、暗の中を 宗えろ様な ものだ。ひめくそとしない。何故 いんきな 家を作るのだろう
土民の顔色の悪いのは あたり前だ。大分涼しい。明日は 朝から 用意をして ここを出発 帰るらしい
・今夜は 夜行軍で 雨らしい（の行軍） より を とってゐる。 砲・銃の音を 一時間 あまりきいて 又

妻へ

[illegible]

46

No. 1

六月十日 どんよりして居る 昨夜の十二時は四番歩で 夜中の一時半
から二時半迄歩道の番で 一寸ねむかった 静かであった 宵の内は 生々の
音が川にして居たが 近づいて来なかった おなじ砲があっちこっちに近よれない
のだ 今まで こちらは寸と緊張した 点呼をとりし いよいよ大作業するとしん
なった。ので 道具を車へつけたり 機械のキウリで アニマックスへ一つ出会まつ
しまったので つまみ 一袋十五ヶ位あるんだ 土食児だ 一二で買ふとうまくな
たまった 十月近いものだ 入れた にわとり肉をかごへ入れし、ネギル 沢山入って
用意が出来た、朝飯をすました わかをふかしてうまかった 昼のめしを
たべて 土げを水だきして前にして 車をつけて 道路へ出て 皆揃わせて
待った、点呼用がすんだのか トラックに乗へふれて 帰って行った
大隊本部ある 道の上を出発した 見えると見るが 何と言っても
暑い 暗号の歩出で 練りが乗せたが 何にしても 暑かった 十
峠へ出て 道をなおした みしめをして 土げのすかすで 並出しをした 腹がへ

47

No. 2

つているのだろうかったが途中五日目に討伐に出た時 一しよに田中広太兵士の
人に出会った なつかしかった 今度の討伐はえらかったところであった
所によって一団の甘い所があるものだ 道はかなり未だでひどい 日がかぶしになる
所は出す 体の中はむしているようにあつい 時は休みがあつて土手の上へ並って休んだ
池の水がたれたなつている その附近の田は少しにれれしみて田の土手所すかない
茨が蔓延しないでいる 並て今年の事 水のある池は支那の水車を思い出させ
一本の上の田へ池から上げている 丸田中でかえている 十二の男の子供も
植えるは一手の労働だ こう言う小屋家庭は又よいものだ 一寸見られない
水のある所では自分身をかえ水を手でとっている 一ツの田に七八人 けんかし
一生懸命にかえている どこの国だ あついので うらやましそうと思った
道のあつい日中を土民があいさつして通っている 佐道六七里の
山ごえをして 部落は外の前をとおって この城下へ帰りたくなるのだ
朝早く出るのだろう 白いうすいシャツいいので 空かごをいなっている 山かげの

48

No. 3

菓子でもはいってゐるのだらう 子供らの、かごの底に紙包がはいってゐる
それが五六十人を ひと切りずつはゐるつて 途中 所々にある菓子店にまは
るつては それらがみな 三文菓子をとつて お菓子をかんでゐる かごのかごは外
にむいて 一個々々の人だよとにまはれるのだ このつんはどこへいつても りやかしても日本軍
れない 一本の輪 一つの車があるのみだ これでも いきていく 強いら みなしを見て
なにもしくとなえ生民は、前で目をかけて 休みなるになつて 続いで押しといしのだ
車ではかつて いかない 押していくのだ 何でも反対だ たから不便なのだ 何度でも
何度でもいきていく、が首前が低い 十三のみ後でも、女でも いきて吹いて
昔の日本と同じ 相當なのでまだ 開けてゐないのだ 日本と同じになれば 所々に
菓子店がある 明かかめの 村が出来て 一種のもぶぬるたーとあるだけだ じろり
明けつけば 所々になつてゐて大ていは鳩りのよへ 池の所に立つてゐる 三尺角位の
四つ一ずつない 机をいくつも 並べ こしかけをおいてある、そして のれんこに ろくまあ
四 皿のぬかいろ 三文菓子十か二十 おいてある それを 小皿へ 一皿でもふつへ

41

No. 4

お寺もの人が 川口をあるて 働くのである こうゆう土民らは皆 よい暮しをして居

女の子供なんか 新しいズボンや上衣を着て うれしそうに歩いてゐる そして茶店で

ソーダ水や 三つ四銭の菓子をたべてお茶をのんで 又家へ帰って行

男が働いてゐる土民らは 老人らが 水上げをして 若い者が田の草とりをしてゐる。

十二三の子供でも 一生懸命に 田の草をとったり 畑をおこしたりしてゐる 仲々日本人

の子供よりよく働くと思った よく生きて行ける国でもあるし しかし 黄色になって

ゐる田もある それを刈るのに兵隊の為になってゐる どこでも同じことだ

稲は後で 刈ったのをもって来てゐるのだろうと思ったが

支那では 足らないことばかりやってゐる 田ばかり 大きい池と言ふ池は 干上ってゐる

川は少ない 池の水がなくなれば 天からふる雨をまつより外は 仕方がない

百姓の仕事も 日本から見るとよほど おくれてゐる 使ふ道具でも まづいも

のばかりだ。市内は 相当 作られてゐるし 農村へ行くと 全く なってゐない

村を流して 疲れてから 体を 無理して 後のあと、つくづく 分かった 支那の田も

50

見ていると日本と違った事を見たり外の事も大分すると云ふ風になつたらうと
思つたりして。一昨日上田君は帰へた それでも行く時の様に寒いことはない
船に乗つた当座はまでづつになつてあつたがそれでも紀行写真よりは
よかつた。併し上甲板の上へ出て通つた丈けだ。大抵ことはなつかしい 亜弗利加へいくアー
カシアの要塞へ近くへいかずんば見ることの出来ない大きな建物が近くに大分見える 兵営が
見えると云ふ兵隊もいる 土人兵営へつれた [illegible] をすると目を [illegible] で洗い 夜へは入つた
帰れと思つたら顔を洗ふ、急いで、山田 [illegible] と [illegible] 一杯飲んで 一人の人が幕の前に
ぐんぐん よい気持だ。今度も大抵へいかう [illegible] の客を渡した時よい気持だ
シャツ類をかへて洗濯をした。[illegible] 六通 [illegible]、[illegible]、竹上君、[illegible]、久米の村田
先輩先生を [illegible] 二通、[illegible] 一通 第一通 [illegible] 二冊第と [illegible]
みたが家の [illegible]。[illegible] は明日かくことにして。今晩はつかれて、お
のが日本と平然 [illegible] にしておいた 二冊。[illegible] かくことにしよう。よい [illegible] 人で
今晩はフトンの上にねよう 七日目だ。[illegible] もすんだ。おしあつい すまわよう

五月十七夜寄

寛子へ

寅彦

51

六月十二日 晴 やはりあつい日だ 昨夜はゆっくりねたので からだが楽に
なった ねがたるい からだのふしぶしがぬける様に 点呼をすまして 夜時と砲
廠へ行って手入をして来た 砲廠は ひろびろ 来たの涼しい風がはいる.
帰って顔を洗って朝めしをたべた 今日はめしはいたってまづい みそ汁もまづい
場にこ行ってねてゐた 一時半から又砲廠へ行って つけてある道具を外して洗い
流しておいたり 馬を又 しいゆに水洗いをしたり 鬼を手入をしたりして 昼前
にねてた、今日は内地から持つ兵が沢山 二の隊へはいって来た 古い隣の兵
が帰るらしい ひじょうに うらやましく た 耳はやかましい人がうんと話たった
酒保へ行って行った 脚上下 と手を洗い又 腰巻を洗ってほした フトン干
元帰って 洗しておいたし ころんとねてゐた 帰った日に来た手紙の返事をかいたり
一こ豆めーをたべ 晩しは今日は銃剣の検査があるので手入をしておいた
しゅわのでゆだ ごっすりと汗を流し 二時半から返事 ねた
君来られた手紙はよろしいと言 しした.

No.

手入れにいく 今日は砲の手入れは止めた 皆馬の手入れをして中尉へ集まり 2
中隊長殿の体育奨励のために角力をやれと言はれ 早速道にタハラを[illegible]
持って来てあった 取れ〳〵と言っても中々とらない 最初に俺と外の者が出た
南が勝ってハウト二つ貰った それから次々と出てとうとう俺もほうり出された 隊長も出た
隊長は体もよしなかなか強い 外の者は角力すきなのの強いのの沢山に
あるのだがしかしとうとうまけて失ふ 俺も四五回とった 何回か投げられてキャフンと言
ったりして大愉快だ それでも勝って帰って来た 三分隊へ大才タバコを持って来た
隊長が五つ 南が二つと十三 持って来た 夕食も済んで
今日は陣地から持って来た かんの畑を二つして ネギでスキヤキを作るのが出
ていたすっかり一週ドかして大宴をしたがとうとうこぼしたりして大にあいた
オワリも三十分位持って来たので 酒の二十本を 二つつけたのにつけてあとは なます
だったのでまずい 全部なますをすると上って七人でつつく
皮をむいて身をむいて 皆で 石油缶へ半分位作ると カトリ たまり味を付け

3

羊焼が出来た。酒は上戸の私に一杯もらった。林少尉殿から二杯貰って

もらった。近く勤務する三十九の戦友二人、池田、すみ田、土之が一杯を付田井

あり酒は充分であった。石油の入った熱い湯を入れ、ガイメビンへうつしてつけてかんをする

うまく出来た。兵は三十二人なので余り位がのまないのが相当あったから、スキヤキのあついのを

食べてにこにこ勿論立ったり、歌ったり、上官の酒を大きな茶わんで

食器だの人が酔ってる。林少尉殿は一しょに飲まれた。歌をおどってにぎわった。

とんだ野井がコロリと平げて失った上兵に寄った上兵をすまして得って来た。酔ってるらしく

だいのどがかわいて、どいんを飲もうとへおいとりにゆく兄たが今日手紙を書いたのを思い出

して見たアトー光子、橋本に、進君の三通、今年は昨年七、家族、枝吾(川瀬氏)

郵便、治了、竹上君と二枚、村野君二通、梅田村野君一通、すべて二通、細則木崎君さんから

封書を一通と尽れたのをおいしく見たアトーをおしよしでおやりしたが酔って

疲れないだれはしない。橋本君の息子君、激たさと別れて十位して家を借りてカリカスエ

場へ勤めた人一日すまなそうにあった、本気の美だ。僕のひんえ、しおいしてあった。ゆう。

4

六月十三日 晴. あつい日だ. 少し早く起きたがつらい とする頭が重い 二日酔いだ

兵舎に隊長と二人 記録へ行って手紙を書いて来た 高の注射をしてゐる

帰って顔を洗って朝食. いただき一日分けをすませておいた. 今日は休みが外出かれ

兵士が日々の勇力が今はからだ中がいたくてどうにもならない それに酒が残ってゐる

外出を止めた 五六人集ばかりだ 此処で飲んでみた 他の兵の返事をかいた 村長から外へ

手紙で返事をもらった 今日 小林利吉から お守一包と 長月の田中家で村木

木村からお守一包送ってもらった 字の書けない人なのにどうして送ってくれた

のかと思って 家族に感謝をして 家の者へ返事を書いた 二日酔いがつらい

すこし頭が痛くなかしてねたのだ 以前だが [illegible] 不安の上にゆとかいた

弟への手紙を書いたがまだ返事は来なかった おもいばかりだと言っていた

ろへの今日に帰ったとの事だが どうも弟からの手紙が二ヶ月以上来ないので

わからない 行ったがわけないのだろうと思ってゐるが又 少年の時にしかして ね

よくやったがよりがないと 知らないのだ いりで 村長から 力を入れて [illegible] 世話を

5

撲主をして居られたとあった二十七日の海軍記念日になる 丁度十日六十才位をみたかの

先生の消息が判り 六十才位と初て吉の店 京都の東吉が連れて青柳へつれていって

のませて一杯とおごったとのことあったが 東吉と誰のことだろう 俺にはわからない 誰のことかしらって

みつかり、撲っていれ 医者にまでかけたりして食事処に卵汁だ 旅ホテルがアミうすをして〜から

大目ね 古くから千鶴子を呼び取って来た 別れがあって 勝てなかったこんなことがあった

こ東京に居た頃 私とも会ったりもした よ知ったがおしいのだ 又別だがおかしかった

夜は風呂へ行って来てから又あたたまろうと送ってもらってとうとうすっかり終ったので これを

昨日から着てあるのだが 此の頃あつくて 背の甲に汗が流れて頭を抱え、かゆくないと

いやらしくてみなさんと別れて夫々の旅から在へかえるは ポタポタとするする 一人今日は中々ヨツい

外をたのしむのもあついだろう 一わりした。のたが おれたの修理がひどいようでみてから俺も

ついてゆっくりするつもりで居るのだ 元気まだ 今あつくて蒸すだ 七十九 足入が腫るのがつらいとこ

行って居る 前の中隊が一ぱいでレコードをかけて居る 若い者たちがよい調子でやって居る

ほうのだ 体は大丈夫なのだ ご心配しないで 一日中ころころすればお大事にこの事だ 父

六月十二日 四時半書

三郎へ

より

No. 1

六月十三日。毎晩ははとてもあつて床に居ても汗が流れて寝て居られない位だ
アトンの上に寝て居ると風呂にはいって居るか火のそばに立って居るかの様な気がする位せまいが
あつい。今日はよほどまで日だ手紙をかいて居た。外出帰りの土産にウヰスキー
を貰ったりお菓子ばかりくって居た。馬に乗ることをやりに四時に出ていった
外はあついが風があるから割に涼しい。昨日は二ヶ月かんらくで一年で帰れるそうだ
すかりのたべものを皆さんが作って来る一日にゆさのけがなる。イモ二色のしじみを
わけて貰ったりしてうれしかった。今日は此の酒をのむことはしなかった。昨日の退治
なので少し酔って居るのだろう。夕食後もゆっくり将棋を見たりひげをそったり
お友達の石川君従軍者への絵を作ってやったりした。からだはやはりいたい
暑くて汗が出るからしばらくしてたいへん静かに手紙をかいたりゆたり千何をかい
なりして居る。何だか今がいちばんいいと思って居る。暑の内は大好きだ。からだはやせてだが
あるが涼しくなるのだが一寸天気はまだだ。駄目だ。内地は天気はどうだ
よろしいか。忙しいだろうな。もうそろそろ麦刈りをやめるのだろう。早くしゆおう

57

No. 2

六月十四日、晴天 やはり暑い日だ 朝ぐもりだ むしむしとする 点呼をとって 洗敵へ

洗顔と天手水をして帰る 昨夜は四五人と米中の話で十時近ににぎやかに話合って

いた。顔を洗って 食事を 此の頃は きうりのつけものと 瓜を入れたみそ汁ばかりだ

一眠して ねころんで雑誌をよんでゐた 一通り手紙の返事を出したので 楽になった

今日は十九年兵の補充兵隊の検査で 営庭に一パイふれしているようになってゐた

八時半出ている 今日は 分隊財産のけいこで 編上靴を 十三人が靴を

引っぱって 馬小屋の裏の広場へ持っていった みんなけいこをした あつかった

汗がどろどろと流れている 風が一寸もない 医者と風は大阪からと言ったものだが 大阪

に来ると風がないよと言って大笑いだ かわ大阪になってしまった 風は出なかった

上衣へびたり通ってズブズブになった 一通り演習をして 十時前に帰った

汗を流して一眠して 十時過に更に水えす とかりに行って帰る やはりあつい

いよいよ大阪の夏が来たらしい 風のない あつい日だ

食事をして 汗が又出た 縁に坐って 汗を入れて 雑誌をよんでゐて 寝たれ

58

No. 3

汗が流れてしまう、それがしもを見とどうことゝして来た 一時迄 目をあいてほんやりとおきた。それでねた 二時から又 演習に出るので、しかし俺達兵隊は演習を止めて 午後へ 田畑に行った 俺は大工の手傳に行った 後藤は統合切の手傳に行った 流しを作って居るので 土をこねたり しかをはこんだりして居た 松本は風呂たきだ 俺は将校室へ まどを作るので そのわくを作るのを手傳った、演習よりはよい 大工仕事は好きなのでよかった。

五時迄 やりあげた 昔演習に行って 今夜は めしあげで めし上げに行た、わけて飯へ持って来た 皿を外の汁だ卵を入れて 下給品 タバコ三つと 他二本あり 病気での配給なし 大方俺達の仕官でのんだみやげを出して、自分が始まつので 選手にあげてわかれ 伊藤に来たが 後藤と二人とで 勝負を思ってやってきた

入浴して洗濯をし 池で洗濯をし 帰って一服 馬にのたを切りに行った 夕方は涼しいが今日は何しろ暑いので 汗が流れてしまう とても暑いだ あついので 風呂が来まって 三人水でひやして 良く涼しいのだろう あついで何も出よれないだろう

十二月十五日 うすぐもりだ 昨夜は あーあくしく 十時頃迄 どうしても ねむれなかった
六時半に起きて 点呼をすます 隊長と砲廠へ 手入れに行って帰り 銃を洗い 今日
今日は 八時に 隊の遺骨が二柱内地へ もの がいせん をするので 一同 正門の所へ 行き
人で お送りした 駅まで 抱かれた 白木の箱 前に 長谷の写真を かかげて しづかに 出ていかれた
終ってから 帰り 一服して 砲廠へ行く 今日は うちの砲が 一寸 具合が悪いので なおしに 持って
いくので 隊長と共へ ついて行くのだ 忘れて居たが 今朝 命令が出て 上等兵に 沢山 進級した
内の班では 山下 栗木村 栗本と 四人なった もうこうなると 上等兵は もういっぱいだ
今は ほとんど 朝から 夕方へ 中当に 行って居た これで 各隊の砲車の 砲手は 皆上等兵
ばかりになった 九時半頃に 砲を引いて そのあたりへ つれて 出ていった 今日は あかるくなって
風が あり 寒かった 付近の 畑の大根 は 二尺位の 大きさになって 青々として居る
大豆も 大きくのびて来た 日の草に かれそうだ 水のない所は 枯れたままだが
大きく なって 葉が 一面に はえて 畠にかけて 枯れて来た 水のある所は よくなって
いる まるで 違った 支那の 家の所には 大工が来て かこを あたらしく 分隊の 印も 作って

60

夢を見ていたら、駄菓子か何かの店になった。えーおもに挨拶していた。一日毎に
町はよくなってきたにちがいない。友君の所へ行って論文をあずけ一服した。これ列車
にのった時友君の艶が沢山持って来てあった。十日頃に帰りかけた晩かへって言ったが
丁度よくオート三輪が来たので乗せて貰って帰った。一日に座敷をたてて一服一服する。
二日から馬屋の先君の手伝に行った。皮の道具を運び出して四日から馬屋の手伝にした。
五日は晩に飯貰った。先君と一服してみたら手紙が来た。今年丈夫、体も。家の先生の人達から
手紙は借、芋、不動産と来たが家のがないのでいつも淋しい。仕事が六月二日ぐらいよく
退院余りの頃は物に弱ったと言って来た。丈夫は雪で「実を母がいくらうらしてもホカン
坊やはおこらないだろう。僕は何でもおこる」と可笑しい事を言って来て大笑いになった。
では自転車をかまにかけて居るのだ。和子は池のことを年寄はこうもんのついたことを言
って来てあった。つまらないので先で安心だ。ガチャンが死んで淋しいとかいてあった。朝も
ら病院へ入院したとの事だが、気を持って困ってみるだろうナ。悪い時は悪いことが続く
ものだ。おまえも注意して言うだろうナ。体に気をつけよう。楽しい日だ

六月十五日 [illegible]

[illegible]

妻へ

61

六月十六日 日よあたら ひどい雨だ しけの様に とたんの屋根をたゝく音が
やかましく 昨夜はひどくふった様で 目をさまして びっくりした程だ
点呼に出ていった、外はどろどろになって やわらかい どこもかしこも 水がたまって居る 池の
様に一パイになった、土地の百姓はよろこんで居るだろう、パンと割れて 苗が枯
れすぎて黄色くなって しなびれて居たのが 今度は生き返るだろう。
畑の豆やわた大だ 大根の野菜類は急に青々と育て 太く伸びるだろう
私達にもよい涼しくなって 暑い暑くなるからめかる。今日はまだふって居た
馬屋へ行って馬の手入れをして帰った 止んだりふったりして居た
雲は切れて居る 大したこともなかろう。このバラバラは昨夜からつゞいて今朝に
なって止った 毛布を干したり ワラブトンを上げたり 洗濯物か 桶を干して
大きめだが顔を洗って 朝めしだ 汁のみそ汁だ 一眠して横になる
又雨がひどくふりだした トラくなのでよけい ひどい一雨に見える
今日は休みで この所出られなかった人が 今日出られる様になってみる。

No. 8

二三人しか出なかった　それで小便が切れて寒い事もあり　この雨の中を出ても
苦しみに行くだけなので皆止めるのだ。ウ白一ヶまじゅうを寝る者に
たのんだりした。僕も寝て寝て雑誌をよんでみたが今夜は工兵なので
寝ておかないとつまらないからと思って　おとしか雨の降る所へトタンをあてて
あるのをうつしたきましたら　トタンをかぶって寝て見た　雨の日は涼しい。トタンを
かぶって寝て居て丁度よい年気、ぐっすり寝た。目をさましたら土は半泥だ
長靴をつけて居る。ほんとうに起きて走って居た。外の様な星でなくて
うまくなかった。雨は止んだ。今夜はふらないかもしれない　工兵になって夜昼
に雨にふられたら困るからだ。一眠りして日記や手紙を書いておいてまた寝る
のでもう一眠りしようと思って居る　やぶれるかどうかわからないけど。
皆大分ごろごろと横になって寝て居るものが多い　手紙でかいているものや本を
よんでいるものもある。家の方は寒くないか　二十日すぎ手紙が来んので
淋しい。今度はどうするか思って首を長くして待って居るのだが一通も来ない

53

No. 3

忙しいから書けないのは当り前だとは思って居るも お前からの手紙を見ないと
安心が出来ない。又ついこの田植のころへにかゝるから よけい忙しいだろうが 少しでも
よいから知らせてくれんか。待って居るのだ 先月の末から待ちくたびれて居るのだ
子供らは元気で遊んで居るか 母上つゝ一変に無事か あったことあって手紙
が来ないのだったらと思ふとよけい深案じもしてならない 書いてよこして
其の事よりすぐに どうだろう 悪いのかと思って 心配に思へて来る 仕事も忙しいだ
ろうが 手紙は寸暇をとも本当に直ぐ有るのがお互の為だから 体に気をつけて呉れ
母や子へ、今俺に大切で目の廻る程忙しいだろうが 此の方の皆が安心をして やって呉れ
俺はお前らに負けん様に一生懸命にやって居るから 俺のことは心配なしよ。又自分に当時
又横になっているとすぐに時計に驚いた、雨は止んで 具合がよい
銃剣や銃の手入れ 二つの手入れをして 工具の用意をしてすぐに下を洗って一服
これをかくし 雑誌をよんで 時計手近に工具においていく 又明日修理だ この次また
書くことにしよう。皆やたりなをよんだりしてころんとしている こんな手書

54

No. 8

四時過迄本をよんでゐた。将棋(しょうぎ)をして 四時半工場に出て 五時交代して表門
二番に立った。雨は止んでゐたが又時々小さい雨がふって来た。六時に交代して
夕食をたべ 夜三回立った。まことにつまらなかった 雨やみ 二時三時に立って 星も見えて
来た。明日は天気になるだらう。今夜は涼しい風がふいて涼しく 毛布をかぶって
一時間づゝねた。 こうして私は美しい星を見て 静かに、家のことを思ひ出して居た
六月十七日 うすぐもりだ。太陽は雲にかくれて 表門へ立って明る。日が出てみた 涼しい
七時半交代して 顔を洗ひに厠へ行った。で工員所へ行って 眺めてゐた
座って居た皆がねむいので 面白い話をして 僅かに笑って居た 女人楽劇
の楽隊では 少い女の話はかりだ 詳しく思ひ出れない 笑ふばかりでよい
馬の運動や馬のこと 人間の会話をはこぶトラックは [illegible] 表門
を過ぎ 砂利を運んで 緑色の森 青になって 瓦の屋 少しすかおりて
ゐる。重いのが九番 鉄の鋭い音を立てゝ下へ 坂が出た 大きいのだ
食をしてゐては急になくなって来て [illegible] たが皆こうして

55

No. 5

昼からはなんて よくねて すこしねて すみいに わからなかった。

それからも四時半頃に会社の工員が 集つて来たので 会社を出て 五時廿分頃に

終了 一通祖の手続をすまして 駅へ帰る 汽車に乗れば 多くすいて 出て

いたので急いで待たず 橋本君が歩いて来てゐたので 乗つて 汽車へつけて あとで 隣接と

の人が下宿毎の物に来てあずかるので 帰へつけて 安心して 山口と隣接と三人

での人がねれて少し ゆたいぞよ ましては 殆いよい心持となつた 少しもかわりの

となつた あしらうまし 急に眼の所へ 手術が来たとして 乱れたので 眼へい

云今日眼医の処へ行つたが 二日目に来たまで 来たと思った あ々の字とか云ふの眼空

一週間十三日出かけた 四日目だ こわかつた 一円三円 よくない 病しく

と云ふ あったのだ どんなに 病めしと思つたか わからない 山口によつてみた 色々 何く

つもたつたが 一寸に水を 外出の絵画を 下す 果へはうて すこし 気持で これなけ

かいたら上手に 又絵数へ 又の片付けをして 今帰り これを 終つて 又明日 ゆつくり 返つても

書こうと思ふ ねれて 少し ゆたいいしれんでは ないが 初めて 又かくしゅつでは

十月十七日 九時 吾

一郎より

妻へ

56

No.

六月十三日出の手紙今日夕食後に受取った うれしかった
お前から言って来た通り五月十日出のが二十日過についたきりで今日迄二ヶ月を
長く待って居たのだ、心配をしていることをお前も知らないがずいぶん深あんじを
したり何か手紙でもかけないのだろうと思っても見たりしてみたかけずにお前から
送って来たものの文のは何と言っても俺には一番よくこたえる、淋しかった旅程の
毎日にいろいろ出来て来る中でお前のことを思って気に病んだら あいしたりころし
たりして仲よく御飯を食べて居るのだと思い、時をすごして居たのだ。淋しさは有るが居て
ずいぶん嬉しかったらしい人々に淋しい淋しい思はなりが毎日に出て想中に一人立って居
ると思ったとしても思はずには居られない、天地に通じる日のうれしかったこと
を思い出しては存分えだしてみた、いつも毎日にいると思い出しては泣かない
れて毎日にまつたり存分に読んだり お前からの手紙でどんなにうれしかったか
敗空はもったいないと言っておいたがかけずとも一ヶ月も乏しかった
人と一寸いまではにかんで眠ったが出して見たがよかったのに俺が言ったら出せないのでしょう

62

No. 2

りょう人ことさ書けばよかつたて 思つたりしていたが 俺の心が通じたか心配になつてならなく

ならなかつた 十時過迄立ていたら銀色の航空郵便飛行が通りたので まずまずが

一通はいつてゐたろう 今日ももらうのに本当と思つて 又喜んでいたので見てゐたのだが 思つた

通り あの飛行機の中に お前のがはいつてゐたのだらうかと思つた、それならしかしかれ

あれのだか嬉しい 早かけるの返事をかいていて、明日からきつと下がわたつて

入れられないので早速書いて出さう 早くつからせ、お前のを見たらかいていく

母上姉の手紙 お前も皆元気、只一つひろかずに去年と同じ様に働いてゐると云ふ

て安心した 俺しいのは達者ないとは思ひながら心配だつたが 病の苦がすりた

たよりに あさ士ーして 頃日につれて行くと喜んでよろこんで待つ時代では安か

よけいに元気になるのでよろしいなるが 一年立つたから大体おめでたくなつたと思ふ

去月三十日迄のがついたとのこと お前の言ふ思ひ少しの間だ 俺も気分がよいに気を

つけてやるから 俺のことは心配なく それに お前もこんな時だ 仕事に目が

らら無理をしてまでのない様に気をつけてくれ 本当にたのむよ

63

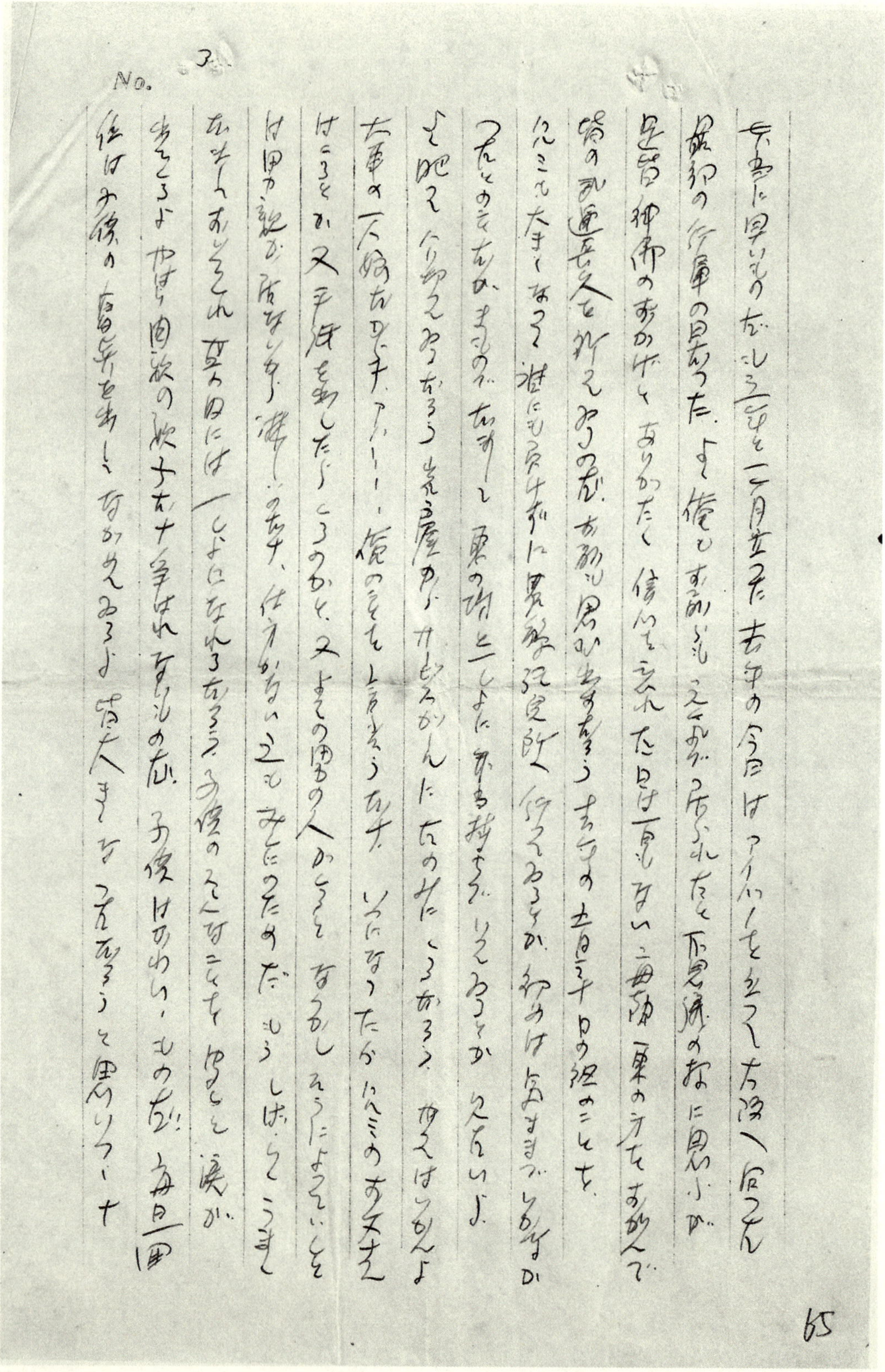
No. 3

実に早いものだれ三年と一ヶ月立た去年の今日はアノハーノを立って大阪へ向ったん
最初の行軍の日だった。よく俺もすわらんでえらがんばれたと不思議な程に思うが
是皆神仏のおかげとありがたく 信心を忘れた日は一日もない 毎朝一番の方をお拝んで
皆の武運長久を祈っておるのだ。お前も忍び出すだろう 去年の十二月二十日の朝のことを
今さん大きくなって誰にも負けずに貫徹兵隊 何ておるのか 和子は矢張り
つたとの事だなかまちのでかまって 東の方とこしよに おる待ってるか 元気よいよ
と肥えてかわいいであろう 光子座が分からんかんた なのみたくなるだろう 坊主はどうんよ
大事な一人娘だからナ アノーーー 俺の事を言うなナ いくらなったか たくさんのおえさん
はいるとか 又手紙を出したらしいのかと 又よその男の人からと あるかしそうだよくしいとを
は男が話が話なり殊勝しい事 仕方がない之もみんなのためだろうしばらくこらえて
なさいおくれ 其の日には一しよになれるだろう 子供のえんまこえて 喜んと 涙が
出るよ やはり肉親の親子だナ 子供はかわいいものだ 毎日毎日
俺は子供の写真を出して なかめてみるよ 皆大きくなったことだろうと思いつつ十

65

No. 4

三んどひるごはんのご飯がれて早くめて手紙もかけないとか、何かはつびを出して頭の中に
かーすなにしたら おかあさんへ手紙を出したら 何を書く上げますと言つてしゆ、そしたら
しらないの中に覚えてがなになろう、先生でもまだ上手なかつた 俺の手紙がわかるだ
ろうか、自分もよまがけがわかるのか ひらがなを一通り習つたこと 一ぺんひらがなで書いて
見よう。習方は上手でほめられることも うらしい ようこそで 宿ろよ美術はむつかしいでありま
お前がいやしらが 勉へてかれないが仕方がない おまえ俺の帰る迄は先生によくおたのみ
しておそれ又帰つたら ボツボツ教えるなにしやう、お母様も勉強でゆのしまりや
二宮の畑をしてもらうそのこと よくお礼を申しておきなさい 此の上もなくは言えた 大婦の十倍
と面倒を見て居るだ 小しのをしてもらふとはよその人には出来ないことだ、ありがたい
父義夫と云ふ 研究所へ伸よく行つて居るとか 初めの時は何かで困つたね
田の方も雨が多いだしまりおくれているとの事 当地は今日迄長い間天気だつた
が二三日から日に晴るなに雨ながら昨日は上つた、内地はよく雨が多いと
と近頃になおらすからない困るだろうナ 天気も上来んに上つたとの事 何とも言つてない

64

No.

もう俺が帰つても家の事は何とも言へないナア 俺の居ない時の方がよいかも知れぬ
のかもしれない 今迄は俺が邪魔をしてとして育つたのかもしれないナ アッハッハー もうお前も
俺の子供に養蚕教師になつて来た、俺は生徒になつて教へてもらはねばならない
一枚看板で五十七号異状と来ては今迄に無い事だ 御手柄だナ うれしいだろうナ
お前以上俺はもう何もしらん しかしわからない お前の熱心には全くお礼が言へない
と云ふ畑がいでやり通したとか 怜しかつたろう 今年はいろいろと考へるのに心配をせねばならん
との事 出かけしなつて来たが 繁殖はわからないらしいナ 十日今すぐとか出来るらしいが、
桑も段々早く 一百休十日から蒔く 気候は如何 とに 四月一ぱいにかけたとのこと
勘定がすつかりしてみてよい 今年はまた僕はすつかりお前の方へはいるとのこと 骨
折つてかかれ 中七 学業があつてよかつた 大いに人をたのみ 出来たとか つまりは俺の思つた
通りであるのは 成つたらしい 今は東京にうつつかつたナ 柳 若常たくさん 俺も
あつて御礼を言ふよ お前から取り返してくれるのだ 自分もたいそうな宿が出来るよ
つまりは仕方がない まずあてにせず やつてくれよ 其内に又よくなるだろうからナ

66

No. 6

今年の冬は大変に寒くなるそう　はいる金はないしでおかれていしのかい心配だ
今年は珍らしくよその人より早く上ったとのこと成績がよいと早くなるのかナア、そのおかげで
しまりも早く出来たとはやはり神仏のお助けだよ　信心を忘れてはならない
ガイスもくれぐれ、寒いけれども健康に気をつけているとのことであれしいよ　来年の事を思ふ
とやってするだろう　健康よく行けば医者にも面白く出来るのでよけいに満才がよいのだ
田の方も荒れたのでおかたにやってもらってみるとのことをよろしくしたのんでおいてくれよなあ
来年も出来ないでいるとのこと雨に弱れても仕方ない　工業の継続にたのんでやって
くらい賃を助ける　そんなことを言って家族に報しておこう　なまじあらかたいことだ
田の土地は安い時とのことなのできっと大きくなったのか、長男は早く帰ってよかったナ
今年はよく知ってるそう　一寸もゆるがないのか　安心せよ　又ここには来ないのだ　城内へ
行きもせずはいけないのだ、一寸もゆるぎもしないのだから、体に気をつけよ　わかったかい　絶対に
止めた　安心してくれ　あんなもののために体をこわしてはお前に申し訳がないからナ　安心しろ
しかしそう三日か一寸もので　みないのだからナ　俺の体は大丈夫だ　俺は大丈夫　やってみる

[illegible]

67

7

家へ帰ってすぐ皆に言ふなにと思って一生懸命にさがして言ふのだ　もともだちよれよう
通信には何もないせーんは一週間一回土曜に一人一ぺんしか出ないその他には何もないのだ、何もない
勉強をする二人組で字が一回書けると大きくなる　土日、一日会にやると十日はかかるのだ、覚えても
大きい家に来た時の金が出て金を一回もお前に使う事など何もない　皆買ふのは、夕飯のもの買ふだけで
女子大生になったし四男も所かかるだ、それからみんな不自由なお副食の所へ送ろうと
一生懸命になって居るのだ。一家の中でも食費だけ七十五万位二人でも七十万で全部の人が居る
私共の方はそれより出ない一ヶ月五十万の稿料ためても皆で三人での人で居るが、どれだけよいか
わからない無駄なしまつもせんが、もってたってすると使っていくのだ一家の金でもしまつしてためて居る所
いつもを思ふと心配があったって税金にはずいぶん取られて毎月心配をかけたその代りにかしてでも送ろう
送ろうと思ってお前達金は使はない筈のだ一ヶ月分五百円を送れば子供らの服が
買ふから、まあ俺のことは心配しなくってはならない安心して田植にかかってくれこれをみつ
妹には田植も済んで居るなら、明年頃には家出来るだろう。今月の俸給日には又送るから
思ふ、それに据えて家具を送って来るようと思って居る　今日はこれにて止めよう　又

一男より

六月廿七日夜かけ

妻へ

67

No. 1

六月十八日 うすぐもり 昨夜一パイの人なので 返ってねむれず それに
あついので 土は泥道 ゆられ苦かった。うれしかった手紙を思い出したりして
けども土浦から一通りにくつろいで 相当ねて居った。故郷をすまして 後藤の
と二人 飛行場へ行って 手紙を一と通り見て来た 洗面をして食事をと、
今日は城田へ 飛行機をとりに行くので 村中に乗って行った 後藤と木村
と二人 ついて行った トラックが来ないので テントを三人 番をしにようと飛行場
を出て歩ふ道 歩いた、そこへトラックが来たので のせて貰って 城田の飛行場である
しばらくあるいて 城田へはいって 三人一服して 馬のくるのを待ってゐた
子供が田地の子供等と同じ様な遊びをやって居る 又本をよまって
居たらば又た馬が来たので あとについて城田へはいった 以てよしには
あつかふ。いろいろと 上海通者の多くなった事 飛行機の多くなったことは目に
見える。それいなくてパン(饅)に通って居る 見えた 涼しさうな風を
して居る。兵舎へ行って一服よくなった飛車を見た 朝日の辻目

68

No. 2

動車の所に会った 去年の十月敵前上陸にて一所 会ったきりだ 色々話して
くれた達 トラックを 借りに来られたので 今日やった 長いこと 話してゐた
た 井本大尉 日動車に居た 招集と言ふのが来て居るを 知らして あられいだろう
トラックを もらじして ゐた 俺の知って居る人の弟なる 座少尉を 日曜なると
言ってゐた これは昨年十月補充に来たのだと 言ってゐた 友人の親戚の弟も着てゐ
たが トラックを 持て用事にやって来るので 居なかった 隆少尉に言ってみるとよい
知ってゐるだろう 十一時頃に出発して帰った 城内を出てから 自動車にのって来た
まん中頃のの○演芸では 城内の国防婦人会が主催でトラックで 会場に着く
何の劇 余興だけしたのか レコード 加尾余興 (ガヤガヤ、漫才、フクシキ、タオル体操) が
のて 終りには 又 ごんだ あったが 俺達の来た頃にはもうすんで 自動車に乗る手を
かけた 婦人会の人が あとかたづけを してゐた 休んで 見てゐた 少々所の女給
在中の おかみさん たちで 六十人 あまりは 居ただろう 国防婦人会旗を 立てて中に
留守大変の苦労だ 僕 慰問 一日を たのしく したことだろう トラックへ

69

No. 3

のく皆停って了った 俺達も指をくわえて見てみても始まらないので停りかけた
所へ停居客席をすませる一時だ 一眠して女をよんでゆっくりとねて
失った。二時頃に起きた 寒い日だ 時でりの様な日で風はかない。
二時半に皆揃って寄席へ この日はただで木戸板をすっかり支会の楼の会議へ
はいってしまった。そして三時半から始まる 京都滋賀県のイて二団が競演になる
この為 みんなを知って出かけていた ブタイに作って日の丸の旗が立ててある
隊員の応援部集って来ていて一パイになった 京都と滋賀県との県のえらい人
が五人あいさつをされた それから演芸にうつった 初めは女の人の江州音頭があり
中々上手だった。次は男の人の江州音頭だ 古恵也町で この人は中々上手で惚れ
た位だ 胡弓が四回目なのでえらいらしかった 其の次には浪花節で仲々面白く
大笑いをした 其の次は芸人で 男と女二人で 大笑いだ 面白く夕方迄
笑ってしまった。この前三番太夫の外に 演芸の方が上手だったが 大ました
呼出して皆ったので 面白くすかして 女達ろれしかった。翌日に芝居を

10

No. 4

二晩して別れた すぐ楽屋へいつて 主方を切つて帰りかけると せんをいやしてあきん
のが二本を路旁の廊口との人が沢たくさんかかつた 昨日買つてきたのを今日はいと出て
了つ 買つてはいるがよけい高くて とんのおかげで 外套を 互のおかげ 喜見と その の
すすめあつて説して来たのだつたのでたまらなかつた 一眠むれず付かず来た 今年は
太田才吉 中村才之助 貞之助と三回 此処は梅田一色 高島粧飾は弟と来
てアトでは暮して居なかつた 今年を見んで 風呂へ入つた 二十八日 髪を洗つて
一眠あつてとうとう一日だらう入時だ 此間を見て五時にいつた
終つて日にはかうしてかえつた 晩年を中へしまつて言つて来たのが皆すてられなくて
外へ出て今日の演藝會なるのが皆出てあるのが 汗ばんで 歩いて帰つて
到着た一服して これをかうして帰つてあつい 一うんとおいて 汗かいたと手の甲へ
流れ落ちて行をを一枚手の下へあててないと 字が よごれて汚ふので困つた
面白かつた演藝のことを話して居た 面白かつた [illegible]け 明後日
大分待つお手紙で家へ帰つたら又主が 病気はいつでも良くなつたよいよ

71

と言て大笑ひだ [illegible]をする [illegible]居るであらうと思ふ
田んぼは稲の穂がわかるから あとの気持がよい 酒をのんでのんびり夢を見て居る
こと、今酒は悪いので [illegible]の人が居るから 方をこめしてもつまらない
しね、酒が体をこわしたら 帰って来た時心配がないから [illegible]
もう三回ぐらゐにつかれて来て [illegible]して居るから 心配ないよ それに [illegible]には
あるが ここは ないのでよい [illegible] 進められ一年は ならず大丈夫だ
[illegible]て 復員命令が来たら家へ帰って居るであらう そうしたら [illegible] 仕事には
つけてやってあった [illegible]に手柄を立て 帰ったのだ [illegible]したのは 何と言っても
お父の気持だが これは仕方がない 戦死者を思へば よい 仕事のことは又
帰ってから まめてかんがへて 百姓をかへてあるかどうか 又此方で勧めて
くれ、[illegible]で [illegible] 毎晩 [illegible]して居るであらう [illegible]
その田んぼの事が来るであらう それ迄は [illegible] みんなの気持だ、
進めた上の様に 帰って顔をする日を まってゐる [illegible] 体を大事にしてたのむよ

五月十八日 夜九時四十分 書

[illegible]へ

[illegible]より

No.

三月十九日、快晴 相当にあつかった。昨夜は十一時過迄 山口、安東、木村と四人で 農地の話、畑の話、野菜畑の話等に花が咲いて 木村君が一すいせんもして持てきたので それをのんで めいし 一反で米か何俵とれるかと かいらく 話をして居て ねるのを忘れて とうとう 十二時過迄 もう目がふさいで来たので ねようと かやをつり ねたが又目がさえて 失って ねむれず 十二時に消えた 電気は組て寝た ねてはみたもの ねていろいろ ころがってみた。しかし その内に ねたものらしい 目をあいたが ねむい 目をこすって 点呼に行った。後藤と二人 砲廠へいって 手入れをした 朝の内は涼しかった。白い雲がゆっくりと空を動いて 風は少なかった 帰って 顔を洗い 食事をした 朝はいつもみそ汁だ 一服して居ると 呼集、出よと言って来た 今日は朝の内 教練だ 銃を持って 兵舎の裏の広場へ 行った 大隊の教練なので 大切かやってみる 銃砲持って 十二時迄した 大隊長殿に見に来られた 九時半頃兵舎へ帰った 一服して 大分たって 又 一日砲廠へいって 四十日 なをしにいってみたのが ならんでみるから その外の部隊の人

78

No. 2

たんねんにていねいに洗い手入れをした車を皆ならべて営に帰った。
食事をしてみたら十年兵が今日帰る故にご馳走にきまったその事池田すみ田の
二人が荷物まとめて一服して部落をみてみた〜 出すと出たかったが帰る人
を送るのが皆あたり中隊長殿へあいさつ 満期兵の代表勝見さんのあいさつ バンザーイ
と三唱し 正門の所まで送ってみた 二年兵も仲よし苦楽を共にして
来たのに甘て別れるとなるとつらい様子である 砲廠の所へ全部集って井上隊長
殿のあいさつ バンザイでいよいよ別れトラックにのって ハルピンへ行った 後送りは兵舎へ帰り
った 今日銃剣の検査があるので皆手入れをした えーし 二時頃から検査になって
ゆた。いつもの様に四時に目をさました 馬屋へ手入れにいって 夜時に読かだった
ゆてみた。あつけあたりなので手入れをして 五時頃に帰って 二十日新の御飯を食べ
みたので かくて山口と二人でのま ハルピン 二年を 夜は又明日にして 寝の付けた
新人の気持が悪いのがせない 二人だけで 一時頃まで のんびり ほんのり話って
気合を野村が入れた ヒヨコを前にした(一般生まれ年寄) うれしい。気合をたべ

79

No.

横に寝転び扇子一七、六十五銭を手にして出かけた　俺は扇子があまりない
風呂へ行き 汗を流して 二階を上って来たで 駈へ帰る 日記と手紙を書く
ゆっくり寝せてある。それで七時まで寝たんをのむ 外の方が涼しい
夕方になると 中原へいって 夕餉をすませて帰る かえってゆくと若者がおしとどめる
キングをよんでゐた 山口と松本と云ふ人 酒をして居る 土堤まらをよんでゐた
ゆめと思ったまで ゆたくつまりとゆた 何もしないように。
六月三十日 目をさましたら雨が降ってゐる しごとをしてゐた 夕餉をすまして 絶版へ
行く。校修が病気なので 入りそん 平大休をして帰って来た。雨のふる中を
外で顔を洗ふのはうつくしいのだ。みそ汁に砂糖を入れてあった 今年も
雨がひどくなって 空からバケツの水をうちまけた様に流れる
トタンをたたく音が又 雨すいせいに やかましく と思ふ
た。今日は休みだ。火曜日だ。しかし今日は十月から別れたように 思へ
20日の〇〇〇に参謀本部して居た一ケ月休暇が終るのだ それで 思ふ

80

No.

迎いにくるものや 雪が降る道を作ったり 門をあけて世話して片付けたりして
雨降りは特によって ズブヌレになって やられるのもあった 俺がやられ木村さんはかんかんへ
自分で受け取り上がったのに 天候にしたので 道は用がなかったので 一服してひどい
雨の音を聞いてきこえをよんだので ねせてなって 困ってしまった
とうずにいつまで雨がひどい 雨が降って来ている どうしたか一服して小便に
行く おさまりして 大分来て ふっとりと いい晴になって
火をかりにいくのか遊んで ひどい雨の中を出ていった 家を出て帰って来たら 雨は
前ほどなってはかりきれたが すぐのぼりかえれが風があったら 大暴風だ
一時ぶりしので 元気をつけて ゆっくりしたが 又大きなもようなりしてみた 一時ごろにトンネル
出来ない 一日出ていった 雨ばかりでは 雨が止んだ 雲が切れて来た とうとうへって
ハトバへ来て 水や泥をはね払って 来て 田んぼが流れた
田の見まわりにはよいから 土地はよくなっておかたくなるか ハトバへ行った 大子江の
水は 大分ふえて あふれそうに 三尺も ふえるに 一面になって 船は やって 沢山とまって

81

No. 5

居る ジャンクが 二三ばい 沖に浮んで居る 水色の きれいな 海だ 大きな 船なども いくらも

赤い 旗の 支那人が 上陸する 所だ 今から それを 見物だ 二時に 下手から 大きな

の 船が 来たので 見て 居ると [illegible] 目から 出した [illegible] の 人 [illegible] には 名も 知れない

人 [illegible] 二階へ つんだ 事を 上げる 別の 船で 泥を 上げる [illegible] 沖 [illegible] だ

やあ やあと 云つかし 声だ [illegible] 上げて 又 トランクへ のせ [illegible] 行って 眠った

[illegible] 港の 手前に ついた 大きな 車へ 馬を つないで 所々 [illegible] 馬車が [illegible]

はいれない 森の 中へ 行った [illegible] 迎えて [illegible] を 水洗し [illegible]

[illegible] に [illegible] 会だ [illegible] をかして 山口 [illegible] の 人だ

ほの [illegible] 牛肉 [illegible] 着て 大 [illegible]

[illegible] 汗を 流し [illegible] 日 [illegible]

[illegible] 今日 [illegible] 二人 [illegible]

明日頃には [illegible] 一種の 中へ すわり [illegible] のだらうと 思ふ

[illegible] 今後 [illegible] 文

六月廿日夜11時 [illegible]

[illegible]

82

No.

六月廿一日 晴 あつい日になつた 昨夜の不寝番は一時まで 交代して 三時まで立つた 風のないむしむしとする日で 汗がだらだらとしてうるさい、シャツをかえたばかりなのにこうあつくてはやりきれない 皆がぐうぐうと寝て居るのを見て廻つた 五時頃と六時頃と申した なにもかわつたことはなかつたが 足が棒のやうになつてくる。四時半頃から東が白んで来て 五時には明るくなつて来た 六時半終つて 皆を起して点呼に立つた 点呼を終つて 陣地へいつた 山田も来てくれる 一二人で手入れをして 船へ帰る 顔を洗つて 朝食をすました いよいよ今日 内務の兵舎へ引こすので自分の荷物をまとめておいた 八時半に点呼の所へ来て 内務全部でぞくぞく新兵編成(ヘンセイ)を受けた 班長は元の通りにこそで 絶対ものにも新兵舎の方へ行つた 三等車だけは新兵舎へいつた うちは今迄人が多かつたので 六人方へいつた 馬の方の人が三四人来たが 大したことはなかつた。で 部屋の修理をはじめていつて 各人荷物をはこんだ 近い所ではあるが 汗みどろになつた 便所だけ兵舎の中央ローカの所で 便利がよくなつた

83

No. 2

床に入る前キシの音のもすっかりはえかせて一眠し 朝の掃除をしたり えらかった一日
後へ兵舎をきれいに掃除をしたりして 汗びっしょりになって終った
豆めしだ 南瓜の汁で 飯は半分で 腹がへってしょうがなかった 一眠してねた上官
て居る。足からは傷刮になった兵舎もキシもすべて傷刮がよい。雪庭が絶殺
一ヶ月のは一寸遠くなったが。兵舎一棟だけなくなったことはない 雨ふりの兵舎
不寝番には兵舎を二つ上から見なくてはならんから 困ったが今晩は 一棟に余てあまったから
都合がよい。去年九月七日に○○の付休をもらって ○○○へいる時に別れたままになって
ある。それから嫁さんを中保管て 日本婦人のは顔は知っているその名の顔を知らない人が
ある位で 12月1日一寸も顔を見なくとも お虫に忘れて大分近くなんだ
初めの兵舎へ着付いてこれから一寸ひるねをしようと思うのだ。ゆだんしてすまった 12時
何べんか口ふきをしても 汗が岩から頭へと出てくる 全く困ってなった
裸で寝台の上へころがったまゝ ゆだんしてまたのかくつすりねこんで
眠った。御飯をすりぬけ土ほどのあめいとも思はめが休むと中はり

84

No. 3

昨夜一時頃ねて ねむりのたりぬく なってゐる。ぐっすりねこんで去った みんな
ねてゐる、分隊の寝る所は(至急)は日があたるが座からはあたらないのでよい
目をあいたら三時過だ ぐっすりねて まだねむい目をこすって見張りして居る
傍にかゝる俺達は船の片付けをした。銃をたてる所をこしらへたり土台を
こしらへたりして こまれものをはこんだりして 下給品をとりにいく 今日はじんじんを一人に
一本づゝもらった水でひやしておいて 夕方に三十本づゝ ヨーカン一本ともらった。
めをあけてびんをのんだ うまかった。○○○から帰る人へたちは酒をもらってにぎやか
に歌をうたっておる。酒好きだ。ぜんぶでのんのりよって 肉と御菓子のたりないので夕食をすまし
たら平田軍曹 村田伍長から手紙がとゞいた礼状。又木下(正夫)からの便二通
避さんへ ぎしんりまが二枚映画から来って 木村スフートに入れて 見物へ送った
平安から胡史の写真の様子 吉田君の奶先から手紙二通をあづかってみるとみた
とかくしあった。千尾の手紙 友達の返信から 返事をかいた
すれすれに返事をかいて 四時つりき 馬に水をのませて帰り 夕方時頃

85

No.

六月十五日 今日もあつい 外は風があるのだが 部屋の中は とても風がはいらないので あつい
戦地は早くやってくりだったら 東北、張崎カラニーアで 四十度の気ガつづいているので
六人がせまい小屋で いやしてやってこにまめたので 僕と馬村と六 十時迄 いかしてやった
ねむくなったので 松の葉を燃して ねたが 目がさえて ねられなかった。が 一時頃にはもうぐっすり
ねて 夫ったら 今朝起きるとねむくて 目があけられなかった ねむく 山口が工兵に入ってゐるので
久しぶりでみたので かかさと色々と たくさん話をして 気持になった 今日は休みだ
思い出は古い [redacted] 何で お前の橋本の母さん
たちを沖で別れた あの時を皆思い出しては 拝んでいる。橋本の母さんが話は涙で一杯
だった アメ 橋を見ると 橋本の顔には 涙のすじが流れている、お前の顔には 僕の顔にも
いりをはって やった 目が動かない時に ひろって にんじんが落ちた お前の顔がなんだにしても
なって 見えなくなった 涙はとめどもなく 流れて出る、内地をはなれた あの若い 感慨無量
だった。丁度 去年の今日 今頃だった 甲板の上で 日本の見えなくなるのを
見ていた。今日は其の記念日で 休みなのだ 内地を出帆した時を 思い出して。

86

No.

で兵隊屋敷へ行って手紙を出して来た 床を洗って朝めしをたべた。
今日は城県は記念をするために剣道に自分があう この前は隊で俺の段階かと云う
あれからつゞけ二年もつゞかったのだ 俺はつゞけると思って三年やってあきなかったが、剣道は手剣
で自分は手ない 俺たちは手剣手首手代だ 撲滅はいゝことになって 俺は手に自分の力入
いところになってみたがとうく行かなかった。三人の組合で大分よくなってきたのをたべつゞるので
解散して ゆっくりとするなので 何は手紙から雑誌を読んで目をつかれさせてぐっすりしぶりに
ぐっすりねむった 起きて目をあけたら 大分ひる食めしをくへとおこしてきた 西はせんの
おなかに 南方戦場の話が下くれたので 一人やっけて一せいのめしをたべた 腹のけがキューく
としかんが何をいうろんよい仏様だった。あつい汗が流れる。一眠りして汗をたれた
午后はゆっくりねむれず ぼんやりとあつい日中の日をよけし 醜いごろくしていた時
どんぶり持はよいし一つ元気を出して 旅人の進撃と出かけた。ゑりよ ちるまで
戻る頃になって 二人分洗ってやった 晩夕刻早速 水がしみて やせたがネブと汗が
出てこんな なかったから 自分にくらべて明日は洗ってやろうと思ったのだ 文

妻へ

六日夜一時 六時半すぎ

忠よし

87

No.

六月廿二日午后より下く。夜は補充兵の神田に送はしたと言ふので
山本、補充兵がえんりよするのを探て浴場で六分洗つてやつた
ほーとおいて俺は風呂へいく。すいてゐたので汗を流して、ゆつくりし、褌を洗つた
流し終へおりて帰つて来たがさつぱりしたあとから又汗が流れてくる
タバコをすつて遊んでゐた。○○から来た大江が井上くつけんびーんを上げてきて
一しよにのもうと俺のところへ来た。冷たいよい味だ すごく のどへしみこむ
おそく来た手紙を見た 青山より。浴びでおりしあつたのが中支を立ちよつたらす
らと違ひになつて俺を探してゐたのだろう 古いのは野営の十月十四日の消印
房子の手紙で一通は五月に一寸のだが住所をまちがへて又青山より廻して
来たのが届いたのだ 消印は野営。五稜賀守宅。浜松の年賀状が届いて
明手紙は中村閑吉 森信一、房子十二通とられたが皆古いのばかり
でよまれて よんで見た 消印は八月の返事をかいて房子へしかいた
下らいの文づいーい夢になつてゐるが字も下手になる 文面も無茶苦茶だ

73

No. 2

それでも皆返事をかいて、うちへの手紙をかいてみた 四時半 母の手紙に
いるのだ 俺は お京が 旅から帰って来るので 仕事をせて めしを喰べに ぶらりに出た
牛肉と卵の汁だ すりのつけものと すしめしと 美だ 名物へ ゆけなかり
それ迄に 御飯に 買いに いってもらえ ぜんを 井戸水でつけておいて
山田は 写真の帰りに お田に 一人を二本つけとあるので 一しょにつけておいた
あちらこちらで 御やじんが 暗まえてゐる 時々ゆかが 暗紀 伴奏を 黄々え
のが 何だか 買えるのが 皆えらい気がよい、俺はめしをしめず おそ リヤティ丸かった
のみ 落籠物を入れて おいたのが 又よく なって 帰って みたら 土時なる山田が 来て居る
帰ったのだ つけへあつめ人をおして 三人四せ 泣かくて とてもうまい 山口でも よろこんで
いるし 注もっての之び それでも はじめと いい様に なった めしたして
一服したが やはり おとしと あつい、リヤティ丸が あるのか 泣くて 一度田が なって
みると 三人の 敵気も 大分ええ 元気が出て 大の人だ アタクリ将 とかいで くづ帰って
俺ての 分が みる 今日は 三人共 すき焼を たべて みたのが よろこんでゐる

74

No. 3

山下は三年係の友人のとこへ遊びにいった　島実を覚えているだろう
隊長時一しょに中隊長として戸崎に来た人だ
りっく行くとみると思います　今日は　昼もは来れた船出の前、昨日はお前
ふが会いに掛務から必と　せっすく来れた　あのえらみな顔　ハハ三の顔
久々をおかしくて、気と言ったい　いや　と言って来ない、おりんなどを確って
お前ら久三　その久三が今は　一千百と二円　あった　大きく　なって　まさかですも
よく生きておるぞて　まさか女人か　済ナには　パパ　ヤンリーとか　パパ　生ン
ここを殺しにいったところの女とか言っているそう文　文学の手紙には　おとう
さんはいつもの思う、手紙を出したよ、くるの思うがと言ってみるとのこと
大きくなって　一寸わけもわかって　日本の女のおもうと思ふ　四人の子供の中
で大きなの女の子　忘れようと思ってしまわれることが　出来ない　心して
手で　両手で涙の顔を押して　無言無言に、どうしても　忘れられない
お父さん　かんこ　おとなしく　一緒に　おかしくて　保母さんを思ってくれた二日の宿とて

75

No.

駄目だった、一寸父如目にわからなくなったのであろう、いやしくすればよけいに
ならなくなるだろう、無理にたけば泣いて来たかー、何を思ってくれとろく鉄かなる
近駄目だった、俺は久ミが好きだ、しかーし久ミは俺をきらってゐる
又一年か 尺なりから先に行ってをらなかったら又俺がわからんから イヤしを
しやせんかれないと寒がって心配をしてゐる 勝男は半分かったになって来たが
帰れば又人目をして泣くだろう、よくまらぬれたおとうさんになって来たな
ミんはどうだろう、信子の手紙にはおばあさんを困らして ヤンチャをしてゐると
かいてあったが 無理からぬことだろうナ おばあさんでお前までは どうだい
しまうが 出来なかろう、大東の時に俺の写真だけ飾ってあるだけ 是も名誉である
出征軍人だ おくにのために身も心もささげてゐるのであるから [illegible]
家のことを思ふのは みれんかもしれないが、いろいろのことを思ひ出すた
は存分忘れて 又帰ったならば心配しなければならない、遠くはなれても
手紙でも出してよこしたらと思って まいって出して 存分の顔が、しかーしあまり

76

No.

よく考へて見たら思ふなんかさせてすきな方がよい却ってしくじつたら困るから
私は一体が大事だからよく運動をさせて遊びにいけたらはなしておく様に
久美も立つ様になったのだらう大きくわけもわかって来ただらうナ
僕は田植も手伝って居たらうか　もう二日だ　この日の今頃は大阪の海水浴とこへ
いって居たが弱虫の直之の姉さんの都原さんと二人いって一同よろこんでみえる
たった十一歳にんこかすみと一しょにゆられたのだがうナ気一かった
あれから一年どこへつれて行ったかお前が大阪迄一度でも来たかナ
家族は安心だ大が会って喜んでゐるであらう大変な母をマブタに思いうか
べてよろこんでゐる僕は元気だらう常に元気でまりしてマイをしてゐるだらう　しかし一
僕が辛い時はかんしゃしてくれよ今の手紙とはって残して失はれない様にたのむよ
僕も書の中一時の条件をたのしく深海をのぞめな　本当一をのまぬこと
喰ひものに気をつけること　をかたくまもって今年のうちに健の足も丸く出になること
ろ様におろかな僕　さらにかえしで力強くよろしくお願ひする七時半
五月十二日　七時半頃（あとよろしくかわいい女だ　今日は思いで上手よう、気付合場）
妻へ
より

No. 1

六月二十三日 晴 金曜日 休みだ 又 あつい日だ 朝からあつい

昨日夜七時半頃になったら イモン袋が来たので 大さわぎになった 隊から一個配給されたのだ 一人一つづつもらった、今度のは三重県名賀郡名張町のと 奈良県宇陀郡松山町のと 二つあった 名張のは よくなかったが 松山町のは大へんよかった よいのが三つであと十八 一しょのだ 又仲よし くじを引いた 俺は十六番を引いた、一番よいのが 丁度十六番で 大当りだ 外の者のほしがること うまいくじを引いたものだ 中をあけてみたら 沢山はいってゐた

上等のパイカン 一コ(五十銭) ミカンのかんづめ 一コ(二十銭)と バット三十七ヶ(三十四銭) ドロップの大カン一つ(これは今は一円位するそうで 三十に五十位のだ サクマのドロップで上等だ) それと 上等のちり紙一ゆう(二十銭の札付) 夏毛の手袋(二十銭位) タオル一本 と 小学校四年生の 中田みゆ子さんの 紙人形が二つ 作ってはいってゐた

俺はハルミに送ってやった、イモン紙がなかったので 淋しく物足りなかった

先だ 二円五十銭以上と言う所だ パイカンの上等は 酒保で 五十銭だが 内地では

88

いくらするか、もつと高いか、安いか、とに角上等の缶詰なつたおそろしい
早速旅人にミカンを一つやると三人共すぐにミカンは隔係になりながらうれし
がつて大へんよろこんでゐた、パイナップルを一つ切つて旅人に汁と一切れづゝやった
あとは山下がおおかた一切れづゝたべた、近頃はパイナップルもむかしへなつて随偶にも
ないので珍らしい、それだけ上等のなかで味がよかつた、ドロップは残してあとでボツボツ
皆たべようと思つて居る、一度手紙は又外の気もはいつていると思ふ。
外の荷物の缶詰はただ二つなので、コップがはりにみたが割がはえて たべられるか
云ふ皆ほつて失つた、けれども出る時に水を少しいれて浮かべたら外は浮かぶが
飯盒の中はとてもあつくて出て行かれない、病気ながけた みたいよ すかゆも食べ
る 丁度夏休みだから湯をいれてのんだりして渇きよかつた 上がる時も明るい時たたみんで
ゆで見たが中々あつくて ゆかれず、ローソクをつけて 点長からもらつた包み紙
の包帯を一週かけて有手の下に紙をあてて、かくしてみるか 其の紙が汗でぬれたに
なるのなかでゆかつたらう、汗がわきとになつた 何回風呂へいつても同じことな

八時頃に二回目の用当へ行ったのだが 昼頃にはもう 日下なに汗が出て居る
山口は工兵だからぬ ゆをおこしかけてゐた、僕は仮寝してすると追ゆられなかった
ろんなのか朝は小ない食事をとって 山を兵舎へいって手入れをして帰り顔を洗い
食事をすます 南瓜のみそ汁だ まだ青いのだ あまみがかない 早いのだ
俸給を貰った 外出者はうらやましかった なくあてあてかってとり出して見た
慰安をえらして来ようと思ってゐたが この次にすることに決定してしまった
寝台の上にころんでゐて 松山町の書み字を見て 軍事郵便へと通信
をかいて送った 子供らに雑誌の口絵を二三枚づつ送ったりして日記をかいてゐる
外は相当に風があるのだが 一寸ははいらないのだ むしとあつし 汗が流れる。
家の中はどうだ 今頃忙しく暮してゐるだろう もう二十三日だ 水かえて池をほらし
一匹づゝ入れて植えて居るのだろう 雨があれば又一ぴきで目をまわしてゐるだろうし
何にしても 植付頃は忙しく手が延えてゐるのだろう 苦労してゐるよ
つまへもよく考へて手伝ってゐるか それとも 過ごして 五月の節句に合ったらうか

No.

90

No. 4

早くよくなって帰るとよいのだがナ 皆居てやるだろう 本人はもとよりだしナ
皆が気を合せて順調にやっているのか 学校には分田の高等科や 工業の生徒に
手傳つてもらつてやると思つてるが 各村の生徒達の厄介になつてやるのだろうナ
施付だけすればよいのだがナ、まあぼつぼつ体に気をつけてやつてくれ とうあせつて
見ても女人ではよく遊には出来ないのだからナ 体をこわすだけのものだ
アユはいくらに売れたのか ナタネ 麦は 小出来らしかったから 沢山はなかろうナ
でもアユの潤ナがよかったので 何よりよかった うれしいだろう 子供もうれし―い
女人でもこんなに売れますと 外の人に大きな顔をしてみられるかもナ 流石は出征
軍人の妻だけはあると皆感心してくれるだろう 蚕かっても お前さん上手になったね
俺がいなくても待つても 蚕には人並に使つてもらえるかもしれぬナ ハッハッハ
お前達のは 芝居をしたり 新派をよく見たりして居る 見て居るのもあるらしく だ
飛行キが この屋根をすれすれにとんで行く やかましい音が 家が動く様に思ふ
ひどい力だ どこの部屋でか 尺八の音が しずかにして 涙をそそる よい音だ 又次に

[illegible]だ

91

92

ゆへ雑誌をよんで居た 十時頃に水さすをやりにきました めしを上げにいき ゆけんかう。
下絵品たび三十分でパンつくり 二人で行かてまった水でこわしておりん 食事を一服して一眠り
した あとで ゆっくれず目を さすった二時頃だ 目がさまし にせん一度おきての人が 汐たにて
うまかった 水つてゆまうとしたがとつれないて ゆっくれ不行きをかたとして 七をよんで居た
四時頃にゆきれ外出かい帰つてしまれた あとでと言ってみた 四時半 夏室（手紙に
いつて片付けて帰つた 汗したびんをあとして 山ほど二度のちび 南海堂から郵送して又二度
おそこまんのめを言えまかせないので又水へつけしめ人だほうく とよい気持になった
夕食をたべて入浴つった あつい外は風がなく涼しいあるが 夜のは風がはいる
おそかく あついて居にすずかい ゆへ雑誌をよんでねるて床と体ちゅう汗をとりてまく
一寸ひとしにすずかが 花しかけた 外へつとたり ゆへ見たりし うがいとして みた
七時半 春に風をのまへ 寒かはせはちゅう[illegible] せんが ほのと晴て 寝る帰る
日記を手紙を書いて おく。ここまつてとめて手紙しかけない あつてしかた 甚の雨 又良
呼ただ 早くかりかよと思ふが 又はとって ゆるれないだろう 又明日にすり

六月十三日 夜 [illegible]

[illegible]

No. 十七

[illegible]へ

No. 1

六月二十四日 晴 今日はあつい日だが風があるので涼しい

この頃はひるねをする 夜ねられないので それで昼はいつもねられなくなる

ますこと近ゆびうしして ね返りばかりうてるので 朝はいつもねむい

点呼をすまして 飯盒へいく 今日は大だ 病人が多るので 馬の丈へいく人が

ないので 大がかる 手入れをして帰て 顔を洗い 朝食をすます 少ほちその

汁だ まだうすみがつって来ない 一眠りをしないに 今には元気ふの隊長たち

た斎藤少佐殿が ○○○へ行た 飯を兄に来れるので その手伝いにいった

飯をするのはいやでよしあしを兄て 甘えて 二つを二時近かった

一眠りする事もなく 忙しかった 腹がへってかなしになった やかましいので

帰て昼めしをたべた 今日は牛肉と豆でおいしかった 一眠りして がんぐ

いて帰んだが ねむいので [illegible] 帰て来て 汗を流してゆく 夫

二時に目をさまして 午後の仕事にかかる 午后は兵舎のぐるりの畑を耕し

て掃除をした [illegible]へ平八田中両車にいってあるので 七人あまりで二班に別れ

93

2

No.

て手をげがるならんので弱った　めは脈とはちがって又へんがちょいちょい悪い
ひだりの腕をふりまわしてけむりの如に見えて居る　便所のくるりの手も
引いた　木の枝が一服した　とても苦しい、背ののんだビン一本ぐんのんだせい
わずかが出に来れて寝ずで入れをもってくれた　全て集めて段也へでも送り込
すわるのにビンがけげで小便たくさんたれしもやけあるナ.
四時半頃に大体になったので馬屋へいった　馬に水えさをやって馬糞を受け
に広場へいって、つるべ、大麦、ユーリナン、ホウレン草でわたこれを皆かってはこんな
この皆近は小麦をこやしてみたのだ　馬は中々大事なるうなこれはよい.
でおそく何で来た　丁度夕食をつけてみた　飯は牛肉に卵のちらしでたべた
手時が来てみんなが見た　小牛は安養と貯金　3へ食えば洗湯茶の作法
と弟と出て近々ワートーは家で作る卵をあん楽しみの見舞した　出口一千万
安子がたべん、きみ子と四日迄あった　あつめで3ってをかくのに又目がかすれる
弟は手術してもよくならん　かーえってなんかうみをもちしたらようやく

94

No.

六百石けば回復に直るかもしれんとかいてあった その手術が大分いたむ
らしい でも これが極がわれて来ると よいのだがと思った 私ちは意のとれる命を一生
刻に 錦田津荒木のをするより点数 費者 高かつてあれ 土曜二おその三て よが
居十 その他好点とかいてある居十 より才能 骨を折 居かり があって 三私しいからう
点数 ま二三十から とうん とかいてあつたが 一介 約点のお話がきこえふって居るのる
体力その他がんばつて居る十 荒木の様のは七十三才が 一番多かつた十 大した 今の十。
あまいびこりするよ 俺達は休に居たら 精一杯は かつしみたたかうが十 おしい。
高心其王之に命気が惜しい と云ふてみろ 気の毒だ 顔 目 肩とか かいてある
少れまこのけ 二人 かりい 二て を なして お待しあつた エリタ牛と手紙の紀状 あつた
汗を流して見てから 風呂へいつた 洋っ風に吹かれて 読書をしてから 本のかわへ
以て 不ん まき三 弟子へと三通かいて 待り合併をすまし おや 梅木か よそ 先に新く
土色肌 トルソを ちべて 酒に花めさき 土曜を出しまして 要が皆待ったのでは 日で
ちがって 手紙三通の上書をし それと あそびてゆる 今後は当しくと 書いて 汗が流れる
土曜だ

95

No. 4

六月廿五日 まで以りで風まで涼しい日曜、昨夜もあつく眠れなかった
食事をとて 兵舎へいった一人二人をして帰って 頭を洗い朝めしをたべて
一服し散歩に出て何時か十時過 一和しもてホオして 行みように なって
けいこをたすかけで 大分上手になった 帰ったら数へてやろうか アッハハハ……
ちなにまで 一服してシャツ一枚になり 兵舎のところのどてをもって 存じて 大すし
するので見に行った 遠足かないので 遠足気分に帰って 立、馬に水をのますをやって
帰ったら食事をして 牛肉とキウリ卵の汁だ、ひる飯に手紙の返事をかいた
今日は風があって涼しかった 卯之家之から今年三枚返事をかいた 女房の
山口平助君へ返事をかいた これは例書いで中止して 出ていくんで てっとった土を
はこぶ変化してやったが 暑いので相当えらかった 四時に終って帰り馬の手入れ
まわりをそうじをしたり 書事をやったり ことをやったりし すこしたって五時頃
帰ると山口らが 桜をそりに 畑田へいって帰るので 荷物をおろしに来て 夕食だ
夜へかい でんこなれになったので 山口 梅木 三人でのんだ 梅木が取持ってまし

96

No. 5

うどん半日のまゝで三、四日の人だんだん気嫌になって 乾 山岳 話もして居た この頃

一天にわかにかきくもり雨と共にしのつく雨がふって 火の穴を代かり来た ひどい

仲テだ 雨はまず りゞ かん 洗面を通って 大きかまだ 涼しくなって 大分どかつ

た。寝てゐたので何も思いはなかった もの毛[illegible]にのその身にゆえずかゝ 湯丈[illegible]

にあひずゞれい日なった。裸になって得って居た 体で少し 上り 山に見て[illegible]へ

の[illegible]の読いをかいたが 母が来てみるであうまし かけなかった 日記もかいて これをかいて

ゐる。よるもにぎやかに 銀を出して ゐて 候いたが 以北の仕事だけは一寸すかぬ

と云ったので いやしこれをかいてゐる うすくらくなって 明日少々晩より 出来る しかし涼しい

明日は涼しいだろう。あまり今日近かったかった 小春が あると よいが よい

よい生れた人でわかたい もうえ又 含峰だと 昼峰をとって たまた がよう

今日はいろゆをしなかったので よけいゆかたい 家も忙しいだろう 田植の最中

かとにかく 目をまわしてみつかろうナ。今みをつけん せきとれよ 子へ上ほつく 仰いで

ろろと上言ってまたが 仮さ 体が大事だから 十億生は 出かけて 大 一ぺんあいたいよ

五月廿七日 后八時半

宗吉

いとしの 妻へ

97

No. 1

六月十五日 うすくもりだは 雲があって涼しい
点呼をすまして 砲廠へ行って手入れをし 帰って顔を洗って 食事を終る
教練があるので早くから八時半に出て 銃を持って 兵営の裏へ行った 外の中隊は
来て 大隊中全員の 教練だない 野原で 大勢の兵が 銃剣を以って 訓練をする
のは又よいものだ 幸に今日は 涼しい日なので 之程に汗は流れずによかった
十時に終えて 砲廠へ帰り 一服して 十時半から 土工作業に行く 兵舎のぐるりの 塹壕
が出来て居ないので 溝とするために 道路の 両ばの泥を出しているので 道路 橋を作ったり
又溝を作ったりして 砲廠へは えんでいって帰り 馬に水をのませて えさを切り帰る
昼食だ ゆっくりしたかったが 午後の仕事が 沢山残って居るので かくそこにして
ゆこうんで かいた 中村初年兵 家政達と 兵隊の昼午 前の へ三 週間に
がしまいだから 残った三時に集まって いよいよ 土工作業をすることになった
昼からは あつくなって 日が かんかんと照り出した 風はあったが 涼しい
二組に別れて もっこで 土をはこび 橋をわたって 塹壕を 大きくするのを始に

98

No. 2

一寸には出来ない 要持ち切れないのだ 一寸には出来ないが 十数年代でやった
近い所なのだ 土手に三十バイ位もはこべるので 中日こぶ 仕事だ
外の畑は 子供が水牛のせなかにのって 草をくわして 遊んでいる よい景色だ
土地たちは 山だや 大豆の中の 耕作をやっている どこも青く見えた ここ
は畑ばかりで 田は城田の方へ しかんこには とられない 子供らも畑で大分遊ん
で居る 四時過ぎ 今日の仕事を終り 道具を持って帰り 馬屋の手入れにかかる
俺は馬の手入れに やられたが なんか病人が ある方で よくなるのは少し
馬の手入れに 人がなくなってきたのだ いった、 嫁や姉二人は 城田へ 嫁や娃の耕作
も取りにいっくで いって 出た帰って来ず 四時半で 馬の手入れをして帰った
一服して おらが 帰って来たので 若衆をすぐに いった 嫁や姪を 一ぱい
二人で来た 休みがてにきて みる おちこして やって その後ち 二つ三つ手紙を書いた
のが 暮れ代りに どびんを こわされたので 母と二人でのんだ 嫁も来て三人で
嫁 あは 海の残りを 持って くる 二人 二人と 午後の おやつで のんだ 今日は

39

別に楽しいこともなくて、苦労したらの人で思い、カチンが来て雨
雨が元気になったら家の方ではあせがでたり植付の水に自分に合ってよかろう
と思うが、二十日には雨はまだ天ぷらだ。もうすぐ手つりを一度にはって来った
かなりの次回十を度々なり大変きた。土地が多のなにより。司会の今日た。
一寸位流をし石所が雨の多かった。夕食を食べて入浴へ入った。
汗を流して私く帰って停人が居た。大川手島に水をのましていたが雨がふれ
た、中華道の所へ近くの踊りを見て来て、内へこれを見たと思って
みなが乙くなってねにと思ふし、どちらかわからんので又二度たなるのもわからん
が、ザーッと来るで付きと大汗もすんでいたが、雨がひどく大降りだ。ふってから
思ってみたが雷がなるし、ぴかく光ってから上るなろうと思ってみて又大降りに
なってとうとう縁の頭の上へぬれおちてきて、じゃまするので、あやしいと思ってみたら
ぬれてみるのだ。又ザアザアとテラスを大きくはったりして大さわぎだ。それで雨の
ものはとまったが、今日は早くねようと思っていたけれどもなかなかねむれない。七時頃迄こうしていた

100

4

六月二十八日 今日は上海へ上陸した日だ（今日で丁度二週間）初めて大陸へ
なりたのだ 上海の灯も初めて見た 丁度一年になった 思へばあゝ 日ばかりだ
雨はルかりになってゐた 上陸をすまして兵営へ行った 大で[illegible]して来た
昨日からの雨は今もひどい雨で一理だ 相十にも一回かゝるだらう 降るを決して一段
まなべた 一服しておって今日は [illegible] 一日かゝってしまった 大降りになってしまった
ので 劍術が出来ないのだ 兵営の入口の宿舎の上へ降って 勤倫の
けいこをしよんでゐた 大隊長殿が来られて 寺村君あまりいふくの話をせられた
雨に降った 雨は止まない ふりゆく よく二回もあるのだと思ふ位にくるまに
家の方でかえたら皆大よろこびだらうと思って しかしこれも雨風の最中
だらう 大分越えて来た路を思ってゐるが 南京にならう
とうとう二回の五月を廿年でやり通したが 柳営ありて
大雨の中を 船手がゆけて 宿舎の所へ行ったが水づく 二つ目になって[illegible]
給つけの車を引って 兵営へ来た ずぶぬれになってた 細い水でぐしゃぐしゃに

101

なつてゐる、臨鉄でタマをおして手紙をして帰る　昼めしだ、ボーイゲラのたれめが

又別な味でよかつた、食事をしてゐる　今日は豆腐なので　早やくいと思ひながら

ゆつくり行けば又ゆつくりは臣コロッケだがつすりと二時迄ゆつて見つた、目をあいたら

銃の剣の稽古すべつてみた　俺れあいて皮けん甲なつた　手大ものよしあしを見る

ものだ、大に甲ではかなはいで頭と又田のふる中を約数へ今日入れた事を

あけつて又（高田の）家の下士備の所へはえた一度上つて来た二度目すらすら明つて

行つて○○○の方の山がまるで見えて来た　小なの生一してまつて馬屋へ帰つて馬の手入

れをして夏なので田付まに帰つて来た　風がまよいとすぎて止んだらしいのでたし

又二度も行く山中ぶりだ、帰つてくるを洗い近くへもおして甲衆をしてすんで日記を

おりて二れをかいて居り五時過ぎだ、食事が始まつた、俺れ少しをたべてゐる

甲番に行ろう　隊長がけで三時まにあていのだ　風呂があつたらはいつておいて

いこうと思ふのだが山口がビールを買つて来てくれめんとやかましく言ふのだ。すすく

とかけない　これで止めて又明日帰つてからかくことにしよう　明日は休みだ。

清より

ふゆたか、五時半より

母へ

102

1

六月二十六日. 夕食に些とびーんを三本のんで夕食をすまし一眠して大浴へ行た
早かつたので きれいな水だつた. 普通(フツー)の日は 午後 三時半から なので.
帰て汗を流し 六時頃から ボツボツ 用意にかかつた 心配して居た雨も 止んで明るく
なつて来た. 僕と二人出て 七時に 五六人近く 今度又五六人許がやつて来たので
バラックの 山座になつた. 初めて なので みんなを集めて やる所を作つたり
よか晴を 配置したりして 汗ばんだ 寺宗の お人中なので ヒキガヘルの様な蛙が
ねる所へ ハイマワシらがねる. 祖になる 月があつて 割に明るい 雲も切れて明るい
ある月なを見ることが出来る 楽しい しよ. 気持だ よい風が ふいて来る
静かで 蛙の声と虫が 森をこんで けつこう音 ばかり 何も聞えない
遠い土民の部落に 毎日見える 火が ついて居る 森がくろく うかんで みえる
先日来の大雨で じめじめになつて居るので 土が化するのに どろどろになつた
僕は 三脚から 十脚迄 歩くので 寄から 三脚迄 おまし 上の端の土化した
道が悪いし 遠いので くたくたに なれて ねむく 三脚を 担いで ぐつすり眠た

103

六月廿七日 夜が来て ねる頃になってから雨がふり出して 相当ふった様だ
が 雨の音をうつつに聞いていたが ねつたので 朝迄しらなかった
六時半に起されたが ねむくて 目もあけず ぐっすり ねて居た 兵舎にゆ
居って思って ねぼけて みたのだ 雨も上って 日の光が見えて居た 七時にまた
ので 事務所をひきあげて 兵舎へ帰った なるいしねむたい
銃がぬれて居たので それらに掃除して 顔を洗った 馬屋から帰って来たので
一しょに朝めしをたべて 一服したが ねむいので 横になって 寝をしく フトンをのぶ
つしねた ねむりのが すぐにねて来て 何もしらず 起きると いつも 目をあいて
見たら 食事だ 朝めしか 朝めしはくるなと気がするかと思ってみたら昼だ
今日は休みだったので めいめいに外出をしに行ったのか いったのか少しも
しらなかった 雨になって ひやひやとまっくふって居る よくふる雨だ
ふつとなると 無事毎日にふってゐる 此の月は よくふるのだろう 去年も七月
前後は ひどい雨が 上海から杭州へ 作戦へつみこむのに 随分ぬれたのだが

3

七月も雨ばかりになるのだろう。今日もふるし、昼ねてみた。豆をたべて

眠っては借金がぬけんらしいので又フトンをかぶつて失つた。一日中ねて

くらすつもりで。又ぐつすりねて二時頃に目をさましたがもういゝかげんと思つて

もねられなかつた。今日は朝から二時迄ねたよ。ねられないのがあたり前だろう

雨はやはりジャンジャンふる。写真を皆はりだして何かを出して又眠して

見たりしてゐた。三時頃ぶらぶらしようと思つてみたらあまりひどい雨だ。のつから

木村馬が木の上で二の宮が雨にぬれて病気にでもなつては一大事なので

テントをはつて雨おいをしてやるのだと、行つて見たが人もおらずみんなの帰り見物

へはつた。テントもはつた、揮発で下を洗つて帰つた。シャツをかえて眠して居た

が外出者もずぶぬれで帰つて来たとぶつぶつとこぼしてゐた

手紙をかいて居たが馬の手入れにいつた。水さまをかつて帰つて来た。

これのさまを二十分かつて来た。今の所雨は小ぶりになつて来たがよんなり

ふつたりして中々止まない。けだしの梅雨なのだろう。雨の粒が大きいだけだ

105

4

家の方はどうだ。もう梅雨もすんだのだろう。空梅雨だと雨はふらない――

雨にならねば仕事がうまいし 何にしても困るが やはり植付の頃には

うまくて雨のふった方が早く片づいてよかろうと思ふ

いつだかあのすごい雨の中雷がなるし いなずまがぴかぴかと光ってものすごい位

の晩 天で太鼓をとめ田のあぜぬりをぬれてまっぱだかになって水の中をやって

みたが、気持が悪いしとうとう暗くならずに帰って来たことがあった。おかあさんが

雷はこわい、田で仕事をして雷で死んだ人もあるからと言って注意をしてくれた

ことがあったな。あんな日でも仕事をしなければならない。水が出来ればよいがな

牛はどうだ 肥えてゐるか 耳がまがってないか やせたろうか それともお田をすく力

があるか。大分年寄りになったから もう元気もないだろう。牛なければならん

作しおった 相当切りがついておるんで ちよいとでもはんがらでいゐ

こんな雨の日に休んで床へついておると 五月の家のことが思ひ出される

もう二十七日だ まあ後は少しよくとれ植えてゐるだろうと思ふ。皆々丈夫かな

106

さびしかろう、在津の日よかさなやんも元んもどうしてゐるか又いろ手紙は出
すがまあかわいそうしくれを言っておいた私よ、　まあ今日は天津も無事なければ
体を少し骨休みでよかろう、つまりへいはおわせてみるのかい又手紙が来ると思って
待ってゐるのだ田植がすんだら又しらしてくれよ、今度は山女中婦人家が帰京
来活になったと言っておるとこむしたのだ山口と二人での人で会ったと言ったけだ
二人でのみ始めたら又岩田が今日外出のみ世帯に思け甘いのはきらいなから　とどんを
二本気に田地に杯一二人でのんでよい心持になってみた、苗村が遊びに来て又山口が二本買って
きて一皆で飲をうったとん午前だで窓を消して雨の中を馬に水をのませて行し
又窓をあけてゐるとよる、雨は降ってない、おその所へいって菓子をたべて遊び
又行って遊びた夜人山口と二人で若い時の遊びの話を交し合ってみた
百ねたずわけわかしくなって来て話はいつになっても切れず若い時の面白かった話
をしたりして大笑いだ、三人ねころんでわいわいとよろしにぎやかにやってみた、消燈ろうべ
が雨の中をチンチンと鈴の音となってみた　十時消燈でおそくもねた、これだけかいて寝

妻へ

六月廿七日六時半

[illegible]より

107

六月廿八日 雨がふった 涼しい 朝は 気持がよい
六時半起きし 身辺を整えて 花畑へいて一人で手入れをして帰った
顔を洗い 食事をした 一服し 遊んでいた 同手が 花の道具の
整とんしているので 手伝いにいった 水流の花が皆揃ったので 品物があるかないか、
見て帰るのだ 終えて 花車を持っていて しまえていて 一服して 十一時二十分 帰った
夕方のおしいのを 二寸と 勝すき(十人おむすびの)を ほどいて あずけました ない
のびてんで 低い通りが きれいに咲った 牛八むすび 一年よりに 出して見た
吉祥寺の竹堂がかかされた 八時半 一時間にわたしある あるかなあと思
った はんておいしく 食事 にあり 肉とねとの汁で 食事をして ひるねをした
三時 遊山してとめて 天気 三時 下谷呂があるので わけへれ ちにいった
夕めに 一人にもつ ぶいと 八日 三人に一つ がーで 油は 六八口で 名勝(一升七合)
あすまで過ごして 終る 花数ついえん 花の手入れ 少々の手入れを して あった
八時ノ 中ですっと ぶ学していた ここへ 何様が呼びに来た 百室へ

108

最近選者とかが送って呉れるとの事で　歌には皆加へて改めて送れた
ず困ってゐると　伊藤と二人で　君の異をとって　そうじをした　あと二人で
其の翌日に　岡下が　山荘に来れた、おれと会ったが　どうにもならない
山荘はスープで借ってゐかれるし　島田君の弱りもとって　外へ旅へにいった
おそくなって帰ったのが会の最中だ　それで　雨は流れ込みおそくなった　手と
焼梅木と二人でサンドゼンへかへもしてゐやめた　山口はおそくして来ない
のが　のんが済み田に帰ったあと　田舎へ居たか出ないので　二人で一升　のんで　止めて
自分をたべれ。山口、山本と二人でサツマゼン　一本かんしてすゝめかへし　一服してゐた
天淵が来たが　今年は伊藤節へ来たりアキが済んで来た　今夜は出ない
村梅田が一包と木下が浄法經一冊と村守一包と送って　木下
として天淵が今日通贈ってゐたのを世に出した　かとつゝの者を呼んで梅田
次郎君と　田中龍二郎一本と三通来た　別に書かれ言ふ事もなかった。
つくれずに　出て来ずをかいてあった。来れなかったのでよくなって七月には　家族へ帰れる

109

なかうとかいてあった 前を通る人を見て 柵の中のライオンが檻の柵に
思ふ事かいてあるようし 外へ出たいて 見えるよ。雄も元気なくかいてあった
まづ皆悪用者のぶらりしていい 田舎もよろしい 暮らしつらいだろうか 如何かいなと
二三日たった なかなかつかれ――しんどい ゆかんと思んで 牛乳をのんで みて ゆきたべて
体が、それはええて 土曜の原稿はどうだ、と見た。ねんど 出てみられるかしら 気分がすぐれない。
のが出せなかったので 来たのだ 一寸座談をしてみるのだ 又 書いたら出そうと思ふが、
文子の時都合はいうるだ。石川と相談をしてゆっくり 書いてみるのだろうと
思いか、星へ帰って又いったら なかなか十言っていると思い 一寸思いだしたので わ
明日は家賃な 相は土曜日に整してくのだ 久しぶりに淋しいらしい――
七日ばかりおそくなるが 帰って来たのだ 椒をおろしてやった 皿が入って夜なのだ 何かおかしん
してあったのだ よるまでやっておいた 水を 家の方へいって 電に水をのましにいって帰った後――一個
かりのおにぎり 一個を食べ 上着をすてて 日記をつけている 今日の
仕事をすませた 下宿屋の油で しみがついて 書いて下さいよう 父

110

4

六月廿九日 晴 よい天気だしかし暑いことは話にならぬ 今日は五時に起きて

中隊教練だ 整列までに顔を洗へハンゴを洗ってトラ時に飯を食って 出練兵へ

をつけて帰って食事をし 自分の持場を持していく 弾をつけて七時半頃に二内を

出発した 朝の日は浮し 飛行場の側を通っていく頃には汗がにじんでゐた

城外の塔が朝日にかがやいて 赤や青、白の色とりどりが いりまじって見とれていた

アカシヤの並木が眠っていく 三月頃に演習をした所へついた 陣地をしいたが

あつくて汗みどろになった しばらくして 汗が目の中へはいってしみかった

のどがかわいた 人の演習らしく 俺は用がなかったので 馬の近くへ来てゐた

十時半頃に午前の演習が終ったので 暑い 丸、土を掘って 俺達は一

をとった 勝がへたばることになったのがうまかった すかさず利用した かなでて

困ったが空腹にはまずいものを とてもうまかった 一時迄休んで かつ午后の

演習にうつった なんでまて まて あまりの位ので 話にならぬ

午后一回やって終った 道路を走って馬につく 弁当 汗が流れる

111

5

帰りには桝田へはいつていつた 桝田もなんで片付いてしまつてきれいになつた
大通りもにぎやかになり 蒙古紫藤の人が赤茶色の帆をおろしてゐる
にぎやかな通りへ出たがあついのとほこりのとでどうも落ち何を見ても面白く
なかつた、アスファルトの上は又別にあつい 途中二回程休んで帰つたが 四時頃
だつたが日やけした顔の皮膚がまつ赤になつた 別れて顔を水洗いして部屋へ帰つたが
勤めの為になつた、裸になつて 盥一杯洗つて 体を洗い せんを二度繰返しまし
水につけた布が黒い 樟木を山下が二寸、俺が並んで四人仲のんびりした気持になつた
お茶は冷たくて 肉のつけを食べて一服して自分で手紙を書く 会社へ行つて
こうして居ると 昨日の手紙の返事が出たはずなんだが 破いてみて 読んでゐるので
止めた 人々がうるさく縁の上へ出かけてくる 外は風があつて涼しい 風呂へいこう
風呂で汗を流して来た 寝転んでゐると 眠くなつたが せんのおかげで元気が出た
夕飯二すゞへ 手ぬぐいを巻きつけて 腹まきの上へまるで似た腹を冷さぬ様に
では暑さに負けて おちぬ様に お互元気でゐるか 安心しよう
六日木曜 夜九時書

良人

母へ

112

◎

宛名 佐保宗(蔵)部隊気付井上(茂)部隊Ⅲ部隊に(茂を在ること)

六月三十日 晴 あつい日だ 今日は休みだ 外出は出来ないが
昨日演習には相当弱った。これでは泣きたいくらいの気分になってしまっ
ねこんでしまった。今朝は体のふしぶしがいたい。誰も同じだ。点呼をすまして
皆と砲廠へ行き 一人手入れをして帰って来た 顔を洗って朝食を
今朝日はそれ程でなかった為か苦しむのがうすけ 一人まりおちなかった
あてて来た 筆(逸)車を一度(迄)から、下げ砲廠へ手入れに昨日演習
に使って来た道具を水で洗って(倉庫へ送)した それから砲車の泥をふいて
帰って来た。それが終ると休みだ! 一眠りねころんで山田と梅田と
かけっこの本をよみ、と思って出かけた。昨日から これが土付に起きへ一日
演習に出たのでよく、かけまわったのだ で留(送)車をかりて、すわった。
で帰るに行く、皆に水中土を出して帰り 手作のつけものをめしに食事
一 午後に仰、葉の書き方のでこまった、一眠く梅田さんの新聞を
よんでみた しまい迄 よんでみるつもりだったが うとうとねむってしまった

113

2

何も少しずれにやっているのに汗を流してゆってみたのだろう　目をあいたら
四時だよ、やったものだ。見やりやさしくした。西村が呼びに来たのだった
角田家の方へ二十円送ったのだ。夜取りを忘れたのだ。二週目あまりすると
いや二三年より早くつくだろうから返事をしてくれ。そして皆体に気をつけて
健康になる様に村々の無事を祈っても祈っていてくれ。母上やおばあさん栄の代
りに毎日のお相手してくれ。何よりも体が大事なのだから　ゆけへ年寄りの母上に
は無理だ、母上がおいでになると大勢の子供をかかえて仕事をすることもあ
るかもしれない。十倍もして俺の帰り迄は母上に丈夫で居てもらわんことには
生きる張りがなかった。俺は人並のつきあいはやめてめんどうのみ演じものへで
ゆめとみるから心配せず待っていてくれ。たい働きもして働いて
せんせいも世を営むのに使わないだけなのだから。それさえしなければ
腕が俺の手は一知ったものだから、六人分働いてあまるのだ。いくらあっても
使い切ったら一ヶ月三十円あっても五十円あっても足らない――おもなくってもかまっていけ

るのだからナ、子供らにも人前に出ても気のひけないようにましやってくれ、何もせしたく
そしてあとはよい人間にさせ、行く所へはまってやってやる様に、俺たち子供の時には
遠足や修学旅行がある毎に泣いたものだ、父がまずしくて今の行く所はいえし
もやって呉れなかったのだ、子供の時どんなに行きたいと泣いたかわからない
弟や兄さんがそれだけによけいにしみじみと思ふ、学校で先生がつれていって下
さる所へはどんな無理をしてもやる様にしないと人並の子供にはなれない
気がひけてくる、行かなければ悲しいのを思ってやると言はれた、此の位な一寸のうれし
こそはなかった、行きたいくらいどんなに思ったかしれない、そのあした学校へ行っても
人と同じところへいけないとどうしても皆がいけて皆の所へいけず小さくなって
居たものだ、だから俺の代になったら弟や妹らには出来るだけ人の中へ行ける
様にしてやってくれ、ある程度迄はいいはなしにしてすこしはなにしてるのだ、心配せん
でも子供の性格で悪い事を覚えるばかりになるからナ、弟にしろ妹にしろ
何もかも思ふ様にさせてやったが、かたいものはかたいばりがないのだ。

115

廿

やかましくからだに力をつけて丈夫な様にまびらくやしなって それが却って自由に
なりたいと思い自由にならんが次の日をめちゃで悪いことをする様になる
大森の姉様が丁度よい見本だ。まじめにすればよし 女の外は思い様にさせる
そうすると自分の思い事が出来るから別にむりのないのだ 俺は父が厳格だったので
いちいちそれを禁って俺は水泳にいけなかった アブナイからと言ってとうとうやって見なかっ
た それで今だに水泳が出来ない 海か川へいくと 一人来ても水泳の出来ないのが
残念だ 殊に故障が起って 脳を一しょにやった 次ひよかれいかれ すまなければならない
お前はどこへでもいって 運をつけさせて 文学の素材へいくのを たのしみにさせる様に
しなければいかん よいこと悪いことを ハッキリ区別して 悪い時には 注意してよい時に
はほめてものを與へてやっておだてにする 子供はよろこんでよいことをするとほうびを
貰へると思いながら善人よくする様になる まだ子供だから よいこと悪いことの区別が
ハッキリわからないからえらいことをするのがよいことなのかと思はせはならん
俺が今送った金は皆お上から貰っている金だ 俺がいのちかけて残したものだ

116

不浄の金ではない、人の為に手をさゝみれ何もせずにつゝんでためたものだ、家へ帰す

ために送るのではない 丈夫で出来んなるから子供の入用が出来する為生活に

使って貰へたら幸 俺は丈夫だ 又働くもうけする時があるからナ

俺の帰る迄は貧乏で働いてもらはねばならんがそれは からだに滋養を入れておか

ないといけない 俺がここにはおらんが今二百円で一升の養命酒を一升が五六入りを

買うて来て 朝そのおつもりで 毎日少しずつ〔小盃に〕飲んで居ると あつても寒くても

へこたれる事はない 俺の仕事も強くなることが出来る 前から十六方のを忘れて居た

のでしかしかたのないことになるから それと気をつけて 丈夫に仲よく働いて

くれ それから母上をたのむよ 母親がかわいそうだ 又おまへなら俺がおらなくても

俺がおったら喜ぶと思って辛抱をしてくれ 家仲よくして人様に負けないように

してお仕事人の事など言ふことを忘れず 気をゆるめずに かえってくれるのを待つ

じっと困難をすべておしのぐナ 今日あすは郵便よりおくろうと思ふが どうだ 郵便も二回

出してたら今後の郵便での返事はすぐくれるだろう と返事をまってゐるよ 又

六月三十日午后七時半頃

良之

正子へ

117

七月一日 今日はくもり空だ 風のないむしあつい日だ
今朝から起床が早めになった 下番日の勤務だ、点呼をすまして炊飯
へ行った、山本氏馬房へ行って二十分程手入れをして帰る
顔を洗って朝食を 此の頃は大根の味噌汁にか別りのなしにきまった
何だか冷食で朝礼があったのか どう言ふわけか とりやめになって八時
迄 自習で雑誌をよんでゐた、暑くてたまらない、
八時から 二の宮中尉 土工作業のつゞきをしに出かけた
二組に分れて一組は砲車のトーチカのくづれたのをなほして、土を運んだ、
なかなかつかれてけがどうになった あまり風がすこしないので やりきれん、
二三回休んだが大体して十時迄 工事をつゞけて完成した、馬に水をやり
をやりに馬房へまわって兵舎へ帰って来た 汗をふいて 一服だ
昼食は ……の ……で ……なって ……たので 腹一杯たべられた、
ゆっくりで雑誌をよんで十一時半迄、それからは いつものようにゆった

急に今日上海にいくことになった　山口と二人でだ　但はかえしかわからんから
逢われるだけは逢っておかんといかんと思っておった　天気はとうとう雨になった
又相当ひどくふって来た　トタンをゆすってたたく雨の音は中々やかまし
い　その音をうつつに聞きながら　取荒して返す(?)惜しがっておった
下給品が来たのであけてみたら文旦を三つとヨーカン二本と酒とだ
ヨーカンは故郷で作られたらしく中々味がよかった　家郷の味に心感
夕食が済るから材料まで甘い味　思わず出来るそうだ
三日間日をすごして一寸日記と手紙を書いてしまう　明日の朝は四時起こるんだ
すゝ、戦法を知っておられるのか知っておるのかいぶかしんだ、
去年の今日は杭州へ着いた日だ　初めて大陸の汽車にのって杭州と
言う所へ来たのだ　まあいい所　湖があってよい景色の所だと思った
西湖だった　土民の家々はまずしく一頭がいたくなった位だったか　今はどうだ
すっかりなれて失ってしまいそうなのだ　杭州の去年　夜をすっかりして夏を送った

119

安林路の三浴便の大営は風がはいらず 風もなし あつかつたことを思い出す
馬の座りいる人 新鋭を共に来る力後、大事かこしかをおってみる者、[redacted] など
[redacted]
えんと生活に困ってるたれのと兄さる ころとして みたのに 一年たえん 今日 こした
はえんなれの工人気がない。無旅州は美人が多かった、ここは ちう族の者はお
らでまたない。印だ太郎でも 美し。遠ってみる たかった と美く百アを思い出す
四時になった 雨は少やみにはなった 私と甲斐だけしておこう えーと ×B し
雨は上ってよかったので 四時半に出ていた 五時交代して 歩哨の交代をする
わーあって困ったが 二時頃から風が出て 涼しくなった ねむれなった一日
えー気で キーいをしてみた 時にしずこ ぶったりしたか たまには月も出て
明るくよかった 三時頃起きていた ヒドを入れたら 三年目になって
で 司令と交代して そのまま ロカの中には いったが 割に涼しかった
皆 蚊がこぶいと言ってるんだ すっかりねむくなってみたんので ぐっすりねた

120

七月二日 六時に起床した、ゆめで目んやりとて一寸おきられなかった、
夜を送ったが、ふとと雨がふるろう、又今日も雨がふるらしい、一年前の事を
日本の小説書が届を一しよで話し語した 相手しを炊事へふいにきて
皆で一しょに食事をして 雨がいよいよきつくふるので 出れて集皆の交代をし
この五時の交代とうで輕かった、雨がどぶどしやぶでくるので困った
別に寒くたことはなく 夜になったが雨はいよいよひどく風もひどくなって
六時の夜に寒く歩けた 時前にはとうとう雨が又くしやりがふるも交代
を待てばならぬ それが俺のつとめだ かくされてた、交代前にびしよぬれに
なえんがとうをぬいで 鏡の剣を手入れをしたり首かけ大なかくはらった
雨をぶら下りしたが 上からは かえだ中ぬれて居った 又いずいずれもので
交代になると一雨がひどくふるようになるのだ 今日位立哨で困ったことは
なかった それでも四時になったら 交代の人が来たので 助かったと思ったん
雨は小やみになるのだ 丁度よくなって 五時黒い然ずと 二十四時自分の主い

121

七月[redacted] 廿三 いい日で 朝は雨が上ってやっと一天油でりの日だ
夜はあまり大してふらなかった、道は悪くどろどろになってゐた
今月から本時間早くなったので ゆあい様に思ふ 例えば日の出
が遅く 田畑の土けだ あまり早いと見えない 家に居たら 陽 ゆっくりされ
ないのだなと思ふ 忙しい土日も とりこみ気分 すぐに 太郎で すもの癖に
寿司と言うますか[redacted]に
上京を すまして 従業二人いった 手入れもして帰って来て 話を決
朝食だ 朝はいつもの様にみそ汁だ 気分が何だか 何すか 元気しい
一服して 横になり 新聞を見た 五郎の手紙なが 三回 ばかり屆
来て 気をした 新聞 まだを 届けて見た ドイツの人が 総選へ 来たと
写真を取ってゐて あった 中々 立派な人に 知れて来た 十
人は 甚だに 来て 一日 掛って た 旅人 全部の 家が 集って 毎日一回の
井上部隊長よりの 精神訓話を 聞いた 一時間であって 今日は 部

122

2

目／覚しすれば出発と云ふ事を知らして言はれた
終え十時迄一眠した すかしなうんかなる 小本部報告を済ました
今日ある云は 出張所が増して居たので 俺はもう二人の分を云ふ 林小隊後の
傳令になって行ってやった 砲廠の上の場に皆集って 敵が来たと思って
泥の仕事をした 砲をおつもの鉄砲をおつもの事皆いて迎へに列れて
俺はどうらに汗まみれになって走った 十時頃に終えて 済まし止めのらい
加勢て解散して 兵舎へ帰る 雨に水をすを仰いで 一眠した
おちをみてるた わこらんが来たが わもたあって帰れなかった
一時から此の部隊の小銃射撃をしに行った所へ 今二回目の小銃実包
射撃をしに行った 一つまはって 出発だ あしみようと思って しづく少したり
止んだらする用を 汗みどろになって 居りしを又 タライ中小舟にのって
土民に渡して行った タライは大へんはのれるから 小さい舟と同じだ
水はあないので 船から一ぱい水をかつくので 気持が悪い 止まってるても

123

花も一面に紅咲すなり 大豆の畑で その中にたんぽぽ 一面にしきてある たんぽ
大豆と中も伝えして、蝶が沢山来て居る 花が咲いてゐる。 それも大豆のは佐
々木の世話にのびて花が咲き 実がなえみる がまいにち白もすれば
すぐ沢山とれるであろう たんぽの実を粉にし食物にするのであろう、
その畑の中へ入ってみると 土質でふつて ぴかぴかとみえ 一莢出るのでは
四莢あるし 又茎は皆 [illegible] 一莢から二莢 又一莢は行方不明となって
三 [illegible] 大豆は [illegible] を [illegible] 一反 [illegible]
[illegible] その [illegible] を [illegible] 二ンの [illegible] もすなった
[illegible] を [illegible] 下三通を [illegible] 大分へ汗を [illegible]
[illegible] 花 [illegible] とつ [illegible]
の中は [illegible] あつい人なもあろ [illegible] 手三通 [illegible]
[illegible] 二通 [illegible] 一 [illegible] 大
[illegible] 水をのまし(早に) [illegible] あつい

124

4

七月　日　今日は休みだ　一つきりだ　東の空は　夕やけなので
朝やけ　日の出前の空は　まっ赤に火事のようにかゞやいてゐる　天気が悪い
のだろうと言ってゐた。上等兵　佐山と元砲廠へ行って　手入をし　他の人と
分の手入をして　七時に帰った　外の者は馬の運動にいった
顔を洗って朝めしをたべた、北の隊は　もやしをたくさんだしに入れてあってうまい
とうがらしを入れてどろとしてうまい。外出のしたい者は早くから出ていった
端書や封筒を持ってよみ出した　たばこを吸ってゆっくり休んで　なん
書いてたまって来た　一通り封書を出したので　小包を出した　封筒や紙も
又　小包をくれた人への返事がかけなかったので、かいてゐた　八枚かいて疲れ
た。この後はゆっくり手紙をかく様になった、たいてい同じ様にしてやってゐる。
雑誌をよんでゐた　新聞から送ってくれた海洋雑誌をとってよんでゐた
後勝手に行って洗濯に行き　軍服を上下洗った　汗が流れて来た
帰って来て　褌一つになって　汗を入れた　今日は風があるので涼しい

125

人手が有て有ったので幸せであった 籾すりに日雇たら三十五枚くれた、十七日迄かゝて

籾袋をみんながかたげた大阪の 仁木さん迄運んで来た 週刊朝日を、土間に置いた 水とえさを

やって帰った 昼から太郎がロをたたくもの 一寸もわからなかった 夫婦は日本人の葬式の話

が来年の会計 世多会長 役場 婦人会へ 十枚かしておいた 一服して 又 籾袋を

作ってあったが 大分せまくなって来たので 少しもやった あついと思って 何回も逃り

をかって 見えるたに田畑に目をとおした 田へかりをしていた 馬也へいって 手入れをして帰った

送る為 明かりがないので 衣服の破れを 又つくった 二郎にも三郎にも手紙を書いて 慰め

道夫十二才の時に有って 去った 会は御主人の計らいで 外あちらへも帰って来て

しように 少しをたべた 籾殻を 又 皆が ゆで出来たが 入浴へ いったが 冷い水になって居る

体が日にあたって居たのだが 仕方なし 水が体を洗って来た 自己をかくして 平伴

をかくして居る 怪しい流さもようだが 何ともならない 如何風が常しか 郷の床は

川からはならないので 少しあつい 線になって これをかくして居る とりわけ手に 毛布 水

をのせにゆく 又 早くやすみ 上着をすぎしてやよう 明日は 七日 快方

妻へ

七月四日 夜七時

英

126

野菜の花

[illegible]
ラッキョの花（十二・十五）

126

[redacted]日 風のある涼しい日だった。外はとてもあつくるしいらしい。
それでも朝の内は涼しかった。昨夜も夜になってから夜中になってどしゃぶりに
なって夜中にはもうそのため雨で目をさました位だった。ひどい雨だった。
朝になってから上空は広かった。涼しい。総務へ行って山口と手紙を出して帰って部屋で
て朝食を食べた。八時半迄一眠りして横になって雑誌を読んでいた。
八時半から俺たちは総務へ行って夕食の手入れをした。総務は風がはいって
とても涼しい。上月様がよかった。十一時に手入れをして十二時半に帰った。
居なかった。米田と部の中で食べてから一眠り。汗が流れたので外へ出て来て
風を入れて来て又横になって、夕食をすまして雑誌を読んでいた。夏の西日がすむ
くなって来たのでとしとって来た。部屋の中はとてもむしあつい。汗が流れる。
一時半に起きて午後の手入れについて、午前と同じ様に夕食の手入れで二寸あってなっ
たから、それでも総務は風があるので涼しかった。隊長もよくなって帰って来た。
七月以上出ていると言っていた。今度は仕事になったらしい。

127

2

三時半に出た 僕だけ一足先きに帰った 山口も帰ってしまった 早くなに又今後
日に夕暮の事だ 暑い日だ 帰ってからシャツ一まいを脱いで はだかで 木の下
で汗を拭いて 暫く下宿屋があったのでもらった タオル二、三枚と酒瓶へ一ぱい
ほん三人に一つともらった 出て 食堂へ 料理店に 十二時近を
急いで帰って寝た 夕食、工事はないらしく 三時半に起きて 食べた 時間が迫ったら 風
呂へはいってしまったが 女の中にも皆にはわからない 又あとで
食事をしようとしたら 外の方が 下宿屋の 御飯をのんでいけと言ふので 山口と二人一しょに
の食べ 食を急いだ 風呂へはいって 汗を流し 出て来た 外で風を入れ 汗
をふいて 三時半用意をして出かけていた 七時前迄十二分のにまだあって 汗がひどく
出来て へ流れて 二分ともまる、暑い 七時に荷物を二階へ運んで帰って来た 汗で
わたしたちは外のシャツが 終ってない 住まいした からだがほとって 仕様がなかった
夜は風があって涼しい 月は十日過ぎに出て 明るくて 数の多い 僕は十二時から
三時迄ねて 荷物の点検をしてみた 四時五時と東の空が白んで来た 魚が ...けた

128

3

[redacted] 晴 今日は工場行をして帰って来ました。今日はずっと寮方にいたので
皆用意をしてゐる。工場行 荷を運んで来た。多分食事をしてしつを出して地下足袋に
着た。熱い日中長の途中を行軍するのには一回が出来ないからナカナカしまって出かける
も高い。入って着て汗を流して体操をして七時半過に工場を出かけた。隣の国は陰が
一杯で暑い所で風も吹きまつので とても涼しいかたが アカシヤ並木を通って宿舎
には自分達になる。もう一寸で又ドンドン上部へ汗が出る 一流こそ出て
流れてタオルを絞り通しだ。あつい 会が来たいと近い所へ行って体をして宿舎をし
始めた。土工作業をした。汗ったらしして出かけて 木材の上へ汗がたまりとおちる
見つけて あせをたらしたらしい。時分もあった。土煙に近い山の上に出る
あたが宿舎が終った。小さい生のは大きい許が 風はよくあたるが涼しいが
日のでるのはまでで一汗は流れて 上衣をぬいで草の上へ寝ておりた
みんな大木のかげへいって休んだ。木のかげは涼しい。一同座ってをなって
夕方のかえる時分がかへる 一人ならはうまい それに勝ったへてゐる。

129

4

で附近の農家へ遊びにいった 大かぼちゃが三尺位にのびてぶらさがって居る あれがみごとあって
を作ろうかと思った 深くなってみた 白かびになって来た 瓜でなければいい
次の日になにかけてなっていない小さいすいかを探し女をおこして聞いたらまだかった
普通のなすびもあったがまだ実が小さい 内地と同じで家の近くには小物が作ってある
トマトが大分なって来た 行って家の上へ出て来た どうすると二人で遊び歩いてゐたりし
た 出発用意 紙米をもって 弁当をもって 途中へ来て休んだ あって座ったその体を
土は掘り返してあって するとその空気の中を作り かけた 丸太 かけた 腕を しみこんで
ぬかって来た 帰りは又格別に暑い 汗がふくらんで流れる方が目にしみて往生した
すみこんで太かってしになった 山には大分 俺より帰りの人が往生して居た
郎獄舎のアカシヤの木が一服して 汗を拭く 又元気を出して なれば行く
て来た 道が分かった 今年の一番暑い日だった 胸がどきどきして来て 仁丹位の人で
は二人で大きな池の水を飲んでから めるいので駄目だ お茶を飲んでみた
おいしいのが外の外の家の横に大の気がしていてもらったりして

130

停車場についた。別れて線にそって能登の家へはいって、ほそ道へ帰った
三人がいた。ひざまづいて砂をまいて水で洗って手入れをして停ったが沖の水が下で
はりかけんの風呂の中にはいっていた。風で停って歩くと弾一になって来た少年
を見た。高橋は、あの少年（妻の）蘭花と見えた時、しばらくみの田、久夫、と言う校長
は福田一、此の学校一とあった。表示が見えたのは大変うれしかった。久夫が大きくなって
とこれるのがうれしい。家の事を考えずに働こうねと言ってすぐ家の事を思い出し
て困りますとかいてあった。まだ子供の様に思う。母親の死人なのも又父（雨之）が
不器してやられ何とないずに一人立ちが出来て来たのを見ると一生懸想にちょっと思ふ
一ってしらしてやってがよく思ってて又力をあわせると自分の事故もし又あとにしてやれ
と思って知らせずに居る。絵よめる例で それでように働いてくる様だ。
すみの少年を待っているのでうれしかった。皆え見と思ってうれしかった。今日宿舎に
もって来たら航空隊飛行一がありうのを見ていたのでいよいよとたら田植の終ったしるせが
航空で来たのも知らなかった。思ってみたのだが少年が来てみて安心をした

ら

131

6

忙しくて又来るので手紙はかけないだろう又あとからゆっくりかいて来たらよい、忙しいなら

出せない だろうと思って居るのだ 手紙もつくそのことを安心だ、天気がつづく 田込みはうまく出来

ただ田植が出来ないので困っているらしいな 池の水で一まず入れをしてそれでもうただちにたたきも

入れて青く育ったところを、並べしかえた方がよい 節より早めにとって仕方がないT

あぜぬりがうまくいったら一でもかってくれるとまるで助かってよいな 仲よしかってくれよ しかし

もう熟えたなるだろうな 忙しいが本当に体に気をつけてやってくれ お前も子供ならば

俺あての お手紙ならば母のお便りも大大喜んだ。梅田から手紙、橋本さん

さんから一週来た、梅田から中三四日のイテ一銭を又月ボーナスにあったと言って

来た 次郎に何回も金をかけて送って来るらしい 風が出る位だ、

夕食をすませてヤッパリ徳を流し 大流へいって汗を流し 涼しい 風ドアカレア

手紙を日々と手紙をかいて居る 涼しい風がふいてまことによい心持だ

子供らも大きくなったことで田畑も、もうえらくよしやりくり居るか にいさん

七十三 カツオ草も入二人でアルミて居るか ゆかいな生活をすませてすいゆる

七月六日夕

三吉

勇へ

132

No.

七月[redacted]うすぐもりで風ありとても涼しい あついのはあついが

昨日は演習であつかったので失て早くからねた ぐったりとつかれて失て

むしあつくてねられなかったがそれでもねて失った

夜が明けたおこされて目があいた いくらなんでも朝は起きられない 夏は又

別でねむくて目があかないが軍隊だしかも大陸だ御飯だと思って

気をひきしめて起きるのだが前晩やおそーくねれてねるし そこがゆたので

起きればなにもかわりはない外のものも同じことだ 当番にいって炊爨へ

いった二人が手入れをして帰ってきた顔を洗って朝会を 今日は丁度事変

事変の二周年記念である そのため朝めしは赤飯をたいて祝いだ

みそ汁は南瓜であったがいろしになって居たのがとてもうまかった

外の者はぜいたく言っているがみそ汁は言わない 太郎のみそなんかと

比言を言っているが外の者は何もない 御馳走年でたのんだ 思って来ても

つた かごへタオルをかけているか それのないものは あつい めーへあつい

133

No. 2

茶をかけて何もない梅干一つでこそみつれのもある茶づけをたべたことのない
俺にはあんなものがうまいのかと思ふ位だ あついめしにあつい茶に梅干それが
うまいが俺はお前のみそでしるみそ汁にあついめしはうまいがなまいきを言われのは
こんなみそ汁は言ないとこうふうな事を言って茶づけをたべてみる
俺はおかげでまづいものがないのだろう 之れ母かあさんのおかげで
よそへ行ってみるとどんなおかずでもうまい 自分はぜいたくかあさんはまづい
ものをたべてみてめしがうまかったのだ 一寸でも早く何かあついうまい
まづいと思ったことは一つもない茶づけでもまつりづけでもうまいよ
之けなにお礼を言はなければならんと思ふ 何をたべてもうまいと言ふ
ものはうれしい おかずを気にしてたべるのは何か あーまづいなと言って
おかずなんかはすこしかまはずに困らせることと思ふ!
俺が見ておると外のものはぜいたくだまづいと言っておまえはおかずがあると
言うわけでもなし茶づけ俺がこんなへ思へば かわいそうだ

134

3

No.

俺はおつゆの汁をかけてくふのが好きなのだ 肉の汁か みそ汁か 何でもかけて
たべるとうまい 今朝の赤飯にもみそ汁をかけて たべた 南瓜も[illegible]
の海道へ行つて[illegible]につけた頃は赤くなつておるそとう[illegible]くたことな甘味
はなしに甘い 日本で言ふが 赤くなつて[illegible]を日本の人から[illegible]になると の
ほかに[illegible]して[illegible] [illegible] [illegible] 南瓜と思ふかけど うまみがない
でも[illegible]をかけた[illegible]うまいうまいのだ太郎君も中々うまい 日本のみそ
の[illegible]のために みんなよろけとれたけ[illegible]しらない かすきはすぎです
なりわけ 汁の人の家には大豆の味がとどいておるので まづいが これは言[illegible]
なので 仕方がない 太郎のみそ汁の中には よい味がするのだ よく[illegible]た
で 良いのをすすつて 何[illegible]時も 友たちが遊びに来たので 少しはなしを
これだ おそくなつて来た 仕方なしに ローソクに火をつけて これをかいて おる
今下宿 [illegible]ランプがなくておる 今日は風があつて涼し。 けれども
[illegible]をつたふ [illegible]もしあつい はせん[illegible]てまいておる

135

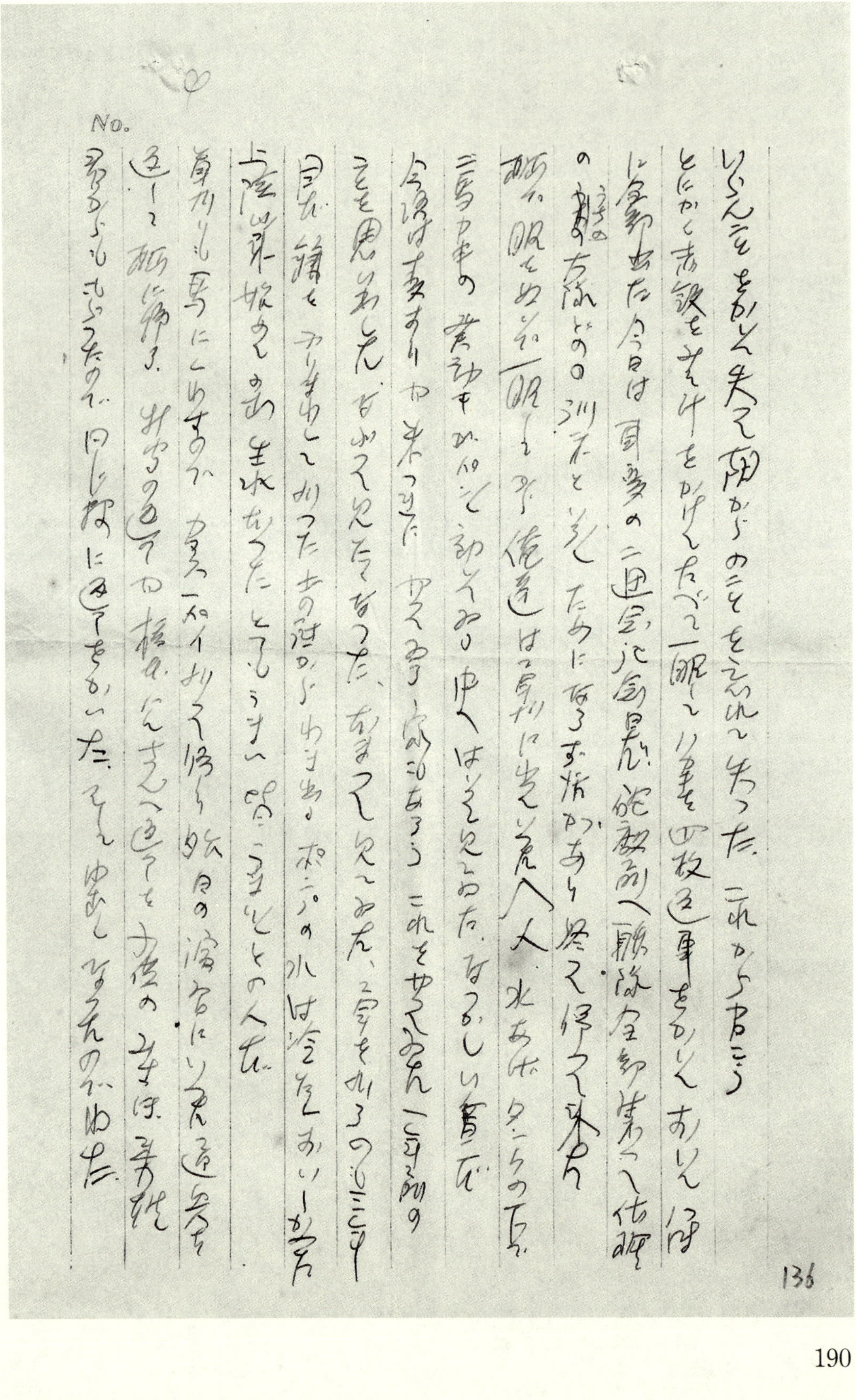

No.

いらんことを[illegible]失って[illegible]からのことを忘れて失った。これから書こう
とにかく金銭を[illegible]をかけしたべて一服してりょうを四枚返事をかいておいて[illegible]
に食事出た今日は[illegible]の二週会に[illegible]前へ部隊全部集めて[illegible]
の[illegible]方隊どのの訓示というためになるずながあり然して帰って休み
あれ眼をぬぐい一眼をみて[illegible]は早めに出て[illegible]入人、水あげ夕方の頃で
二[illegible]中の[illegible]中ながら動いている中へは[illegible]見ておった。なつかしい音で
今度は[illegible]ありや来ったで[illegible]家にあろう　これを思ってみると一年前の
ことを思い出した。[illegible]見たなあった、そうして見ておったら[illegible]をかぶるので三年
目の縄をかりまわして切った土の後からわき出るポンプの水は冷たくおいしかった
上陸以来始めての出来事だったと思うこの[illegible]こんなことの人だ
草刈りも馬にくわすので[illegible]刈って帰り[illegible]の宿舎により返事を
返して[illegible]帰る。[illegible]の返事は[illegible]さんへ返事を[illegible]の[illegible]
君からもらったので同じ様に返事をかいた。そして[illegible]のだったね

136

No. 5

それから又十二時迄ねて一眠して十二時に外へ出て来り 十二時のラッパを
合図に一番目の出しとうをした 事実でなしなどん 綿をたたの 土産を持ってまあ
まなあに 終って帰り 手紙を出してゐた ぐっすりねた おれてみる よしゆき
目をあけたら 三時半だ 汗を流してゐたので 一服してから 手紙へ 返事をかいた
いつもの話を 繰して取り いい きもちだ 四時半に風呂へ(手拭に
包んだ帰って風呂へはいり さっぱりして 手紙の返事を書上げて 夕食を済ませた
一同ブールで遊んで 夜の為に 南山の橋本と四人で 一升の酒を 呑をして
あとで歌を 歌ったり 騒いで 友達が来て ごろごろ して あそんで
もう おそく 上等兵に なって 夜が更けて 寝てしまった 十時を 相手
この日 雨がふって とかく ました 二日 寝て ゐたら 五時 になって この文を
書きながら 出来の 前に 話して あげたい のでしょう
それ故 返事が 書いた ものです では 手紙を ちかいうちに 見ようか
ごろごろ しないで 十時半 ねむる 十時前 おちつく 文
七月十五日 午後 十時前 書
寛子へ
　　　　　　　　　　　　　　　　良夫より

137

No. 1

[redacted]晴 相変らずあつい日だ。しかし風があるので涼しい。
起床に出た。東の空は日の出る前で薄明けして空一面にまっかにかがやいて居る
山口と二人で砲廠へ行って手入れをして来た。今日は馬で砲を引いて演習に出るので
砲を外へ出しておいた。帰って顔を洗って朝めしをたべる。まだ早いので梅田ますよの
かねますみよと手紙を一通かいて姉へかいて居たら八時になったので外へ出る
今日は俺たちは又草刈りだ。ナンキン袋を持って文郎のやさしい鎌を持って
野原へ行った。野原は風があって涼しい。二俵一生けんめいに刈った。まだ人が刈
刈れるが帰ってくる。草刈は大丈夫だ。いないものは雨を使はんので點呼になったが
土ははじをしられ良い馬糧をはこばれ平気だり帰って昼に合ふから安心
をして来た。草を二俵刈ってから水あげの所へいって黒郎キを見ていた
トバタの二馬力車が調子のよひかった。なぶって見たくなったが止めた
草をはこんで馬屋へおいて栖へ帰る。昼にはかし早いので姉妹子への
手紙をかいた。一寸したようを気んのだい心配になって出しておくのだ

196

No.

ひるめしをたべて一眠して梅田からの封書をみて見ておった イギリス・ロシヤが
すっかり手をむすんでおせておる さわがしい世の中になったものだ
夏の日中となったので目をつむった この官邸の所を切りぬいたので涼しい風が
はいるおだ なるべくよし 気持がよい ぐっすりとねて二時に起された
午后は今度時局の演習があったが千代田中に使える記事が沢山ばになっておるので
四十人だけ遠足をして砲廠へ入れた かぜの涼しい所で一眠して帰って又ごろりと横
になった 今日はあついと言っても風があるので涼しい 四時半から手入れにいって
帰って来た 今日の加給品はニテ倍る日カン一本 タバコ三つをもらった
黒いようかんなが二つ 娘で兵隊が作ってのものから珍しいのが中におら—!
夕食は例によって牛肉卵 ねぎを入ったもので味がよい 一眠して横になって
ねてみた 日記手紙をかいて 専ら水をのみにいって帰り又点呼近づく
と夜をふんだりじし遊んでおる 今夜は涼しい ねられるかもしれない
まち子さんの手紙にあったが ぎおんけによって来た十文字ちゃらがたのしみにして

197

3

No.

待つてゐるだらう。又、まものをまぜてもらつて すばあちやんの背をとびまわり行し
家が目に浮ぶ。ぺんこも大きくなつたことゝ思ふ。一ぺん活動して見たいナもう僕の
ことを忘れてゐるだらう。顔を見てわかるかしら。カツヲは人見して泣くだらうと思ふ
本当になつたものだ。よそのおとうさんかと言はれたら又三郎へ帰らねばならんよ
ミんこ、夏休みが近よつて来たナ。忘れたのでせうに手紙くれて勉強をしてゐるだらう。
田植が終つたら 淋しいことだらうと思つてし今日か明日かと待つて居る
今日も飯頃とミーキがありたので皆待つてゐたが 一寸も来なかつたのでがつかりした
久米が東京から送つて来たと言ふイモ三俵せいまだにつかない どうしたのかナ。
梅田のを二毎日たのしみにして待つて居る。秋頃もみだ気心をして居るしまつだ
田の作人がかわつたと弟が言つてゐたが本当なのか。森か外の人に變へたのか
かわつたが いつまりしらして来ない、外のがりんあつた紙がなくなつて失つたのではなからう
なつて失つたのだ 細かいの様子はどうか 無事な様 困てゐるだらう。乍とて
家の土地だ、失地何だしら判にかりかつて 帰つて来ない 又明日かと言ふに

198

No.

[redacted] 晴、寒い日だ 点呼をすまして 施設へ、今日は ○○の○○部長
閣下が来られるので 手本をせめて施設の庫を ならべたまゝで帰った
顔を洗って朝めしをすまして 兵舎へも来られるので 自分の班のせいとん
をしたり掃除をしたり大さわぎをした ちょっと休けいして 眠も休んで
居た 九時まがりまえで施設へ行って 字を書いて そうじをし 昼に帰る
昼めしをすまして 昼中兄弟をかりて居た がねむくなって来たのでねた
一時まで休ねた 起きれて目をさまし 又せいとんをしたり掃除をしたりして
兵舎へ帰れるのをまって居た 二時すぎに兵舎へ帰れた 気を付けをーし
お迎えをした 金日の星で立派なものだ 沢山の人をつれられて 兵舎を一通り
見て行かれた 立ってもからない位いすんだ 三時まで休みだと言って
来たのでゆっくり寝る事を書いた 分隊へ行って りんごを貰って来たので
わけるようになった 貰ったりんごの返事もかくのがおそくなったので 出さんでおり
が私たちが今日の掃除でいろんなものが 外に 二十枚はかりはってあったのをはってやり

199

5

No.

（七月九日　今日は父のなくなった日だナ、思い出すよ）丁度三十八年になるナ

しん画を書くことにした　字田は二郎に一枚、外は一枚づつかいた　この分十八枚
かいておいた　あと四十二枚を晩迄にかいた次第　六十枚ですよくかいた
裏にかいた連中、又かけて了ったのがあったらしらして呉れ　たのむナ。
三時半から草刈りに行った　鉈一本切って帰り　夕迎から　又少年をつれて
夕食をすまし　少年をすっかり片付けた、小林剛吉がフトーの手紙をもら
った　少年は近隣、姉が一緒らしく姉から一寸来ないかと言って呉れとのこと安心した
男子高等学校から帰り仕んで今日に依頼して居るとかいてあったが、お前の帰る
迄は位にかかりそうで先生でなければならんとかいてあった　僕はぜひとも帰って
顔を見たいのだ、しかし大分離れてみつからないのが心配をして居るが、紛っているかナ
日曜定期も思ふだけかかったので裸になって、ジャバジャバ、ズボン褌を洗っておいて
風呂へ行った　汗を流して帰り　牛乳を呑んでとをかいて居る　足部の方も田植
がすんだので困って居てのことだ　どこも同じだナ　で今馬に水を切りにいってこよう
お父への返事は明日にして　就寝で　ゆっくり寝よう　又次の便に

七月九日　夜七時半

寿美へ

[illegible]

200

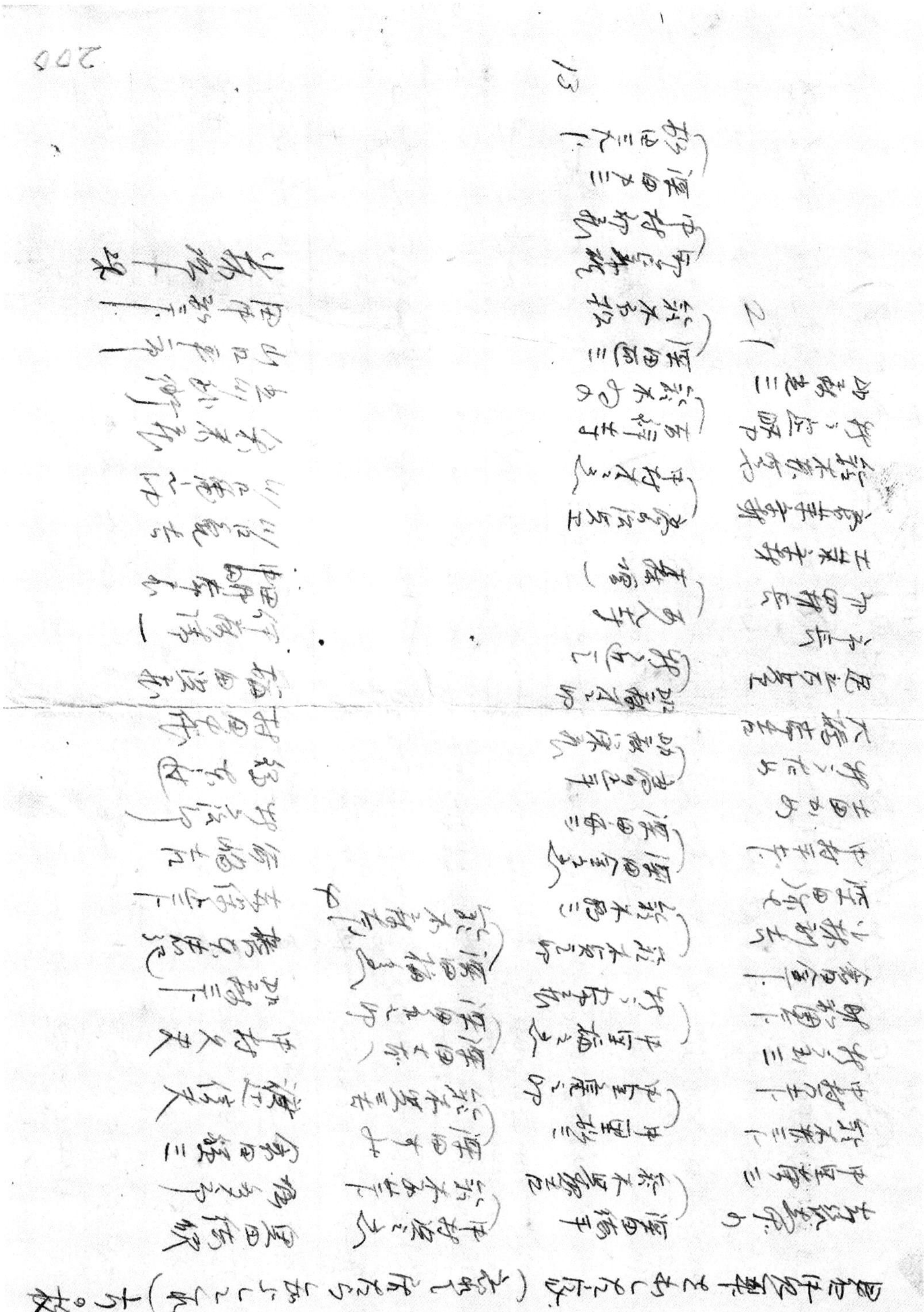

No. 1

七月十日　今日も晴天　あついがよい日だ
一日目になって　元気と　あって汗みどろになった
点呼を終えて兵舎へ行って手入れをして早い目に帰って顔を洗い　食事
をした　今日は○○隊の戦死者の遺骨二柱内地へ無言のがいせんをする
日なので全部一切見送りをした　八時に葬儀の前へ一列にならび　○○軍曹
が遺骨を持って出ておられた　お気の毒だ　何れは皆にやとて御英霊で
この間来たばかりなのにと思った　ハトバから舟にのって　いつかは内地へ
母国へ帰っていくことなろう　人の事ではない様に思えて一人毎に一礼が
下った　昨夜　あつかがあって　隊長さんの送別をしたのであった
別れを惜しむものが組になって　にわかの夕立　かみなり　ひどいまで
ひどい雨になりかみなりでとんとんもって来たりした体だ
終えてから班へ帰って一眠して　八時頃から　馬の手入れにいく
今日は○○の馬検査との事で　手入れしっかり　馬を水で洗った

138

No. 2

石けんでこすったりして、雑巾でふいてやった 馬達は深ーかった

馬も水や石けんで洗ってもらって気持よかったに違いない

十時に終って兵舎へ帰った 兵舎には一寸も風が入らない 何だねといっても

疲れて居る足の下をなべて少し休んだので足は兵舎をかいた

四十枚 一日百枚になった 沢山あまって持って居る人があるのだ

出せなくなったので小説を集めて歩いた 活動になった 愛国かっ

を借りてよんでやる よい小説だ くつすりながらで こぼんあきた

やはり兵舎 午后は馬補充なので皆馬屋へ出ていた 僕は二時半

奴畢の乗る手をとりにいった 野戦郵便へとどけるので 少しの間に

分かれていった 左右の畑の大豆、すいかが大きくなり すいかは一個の

下に白いが出てミがなっている 沢山作ってある すいかの上に大豆がふえてなって

二度の三度畑だ すいかは早くふえて来るから 豆がふえてくる中に

午后でお休して居る すいかと豆とを比してある 一個になっている

139

No. 3

汗だくになりながらようやくつれて馬医へはこぶ二回して夕ばんに帰って来た
馬検査もすんで皆帰って居た、あついし汗をかいてシャツを洗っておいた
線になって涼んで居た 久しぶりだ 何も出来ないこうなってしまうと全くこまるよ
夕食はアビン飲んで中にうまかった、又一汗かいた、肉で東をよんで居た。
日高部への返事もかけない明日は休みだから あした書こう
ステテコの半ズボンを型で作ろうと思って型を作って見た 出来るか
どうかあしたやってもらうだ、七時半馬に水をのましに出ていった
一寸風が出て涼しい 上等兵だ、アーナア育の名と二回晩一つずつの割こと
になって今日で二日目だ、今度は不寝番で一時から六時迄立つのだ
上官よりは上りかもしれないが今がいちばん寝るのを見てしまったから
ねむさうは又ゆるい 太郎の田は日ましによくなって来た 水はいかない
が、たいていあるか、水なくはしないのかしら、うまくいったかい、家の方はどうだ
植えてから水はあるか、田植えもされて思っただろう、又明日にしよう

No.

七月十四日、晴、とてもあつい上天気だ 昨夜は不寝番で一時十五分に交代して立っていた 宿舎はあつくあかんぼうを布とくと汗が流れる風も何もない きれいな月が出ていた 庭の様に明るい 静かな晩だ 宿の中とうしても眠つかれず 十二時頃に眠たのが一時頃あまりしか寝ないので眠むしたまらない 井戸へいって頭を水でぬらして顔を洗った ぬるいので一寸なまぬる様だ そして歩いて居る自分の中での五時頃近い時頃は中々良いものだ それでも東の空が白くなって来て 五時に起床らっぱの音と共におこしてすぐ一夜の番が終った 七時を終えて砲廠へ行って手入をして帰る 外の者は馬の番通勤になった 顔は今朝五時起に従っておいたので だるいので 横になって今日手をまず洗ってを 出だ 南瓜上げ 白衣が沢山出来て 三度かぶれる様になった 白衣はうまくない 南瓜はすっきりなった 出ても良い 朝めしを食べてから一眠り 昨日の夕方に刈りをとって 大きなそうこうを作って 見ようと思って サランの切れを向こう側を 二枚かかったで 作りにかかった 大体の手しだてより 小中なる一寸の所をいつを

141

No. 5

「あれ人ならんので危険だ. 人一生懸命に 汗を流して 線になってゐた それでもなほ
次には 出来なかった どうやら形が出来た 見れば なれてぬりつけて裏返して見たが 大体の
格好になった はやく見たが ゆっくりとしてよい 光が成功したわけだ
肩が三位になった. 一郎は風呂へとびこんで 汗を流した バケツを洗って 返しておいた
帰って 木のかげで 汗をふいた 馬に水を引をやりにいって 帰って来たなら、
風が一寸ないので 汗が流れる 服をぬいで ほとんど裸で 汗がでるになる. 今日は
日中 室内九十六度 外は 百三十度 あったそうだ たちまち なって来た.
ひるめしが来た. 同時にばかりなので 又一汗かいて 風の当りのよい様にして 扇をあおる
ゆかりので 顔が 赤くなった 様よしかってみたので で線になってこうだ よんだがみたん
あいせんなので もよんだ しまいの方は だんだん よしなって 泣いて去った そうしたとう
しまい近よんで 去って 一郎は 目をつむって すぐ去った あくびしたり 思いしたり
はた目をさまして 汗をふきとり 又ゆっくり去った 何も知らずにいった 一人で
目をさました 頃には 土間に落ちてゐた 一人でゆっくりとしてゐる 頭のそばのもよ

142

No.

なった　ゆあたいが　首をつながったろう、だが又二回目を入院した
汗ながかァッと流してずいぶん病人が待てた日々をかいてみたらが気だ。
めし食ってめしで一服だ。めし毎に一汗出し。全く何と言っても暑い。
り返した位で何も事はない。今年は暑かしく暑さ。汗みどろだ。これらみな手伝て
なって　その為が　ますます　内地の盛夏のあつさ位ない　日のなつ辺はあつい。
もう少しすると又馬に水をのましにいって点呼だ。点呼をとって寝るし
一日中毎日同じ事だ。同じ事をくり返しておる。ゆうべも雨がふらなけんばなん
前の中隊、後の中隊、この中隊とはなかなか遠い。法和寺見えない。蓮房など何回も
かけたものだが別に何もないから　円とり合い時だ　よろこんでかけて居る
士と兵隊の数が多く、よい数だ。皆よろこんでことがあることよいのだが　そうではないし
まい　をすまずしてあるまいが　思いがけなかったのでたすかった。
あいだ　兵隊さんが数も大分多くなった　安心しんでおる家の代りに何でもの人が居る位
でこう暑いと酒はのめない。少しのむと　どろどろと汗が流れる　今日はこれで止める

七月十一日夜　一夫より

妻へ

143

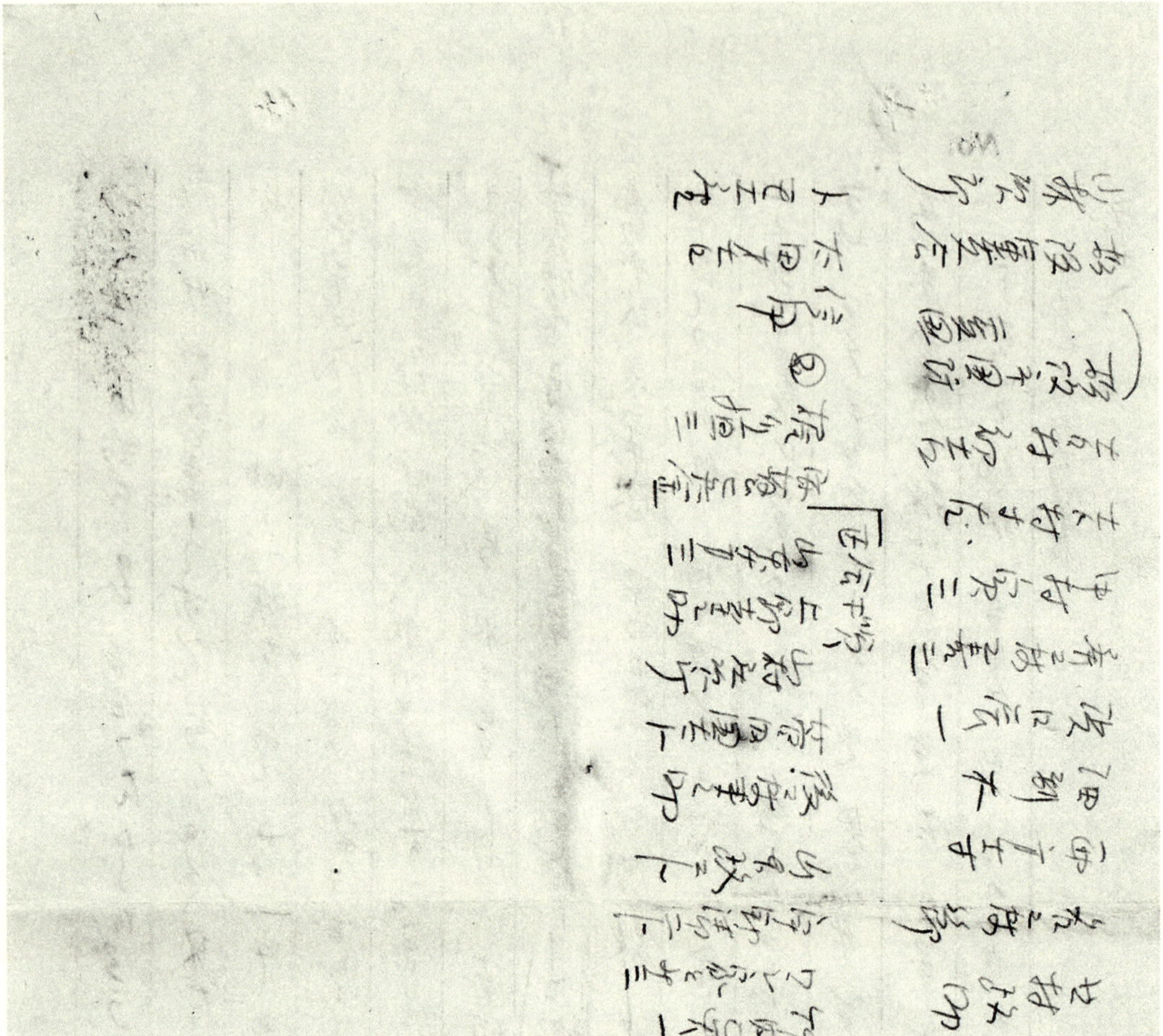

No. 1

[redacted]今日は涼い風があって涼しい
上等兵、東方を引率して幽霊五人を行る（二兵附せてみるのだ）
そして砲廠へ行って手入れをして帰る顔を洗い朝めしを喰ます
長官は風がはいらないが私はとても良い風が入って何とも言えない
外出点検になって休んでうとうとしていた
八時から俺達は分隊財務の演習に砲廠へ行った　砲を二つ出して
此方は附隊の号令で演習をした　砲廠前の広場で日は照っているが
風があるのでとても涼しい……　一寸演習をして休み　砲廠の前へ出して
一服　又始めた　十時に演習を終り砲をしまって手入れをして帰り
昼だ。会食をしてから側により寝ころぶ　うつらうつらと涼しいのでよく眠れた
二時過ぎ起きて午前の日課に　午後は草刈りに西の付近へ出て行って
刈って来た　下番兵さんがこっそり　下番で三つ　パイカン三人で一つずつ与
った、早速山口と二人で南ノ子を三人で切ってたべた　夏はこれに足

144

No. 2

づめはとてもうまい 井戸へつけておくとよいのだが 早くたべたいので 仕方
ない 夕の手入れに行って来て 夕食だ 又今日は かもの味めしが うまかった
卵をうかしたみそ汁で 之れよかった ビールを出して 之一本のんでおいた
夜の便は 俳優もぜんを変りのおかげをなつかしく 今夜を思ふようになる
せんせいは 香て鳴が 咲いた ない こんを始め そよいのながれ
夕食后 手紙が来た 小牟 進士へ出したのが 届って来た 陣中から津軽へ
来って来たのがつづく 返事が来た 五月にレニラト 行ったが 信玄さんは
対係に行って居るすみさんので 会ず 残念なことをして もいてあった、之にて
かえる初め 沈中から 大ぶんなって来たと 医学は七月中か 温泉へ
行き 今月末になるか わからんと いってあった 卵のことは お前らの方が しっかりして
るへ守って 居るだろうと思ふ よくやって いるので 安心して居る
もう近中村和訳まで 嫁付は七ヶ位で 卵上りは七月になるとかい
うてあった 六月末へ来たが フトンは あちらから 送った 勅銭から 金

145

No. 3

が何かかやとかいてあった俺の手紙を見て泣いたそうで毎晩家へ帰ってみるし　光子

病気をやめて帰り世話をしてやるので安心させてやってある。何もしらずに可哀想だ

困ったがりがない一わいいことを知らしてくれんのだ。つまらんとか子供のしゃれかも　十五に

で死人があったのだがそれも知らしてくれんのだ。退屈がないへとこぼしてゐる

病と云へば腹がへって困るがこの頃は給でなくあまりやようになったと云ふ

らしい。子供の都合をかいて来た。今度お邪魔するかもしれんとかいてあった

千代子は自分のことはかかず子供にでも静岡へ行きたいが手がかかって行けないのだ。許し

これを嫁から云って来たが塩谷の手に行きたいが両方くはまって困って

金が必要だったのでこちらで思ふてかいてあった。今迄は都合がよかったのだ。返事を

又明日でも書くことにしようと思ふ。先づ今夜への日記を書いて居る。

今日は淋しいがよい。増田から封筒一通送って来た。なつかしく読んで見てゐた

昼に晩を済ましてこれをかき時間があった上等遠足に行った位遠かったを

かいておこうかと思ってゐる。今晩は淋しいがゆっくりねられるであらうと思ふ

146

No. 6

晴。晩方は相当きついリキブがあったので今朝はとても涼しかった
風もすーーし気持がよい。今日は演習日で五時半に起床だ。いつもより早い
まだうすぐらい。点呼をすましてから厩へ行って出発の用意をして帰って来た
顔を洗って食事をする。今日は午前中に終るので弁当は持っていかんことになった
七時に用意が出来て出発した。涼しい風が当って気持がよい。
出発場を出て第一中の並木の所を左へ折れて堤防上を行軍した
ここは始めての道だった。椰子林の岸へ出る所に広い小高い芝生へ出た。墓地が
在る。そこに散開をして演習をやった。支那の古い時の墓地は大きい。支那人の墓
になって土がもり上って石碑が立って居る。椰子林に出ると水が大分ふえた。にごった
水が一パイになって流れて居る。演習を終って二百人が立ち止まる赤白青のいろどりの
塔の下へ行き休む。塔へよくのぼる高い塔だ。僕は上らなかったが
でパドバの方へ回って砲兵へ第一中の並木を通る。帰って来た。涼しい風が相当
きつい雲の如きが流れて昼は今日と流れてこちらはしばらくなかになった

147

No. 5

十時頃に砲廠へ帰って来た、腹がへってぺこぺこだ。見れば午后になって何故へ

帰り頃になって汗をかいて汚れた靴下を洗っておいて夕めしをたべた卵汁にサケだ

腹がへって居たのでうまかった又汗がでる、一服した。風にあたってから涼みをした

ぐずぐずして居た二時頃迄。で二時半から砲廠へ手入れに行って土を洗って手入れをし

十五糎手入れをして五時頃に帰った。夕食にはまだ間があるので裸になってねころん

だ。夕食は肉だ。食事をすまして、から入浴へ。汗を流してさっぱりとして帰る

きっぷを出してみた。七月の十三日もオッチャなんかにみやってみるだろうと子供らし

大ぜいで、お前はいろんなことし思ふ。昭吉達が、母さん土産でもまってはしなかったか。

お前もどうなった。ゑへは何も話もなかったか。持ってってるだろう大事に勉強中だった

又ふく田の事にかかりなさい。なんじなって来なから言ふ念が不に気をつけて

やすみなく又家事と花子へ近年達者らしくみえん七時半頃に九条のぼし上らして又

手紙のつぎをかいて日記とこれをかくにまだ今日は涼しい風はあまりなかった

か一ちゃんへ、何から宮本上等兵をすまして又再びかわの体がよう

七月十三日何と時半頃。

まさへ

良と

No. 1

[redacted]

今日は又風の一寸もないむしむしとあつい日になった

六時に起きて点呼をとり、東の方をむかいて勅諭を奉読して体操をした

砲廠へ行き陸砲を、手入れをして帰って来た 顔を洗い食事を、

今日は休みだ、この前の休みにきんりで出られなかった人は今日代りに出られる

のだが小使がかないので あついので出るものは少ない.

城の人もよくなって 大陸の午前、どうどんぼう、〇〇料亭(遊廓)とか又

来る日の旅館だとか名がついて 慰安所も一ヶ所にかたまって出来たそうだ

千日前には活動小屋が出来たとか言ってゐるが 今日行ったものが帰ってくる

とわかる. 活動が出来ると遊びにあって行くものも多くなるう. 一年七十五才

のびんか 慰安所のせに何円と言ふ小金を出る毎に使ってみては すぐ金

がなくなって失ふから 出来なくなったのだ 保険で四人が二十五才で四円入るのに

しかし一万才や活動の様な安い金で何は何も寡しません 見られるのが

出来ると又出来なくなり 金もいらずに一日遊んで来られるからよくなる.

149

No.

俺も出来たら見ようと思っている。どんなものか見たい。
研会に八時半迄ねころんで雑誌を見て遊んでいた、それからは草刈りわ
手入れ、又は馬術しといい迎かい別れとりった 俺たちは例によって草刈りし
松林へ行って草を刈って来た 木のかげで休んで帰って来た
風がないので暑い 木の下はどこもかしこも練兵の兵隊まで一ぱいだ 帰ると直ぐにお
昼めしをたべて又一汗流し 課に行って汗を入れ ねころんで雑誌をよんで
いた 午后は休みだ。こそこそ三時頃迄やっていた 風呂があくと言
ふので汗を流しに行った。さっぱりとしてシャツ、ズボン、褌を洗濯しほ
したが日のほてりの中へはって一寸はやくしみかわいて来た 夕方にはかーっと一雨
するのだろう 一雨来れば又涼しくなろう。内地では梅雨をふくし
かったらよろこぶだろう 十、時に田植が済んだと言ふたよりが来るなら
三十日頃にすんでとは思っていた。又植えてすぐに飲食で御ふしてくれ
はせんかと思って飯盒の飯でよかを一日をすましてやっているが以て

150

No.

ない、君は普通の手紙は多くが航空にはこんなに少ないと手紙の度に
の人が笑って居る位、それでもいよいよとはいって待って居るが、其の内に必ず来ると思
い待って居る。貴様らも病気にならないように元気で居るか 母上はどうだ。この前
言って来た様なに差命海を渡って来ての人が帯って居るが、すでに帰られての人で居るの
ような、言ったことはまって実行をして呉れよ 悪いことは言はないからな
え、皆大丈夫で御座いて 一人前になって笑って御目を楽しみにまつのだ、
しまって滋養のあるものとるように唐は力(?)体をこわさぬよう よく注意して言んで
体にもとを入れて強くする様にして私 俺は言はれなくともわかって居るから心配は
ない。安心して働いて呉れ、今病気にもならず来からず 休みには休んで働け
をとり又働く様にして母上を何かと気にかけのかな 五月の両親は並事か
近所は何をして居るのか 自性をして居るか 月給どりになりたいと言はれるを今は
言って来たが高等科をするなら出かけない 馬の手入れをして来る様に言
済んだら夜をよくなりして 七時半父母に水を、今は手足で ゆうことにしよう

151

No.

[redacted] 朝の内はうすぐもりでとても涼しかった風があるので
とても涼しい日ばかり続く 何とも苦にならんのだが風のない日になると
あつくて大分様に思ふ 午後をすまして作業 手入れに行って帰る
顔を洗って晩ごはんをたべる 作業道ながある 皆こみ 横になって お茶
を飲んだり雑誌を見たりして休んで居る 雨の日は涼しい。
作業から又今日の用事に別れしていく 俺たちは配車の工大丸 のぬりかえ
で一年以上雨ざらし日ざらしにしてあるので 色と赤 のぬりかえることに
なったのだ 悪い所をなおして 居た 作業は涼しい
土曜日に止めて帰る 夕方 食事をして 横になる 今日から午後四時
迄 [redacted] 様になった、[redacted] なければなって 午後はなし
になった 一週間に一回位はあるだろうが べんきょう様でいいことも、
その外は午後四時から 馬の 作の手入れにいくだけで 一日の仕事を終ることに
になった。あつさがきびしいからな 面会は 少しの休みで 又 ここらを

152

No.

作ることにした。この前作つたのがとても字を壊して気持がよくない。型を切つて作

つた。今度は長くした。前へボタン三つつけ、左右に前のものぬりボタンを入れな

に作つた。今度は二着目なつたので前よりは上手に出来た。出来上つたので一服しこちら

手で、四時頃でぐつすりと眠つた。今日は手紙も新聞も来ず、居たたまらなかつた

ただ一週間前の太田君から三度目の新聞を四枚送つてくれた。僕の出した

八幡の返事がのつてゐた。送るので新聞を見ろ。太田君へ返事をかいておいて

これを書いて居る。手紙について来て又つぎをかくことにしよう。涼しい風がふいて居る

だんだん日が下つて来たので涼しい。夕食をすまして すぐに風呂へはいつた。汗を流して

本当の涼しい所でしばらく涼んで居て帰つて来た。シャツ類を全部洗つて代りに

今日作つたシャツをはいた。腹の辺の布に長いのが出来た ゆかたなので涼しい

上等品だからは前にあるので安心して着ている。君へでも手紙をかいて見ようかと思ふ

今日も手紙も来ないのでなかなか淋しい。今度の帰りにはあるかもしれん。郵便より

にかけて出すと二十日頃に着くかなと思つて待つて居る。今日は淋しいかもしれない

七月[redacted]夕方

一吳より

要子へ

153

No.

やっぱり俺の思って居た通り植付がすんでから航空で来た
昨日飛行機が飛んだのは知っていた 航空の来た人の名をよんで居るのを
聞いて居たが俺のはないと思って居たので一寸しらなかったのだ
で午后に太田君氏から郵便を来たのみだ りんも何もないので すかし
普通便なったら俺のも二十日過になるんだと来ないと思ってあきらめて
居たのだ 二十日前后になったらまってくると思って、 そして 昨日も郵便を
見たり 夜下身や日本兵居へ たよりをかして居たのだが
今朝午前になったら君の手紙が残って居るよと知らして呉れて事務室へ
行って見たのだ 間違なしあった しかしお前の方だ 航空で
来ていたや よしやと思って居たのに 不思議に来たのだから 早速
船へ帰ってよんで見た 十三日に出したのだね 一寸すんだった 十五日についた
のだから丈夫だ 今日のひるに世界てみたのだ 惜しいことをした。
うっかりして居たのに違いない 手紙の時はよく気をつけて居るのだが

154

No. 2

おさげるなり一息によんで来た みんなもたのしい 皆元気なので
それで又 一回おちついてゆっくりとよみなをして見た それでもしかし
あるのがよく分かる なれて居る中をあれだけ長い手紙をかいたのは大へんだったらう
だらう 其の代り 一二へ届いて 見る俺がどんなによろこんで居るか分からないよ
田村の写真 思いがけないので 誰の写真だろうと思って裏返して見たら
勝男の奴で 三郎の写真をすっかり変って居るので よその子供の様に思ふ
あの時はまだ小さかった 一目をつむってみたから それにうつりも小さい しね
お母さんにだって世界との事 うまく三郎がとれたね てんまいに
うつって居るが 大きな目をして 何だか写して居る様に見えるが そうでは
ないのか [illegible] 一目見た時から 一寸かわせて
ゐると思ったのだ 三郎に似たより 父さんにそっくりな所か 目の大きな所ーと
眉の下 気味 あご等 父さんのまゝだ 顔の形だけ違うだけで よし
にて居る 三郎に似ている所は 少ない様に思い [illegible]

155

No.

三ヶ月の頃だった頃、一年たった今日はもう生后七ヶ月たって ね返りを うつやうに
なって居るとの事 大した事はないが 俺が傍にいては そんなすがたを見しないと云へば
れるのだ 内地なら思ふが顔をおがましかせるしぬまい ひまんをする
浮び出て 之を見て居る内 安心をした世は天命で しまりをしたり子守りをもし
一ひまるとは うふし 大部分が 大助かりだ これは之元より通子をして居るとのこと
俺の送った エハガキも沢山集めて大事に持って居るとか よろこんでゐるだらう
一年生期も終りだ 実家は 掛算の九々も習って居ると、今度の成績は
どうだろうか 少し落ちはせんかな あやしいものだ 何か知らせて呉ると
が 仕方がない 勝手気儘になって 家庭に於いての教育は いかんだろう 八重子かは 紀子の
机の上に俺のがあったのだが ピストルとサーベルの菓子の かんのあった 高い棚に、
何れどれ 新しいのがほしいだらう うまくなおして 勉強をするようにしなければ
いけない。久美子も又 うれしい 川 井戸流しで 水あそびをして 着物を一日
に何回と着がへにしておばあさんに叱られて 困って居ることだらう

156

No.

げだし笑えにかぎ廻って居るやつが目に見えるようです。丁度よい相手ないからです。まず一難か

趣味を覚えてやって居るとか ゆかしいと言って呉れ。大きな声で言わずとも宜しい

るかもしれないからです。八日梅田が行ったら早速返事してそのまま書いて下さい

として居る(二枚と)言って呉れても早く送って呉れとすったのむよ。この前のは子供らが大分

居たのだ。無理もない。蔵を思ってなす沢山金を捨てて自分不断働いてためた金だろう呉れ

いなろう。いろいろの経験が出来たね。もう一人前になれるから大丈夫だ。俺も安心をしたよ。身がなせ

ればおまえにわからないからです。安心して太田様に一任されてとく(?)まへと云って全部いって来たん

との事で今迄にない事なんでしょうから、なおさら鍛錬なるからとかいうのは皆な十分の人

なすれば出来ない人がまだあるとのことは事務が長くなる程気がゆるんで恐ろしいけないのだ

来るかけ物たる間に至ってなにしてもやって呉れよ。いろいろあるうれ。實気主には又無駄に成った

とか安とかいう状をましてしまい、前にしま人たちが来て呉れたがあとは皆ゆでかっ(?)て

とはこれでこそ出征軍人の事だ。俺もとんだ人なにうれしい。ありがたい。俺の思い通

りなのだ。うれしい。お前(?)が来れば、これだと思って心から感謝をして居るよ。四日

157

No.

太ちゃんと郎ちゃんでままごとをしたとのこと、俺は二人で太郎ちゃんでゆうを仲よくならべておいたよ、ハハハ。

長いことかかって植えたので早く植えたんだが草がこえてもう一回もとうえんとか、畑の草や田の草に又

追はれて草ひきなどのこと大へんだナ。郎より勇ちゃん谷口も休みなしで草とりとはえらい。

田も一番に金肥を入れたとか、植えがすんだから早くやっておいた方がよい。畑も肥人を入れたのか肥も

高いだろうナ。[redacted]高い君が入隊へ、俺と同年の生まれも行って居るとか、早ふろ一しょに行って居た人

まだ二人共体が悪いそうだナ。生まれは軍者だなって居るだろうと思ふが、良子が田舎にいるとか、

又其の内に太郎も田舎に来るねになるだろうから、一みたいし待って居るがよい。俺は当分はかまわれないのあいだに

居れ皆人がはまるならしないよ。子供の人形を送ってやる送れるかしら。来一ちゃんも三人共

家へ行って一しょにやらないから何でもできない。広まれも一人のようになるんとかおすみかんが来てんで

行ったそうナ。麦付作もあまり雨がふらなかったナ。こちらは二ヵ月の前に大りカテかなる。吹得

もそんな位だ。もうすんだお祭りもしたこと思ひますか呼びにいくと言ってあた

がどうなった。[illegible]進みは本所に来れないので一寸もなんとなしからないので五月も

練田の上たり早く植えたことと思ふが秋を見て稲をよく見にいってやってくれよたのむ

今日は手紙の返事をかけたしておこう又

七月十五日[illegible]

[illegible]より

妻へ

158

くもり 昨夜は ひどかった 相当な雨で 目をさました位 今朝起きて見
ると方々 雨がもって 寝台を あっちへよせたり こっちへよせたりして居た
朝は時々小雨が降ったりして居た 点呼をとって 砲廠へ行って 手入れをして 帰る
顔を洗って食事をし 一服して (八時迄) ごろりと ねて うとうとしたり お前への
返事をかいて出したり 実家や 同吾さんへ 正月の年賀の礼状を出したり
しておいた 午後一時から 演習だ 砲廠へ行って 中隊射撃を けいこをした
砲廠の前へ 中隊砲を皆出して 射撃の演習だ 大隊長 けいこをして 手入れをして
して 直に帰る 今日は 日まわりで とっても楽し こんな日ばかりなら こーた 居て
は 十和君にすゝんの方が あいて居ると 五三十度以上も ふんく 上っては 全く困
して 夫々帰れば いゝるだ いよいよ明へ来て 仕事をして 帰ってくると めーねい 定って し
居る 食事をして 手紙の 帯乙のを又別の手帳へ かきかえて居た
一時頃から 又 おっかあの 寫真を出して 又よんで見た そして 勝男の
寫真を しっかりみて来た 一寸見ると やせて おっかあなたが ホベダの方は 相当に

No.　2

腹をこはして居る様に見えるナ　アバラしか出てゐる様に思ひ　顔がやせる様に見えるのだ
ろう大事な目だ　そーしてキレイにとれて居る．よく動かなかったナ．骨が折れたろう
と他の写真を出してしらべて見たが　一寸見ると皆んな別々の人の様だ　外の子供らもそれにて
みない様に見える．足が本当に俺の子供なんだろうか　と思ふ　人の子の様だ．
写真を見つゝねて失た．淋しいのでーすゝめられた　ねたくぐつすと四時前5迄
ねて目がさめた　俺が思ひながらねむれから目がさめるものと見える．アハ……
ぼんやり起きて一寸居た　四時頃から砲廠へ手入れに行った　また本隊に
帰ったら下給品が酒か来ていた．ぴんと来た　夕食はさゝげと卵ーと
それだけので　これを肴に南出さんの所へ．隊長は不在に行って居るすだ
つけもの　とうがのみそづけが来た　珍らしいがキウリづけの様にすいしくは
ない　珍らしいだけなものだ　ぼろしくなく　夕食を食べで日記をかいたり手紙を
かいたりしてねて居た．早かったら大隊へ行ってこようと思ってゐるが，
先刻雨が降ってゐたが又上んだ　まだ降りそうな様子だ．それよりは涼しくて

160

No.

よい、今日は五連うしろで居るはにどこかの海の波音が 小波の音と艶をおり

つ五日が得て来た 小っとと ドーン パーンと ドーンと 響き渡って居る耳けまだこえてか

わからない山。汗だ。見に行ったかったが ゆあつので止めた。丁度 えす音を めて 帰りてみると

九月から今年の二月迄 居たあすこの山の陣地の近くで 流の庭へ はりつけして居た為に

思ふ。こうしてゆても 土あつて 夕べの音ばかり 聞いて居るのだ 思いおす 昔 同じか

りっくと泣きつつ居る。このままずーと ここに居るのか 又 山へ行くのか わからない が 山へ行け

ば 又今日の様に すばらしく 相手に なって 敵の 銃声を聞く ことだろう と思ふ。

この頃は討伐にも行かなくなり 静かな毎日の生活、ちゃんとした住生しておられる 又 よそを かきまわして

居るかもしれないが とても かなわんと思って にげて行ったかも しれない と 中西寒だ。

城内も あちこちに あつまってくる 活動が 出来ると 寄木とか 言って居るが 結果だ

又 見に行こうと思ってみる。 お前ら子供が 多くあって 行った 活動所も あるまいが

古のしみだ 友すには 行かなければ いかんよ 仰しばかりが 能がないからな。

ゆて 馬に 流着 七時半 馬に水を のませて 帰り お寺を 見て 昼寝、 活動 一日だ 又明日に

161

No.

あり、昨日と同じ様に乾して涼しい日だ
点呼を終へ皆と放牧へ行く 手入をして帰る 顔を洗い朝めしを
何時迄也二人で戦友を見て居た 今日は何事もなく大隊長どのの訓示
があるので時間迄に放牧前の広場へ 大隊全部集まって訓示があった
涼しかったのでよかった いよいよ行軍を一日目標として一日銃を持って 馬座の裏の
馬場へ行く 二十分間どとに中隊教練をした 銃がかついで走った
休みなしで行ったので涼しい日だが それでも汗が流れて来た、
大隊長殿が見に来られた 十一時迄かかって居て 帰営を終り中隊へ帰った
続本を採に出た 涼しい 暇して二の目 馬繋場で寝ころんでゐた
ミルクを混ぜとり出た 角砂糖を入れて 中々おいしい
六時に馬に水と草を やりに行って帰り 夜だ 要仏や トンボが来ても
御丁寧なのでかゆくない 也 日の出を待ちくたびれて よんでるか 又
うとうと眠むくなった、今夜は 不寝の番なので少し眠っておく

162

No.

ないと思っていたが二時頃に目をさまして それからはどうしてもねむれ
ない 三時近く目をつむっていたが ねむれんので止めた、俊之君が僕の卵を
煮りに来たので起きた 十時に起きた、一日三つずつ食って 卵焼を作ってたべて
いるので、時には卵やきをしてたべることもある。腹倒れてはと思って嫌いな物も
たべて力をつけている、あまり新しいのもあいじいにするのにたべて見たがどうもたべ
にくいので仕方なしに止めた もうくびのにはりがいけたつて胸が悪くなってくる。
卵は多すぎので しまりもし時には悪いのもあるのだ 僕ではたどないことにしてやるのだ
それから洗濯をして 銃の手入れをして 工兵にいって用意をしてすんで こうしてある
たってもでも見て待てるよう、其の日になればつらいは嬉しい——こんなに用がある
今日はこの石けんを持ってたが うまくすするか どうかわからない
一寸だのあまりも通用はなかなかにあかる 大いにやっているが もう僕はやられ
なかなかつまらない 今年もたどって来ているのだ 組合のきまりである 明日は休みだ
から 返事を書くことが出来るから まだよいのだ、あとは明日にする 四時半

十月十七日 四時半

貞夫

163

No.

七月六日、昨日の工員も入浴へ一番次にいって早く夕食をすまして汗を流して

あとから半後に来るさんくせつて居てとても涼しい七時に十六日につく荷物を交代してすれく

工員所に居た日が在る 涼しい 昭和だ。星付なおして書いて居るが 暑くて居る。此処ハンえく

こんな夜の雲がかったりしてあるが とうとう一晩雨はふらなかった 汗を拭きれて 今入

のまってぶやみだ 急仕をするのに 組中になってしまう程困る。気持ちないのだ 通がありまへん。

ゆたのは午前三時半から六時迄 二時間半ねた。ゆたまった それ迄起きてみたのが

風がひどく涼しかったので 寝る所には蚊もはいらず かやをつらずにねた。よかった

目をさましたら起されたらしい。よく寝てねた。次ばけん 工員を忘れてねた

皆揃って工員所を引きあげて風呂へ帰る。ゆあがりなので 紫米をとり 線になって

毛布をかぶってねたら涼しく 淡はずに 食事も起床たのもうが たべずに 知らずに

ねて居た。11時半に起床。中隊長殿の空四巡視があるので 起きて 用意をし

た。営倉の前に立って居た。スーッと一人 兵舎の中を巡視せられて終了

つづく ○○兵の ○○兵 ○○名を見送るために 隊内全部 絶廠副へ

164

No.

送別して林伍長の別れのあいさつを井上部隊長殿がせられた。そして○○兵の
代表者○○軍曹のあいさつがあって萬歳三唱をし ○○兵は下内を出て
ハトバへむかって出かけていった。これで丁度僕等一つ上の人ばかりなの
残兵となった 皆せかわった 初年兵君の小さな人ばかり 自分出かけした
[illegible]な兵隊をこえてよく やるので足も軽く 喜んでやれ
皆班へ帰って まだ来るものは[illegible] 外出する者は出て
いった 今日は涼しいので外出もよかろう。日はてっているが 風がきつくてよい。
工兵の下番で出ていたが 何も別に[illegible]はない。一度中一にも記入して めしをして 又
出ていった 一日出て来た 四時迄出ていた 大分出来たが 大変なので
仕事をすると今日は 仕事が出来ないかもしれないが これは仕方がない。
四時迄で手入れに 洗濯へ洗場をこえて 涼しい後の作業で手入れをし
帰った すいはんへはいって帰り 木かげで涼んで夕食を 手内サイ
トン葉を入れたすわったで うまい。一服して日記を 手紙を書いて

165

No. 3

手紙の来た 朝吉君 お守を送ってくれたのが 青山部隊山本隊よりかへって来た
ので 又（迷い出して来た この前四月廿二日出のお守が七月十八日についたのだ
朝吉君もどうした 衛生隊へ移って勤務しているのか よいか悪いのか
それからフトーリ一本 宗教の二千年の中で 山口先生の作に依ときんの絵の方「オトワカ」へし
と本多さん君のツが一枚とあった 先生か復って此方の女中に依って文むつまかった
きんではとてもかけないだろうと思ふ あまり先生の手紙ばかり来るので一しょに送
るから見るがよい 字もハッキリかける様になれば 人並についてゆける様に
思ひますんで居る お前からの手紙をよんで読んでいる
又 手紙をかいて見ようと思ふ 私は嬉しいのだが 中々は私が一寸もはいらないので
むしとするし 一日中で忙しいので はっきりしていられるので かくのがいやだ
人来からの小包げとうして来ないか 心配する あまりあせらないで 梅田のもるく来る様な事
思って待って居るのだが 待ってくると すこしの間 毎日待って居るのだが
七時半頃に水をかけて 修身をまつ 又後でねよう 明日に

166

七月十九日 今日もどんよりして 雨が雨にもならずくもって とても涼しい
演習をするのには もってこいだ 二・四日ばかり涼しい日がつづいて 日本の夏とは
思へない位だ 又此の内に ぶり返して あつい日ばかりになるだろう
どこか 太陽でも やってそのとばしりで 今年が涼しいのではないかと 思ふ
ですこの頃 日も みぢかくなった様に思ふ 朝の五時も 未だうすぐらくなった様に
思ふし 夜の八時の点呼も 未だ暗くなった 様に思ふ
日の長い六月の二十日から 一ヶ月位だから 十一分も短かくなって居るかもしれない
例によって 点呼をすまして 改修兵と洗濯へ行って 手拭をもって帰って 顔を洗い
朝食を終って ごろりところがって 本をよんで居た 涼しいので 申し分ない
八時から 中隊射撃演習が 始まった 兵舎の裏へ 皆一列に並んで 演習を
初めた 演習も 涼しいから 苦にならない 二回休んで 三回やった 三回目には
大隊長殿 始め 沢山の えらい人が来られた 十二時迄 かかったので 腹がへった
班で又 洗濯へ 持って帰って 班へ すぐに 食事をたべて 一眠 横になる

167

No. 5

例によつてちよつと皆にわかくなつて一日ぢゆうぱく／＼とゆつて居つた
目をあいたら四時前だ皆揃つて役所へ手紙にいつた 夕方迄居つて
夕食だ 生き男の如様だ 珍らしい 味もよかつた ゆとり新法をよんで寝た
田舎では女の子を作つて十才のをたすに下げた もう木を捕めて置く事
田舎では忙しくつくのだそうだ 一ぱいまつてゆつ位大きさのが十本に二つはいつてゐる.
けれよく長れをねまかせて居る 庭辺にもみさやかあつさを立てて 庭から貰ふのだ
そうだ 夕食後に雨がぱら／＼して来たが 今さらなのか止んで居つた 風呂へ
はいつて 皆で風呂に水をのましてやつて帰り ゆつくり新法をよんで居る
明日は早く起きて 夕方手紙を送つたが 宮部にも 明日はもう日だ
土用に入つた位で寒いくらい 暑さもまだしで 畑にも分からぬことが大ありでは まだしはないので
給でも通れない いつも田舎では ある様だが今年はすくないから 月に一バイ位は
とるのだそうだ 二人で 身を入れて やつてみるのだそうだ 水につけて入れて貰へる
かんばつで 宮部にしられあつたが 上手を まをして入ゆることにする

実も

七月十九日夜かけ書

妻へ

168

No.

七月廿日 雨后晴. 昨夜の不寝番は川村から四十五分迄交つた
涼しい風のある晩で秋の様に思つた. 雲は時々きれて思ひ出した様に雨もふつ
てゐたがすぐ止んで去つたり 月はないまでも星はあるが星が一パイ出たりして
きれいには見えて来ないの残念!! 交代した者も起すのを起して 四十二分に交代した
眠くてゐたい所だがワタパンをすゝし寝るかぶつてゐた 丁度よかつたんだ
ぐつすりねて六時に起された ゆつくりしようとねてみたのだがうつかり知らなかつた
今朝の二時に起きて一郎宿営に行つた. 俺達は行つたが 起きたら雨になつて
ゐて 宿営にいたものはぬれて寝たろう. 平和に行つて帰り顔を洗い 食事を
眠して ゐたところだ 日の出をおがんだ ぬたくつた うとうとしたりして 皆が起つて
来見えなくなつて去つたりして 川村から手紙に行こうとしてみたら 宿営に行つ
これの所へ行つてきた 思つた様に出來つた 腹がへつてゐるらしい 二時は起きし
朝めしか川村の川村では 其の皆 宿営をして居る. 柏葉屋だ
九時頃から手紙に行つて 小雨が降つて居る 雲は切れて居るから 夕方に

175

No.

なろう 皆かへって てつだひに 三大五四 掃除をして 土曜所に 呼んで 行って来た
もう此の時分には 雨も上って 日がてって来た 帰って 余は寺 横になって 本をよんだ
食事をすまして 少し目をつぶったが すぐにめがさめた 四時頃に 目をさました
夢を見て居た いつの間にか ぐっすりと寝て居るのに 妹だと考へて居たら
夏の夜で あったらだんだん 母の部屋の前に 三ッカイを木戸へ 母と俺で つれていって そこへ
来て 木戸からはいってくる 静かな風に吹かれて居た 其頃は 沢山の 小さなものを持って
やって来た どうしたのか 父は 俺らは 少しも来なかった そしたらの上へ 乗れので 山におかれて
母と云って 何か わからぬが 何かを持って居る それを見て 俺は 無事よかったと思った
又 次郎の 話をして居た 母の顔は 以前の 顔が いつもの わらって居た
ましかし ゆかいはげしく 歩くて居たは 今更 出来ない それから 一寸 そこの 部屋に 三ッカイ
木戸へは云ない はがまんの 母 字みに行って 居るろうと 思い はかった事を 思い出し
て居た 木戸は 淋しいのだろう 一眼に 四時から 又 手紙に 沢山書いて 行く
今日から 俺が 加田で 喜ったので 僕たちは 馬屋の 土へ 植えて やったのだ

176

No.

ガダル島は更にれだいくのか遠くなってしまった。めけだてんだりけなかったかもしらぬ あつらし

今迄の大きな旅愁の事を思へば涙にたへない 大陸に帰って ステテコの破れをなほした

サルマタなのだらうが 別の所はいいのだよ 縫ったので 涼しいが 仕方がない

夕食、下給品にぜんざいに一杯とミルク二杯 久しぶりでとてもよかった 日本人は甘物が好

のおかげおいしくおいしいのんをすきなだけおかしとのお汁粉としうまかった 今日はえらいめんだった

だらしてうまかった（すもすたてある）が 一服し 日の出をよみ 風呂へ行った。

今日はだらしく 二三人だ 汗を流して来し ジャンパー半纏を送って来し おらし 一パイの人だ

ぜんがはじと 酔って気持がよい。今日の手はいよいよ又元のあつさに戻って あついまっ白だ

になった。この畠の四日は十七が1日の志 明日からあつくなろう。日記と手紙をかく

昨日で馬に水をのましにいった外は 風があって涼しいが えて作って来てつぎをかく

郷里はあつしてあるい。家の方もあつかろうナ 子供も今日あたり めら身だナア

今年は非常につづけ廻して帰ることを思ふと 思ふ ならぬが 気をつけし切ってくれよ 一個もあ

るかね、あすは休みだろう。永井伍長の戦死一大週年記念日だ。年をとって居る

177

No.

六月十五日、夜は少し十二時迄は眠られない。蚤よくゆれのためか、
今日は一昨年の永井君の戦死した一周忌だ。野田隊では何かしら供養が行はれる
俺は参列出来ることになった。行きたいと思ってみたので とんなにうれしかったか。
先づ朝早く目をさまして体操をすまし、洗濯と云へ遠く、斯敵へ手入れに行き油落しをすませ
になって帰って来た所を洗って食事をすましから 入る前に行くのにひげがぶ
ではいかんと思って朝からひげをそった。そして八時に下士以下四人がいったとするの
隊の者は特に祭壇を作られて 天下をすぐるりは白布をはり中央に日本の位牌を安
置され永井君と云への名がかいてあった。隊全部で 供物ちゃぶ一パイだ 隊長殿以下沢山の
隊長殿も参列されて 安隊長の姿が見え お線香をあげられた。皆感激見えて
式を終り野田隊長殿のあいさつがあった。去年の今日 ○○の○○に 右の云へはよく砲を
死守した軍人のモハンであると云ふ様なことを言はれた 式が終って帰って来て 永井君
と云へ このことを知らしてやろうとかわいそくかわいくも思った。丁度内部周の ハスの花が
供えてみたので 冥土にかかげられ 極楽の花のやうに思った ピンやかたか オウナンぐ

178

5

No.

なぜ墓々に墓を建てることあり立派なものなった　吉子の今日午后二の散歩
に出かけたのだが　早目に帰つて来た　それで明日トラックで故郷へ行つて
母親の墓にお参りした時には泣いた　その時のことが頻に思ひ出されてくる　永井さんこそでし
画家をして居られるだらうと思ふ　今日は休みで　ちよいと居る時に居た　座りて少しを書いて
書法をよみ又ひるねをした　ひるねをしまた　書をかいて居るのだ　毎日のことなので仕方がない
三時頃は目をさました　お茶を飲めば又眠られないと思つて　目をさまして書法をよんで居た
四時に他の手紙に行つて来た　下宿屋に来る人が来た　せうがなかつた　夕食後引き込んで
夕食を作り　風呂へはひつて来て　汗を流してから　少し手紙が来た　少年が来たが　トーは
まだ出来ない　多分来て居るだらうと思つて居るのだが　どうかわからない
永井さんが手紙を送つた　それで世へ知らせるなら　まだ[illegible]
外は風がありて　[illegible]　日記を書いて　手紙を送つてきたが　今日と明日
の間に寄つて来る[illegible]　二度来てゐた　その日には[illegible]
一にうと　それとも手紙の返事が来たものか　[illegible]　手紙の来たのは[illegible]

[illegible]之さま

十月[illegible]日午後七時半

すみ

179

七月三十日ノ半

廿歩二包　小林利吉

〃　一包　梅田次郎

分半

奈良松次郎（イモンの区ア）

松田喜松（久米）

野呂森雄

平岩文金

山崎幸太郎

茶場一

永井こと

計十包

アートー

あと分ノアートー

福本通

中村仲三

宮本杢ん

三

179

№3.

七月十二日 晴 よい天気だ 風もあってとても涼しい

今朝は眠くて起きられなかった 昨夜はおそく迄 土井達と右京の

所へ遊びにいってみた 帰っても中々眠れず とうとう一時半から

つ迄日記をすましてみた 明日のことを考へ 乍ら寝られず 目がさえて困った

眠れず 明日は早く行ってみへ とうとう夜中迄 眠られなかった 困った

昨日の夕方に手紙が来た 達さん 御飯さん 木本さん 三角迄、皆まで土田の手

紙でうるさかったらしい 水だったので 足がつゝんで 休んだと書いて居た。

うまいかんもの無い。でも土田の家に会ってよかったが 逢ったにしても、又は さぶかった

云、思ふ。六月二日に帰って 居る 夏、夕方 田植で引きついで まくまいをした

のむかし 無理もない かはいそうだが 面白いことを言って来た 日々新聞支局で

手伝観團で 写真が 出来てを一週間かして 写真が できてきたとのことで 日々新聞へ

はこび 三十九通とか 大へんだったと思ふが フィートに入れたが押してあった

日々新聞の便、切り抜いて 来たんだと送って来た。ついでは 梅田家を依頼し

180

No. 2

なことは終りしとしまりになりしありまんと大笑いな、
会長は肥えて居るからあつかろうとか、俺は手紙をかくのは下手（まらない）なが、
しらぶのは好きだとか、小さいがすしは大きくなつたとか、いろいろしかしくあつた
御芝居は冷やかで手拍をうつて、中隊長が面帆を出すと急に走つた店では皆乙長
はまだかりあしーと云つてみたが、だしたのだ俺達は大隊が遠かと済し学い
大いなおりか陣地に帰るから　急に男がかつたかもしれない
で、会体達に小学の道アを八通かりて、おれはノートは頂井にて走へ一通と
で今朝になつてのだが隊の後と二人、往復へ手入れにいつた、朝の日は涼し、一停で話を説、
会食をして一服し　男子君の外ゆを飲つて二度目を取付けを出て見ると女氏も俺
かなこが三度目の級がなりの二日に二十枚あまりを送つてしまいつかたが隊のいろいろのことが
よくわかつた　三宮崎の話は取り合えず見てから、八時まで　二人の政良が来れた
のだ。入院中の隊長との会談、かあつて　しらく事務をおを守らしてもらつた
次はかく一服して　大宮の手紙をした、小沢の多事を一番で、私ちしみめのいたのだ

181

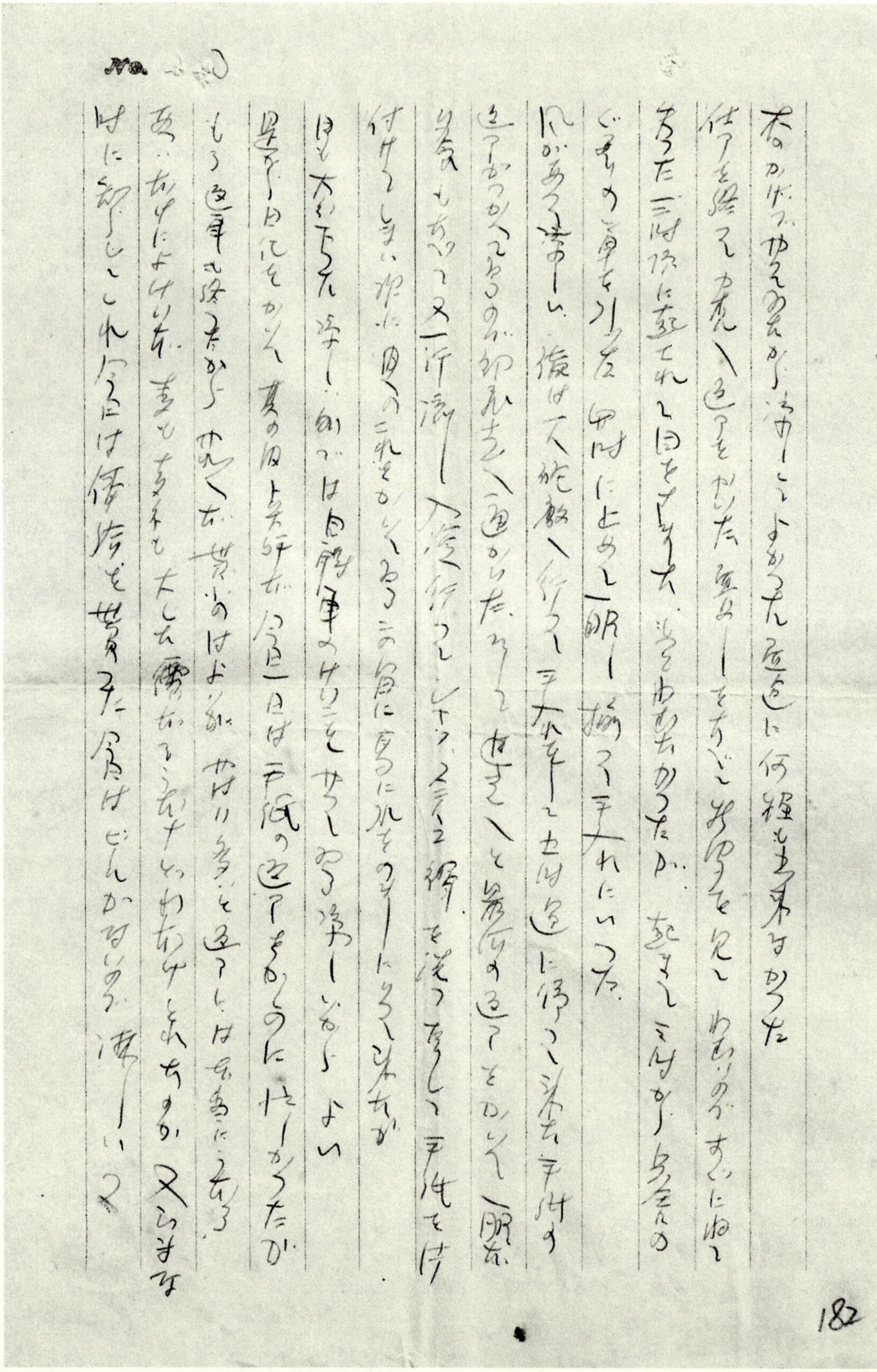

No.

本のかげでゆえ君が淋しくてよかった直ぐに何程も出来なかった
仕事を終えて夜々返事をかいた直後一しきりすごし夢を見てねむりのがすぐにねて
あった三時頃に起されて目をさました。やはりねむれなかったが、起きて三時から今の
ごはんの事をつくった五時に止めて一眠りし揃って手入れにいった。
風があって淋しい。僕は大阪へ行って一年ぶりで五時迄に帰って来た手紙を
返事がつかえているのが御免ね今日は通かいた。なかには大々と最後の返事をかいて一眠りして
夕食もたべて又一汗流し八時に行ってようやく六時を洗って来て手紙を書き
付けてしまい都に母への手紙をかいている。この間に風をのりにようやくこれまで
ほど大いに下った淋しい。何では自然とその事をかいている淋しいよい
返事一日仕をかいて其の後ともかく今日一日は手紙の返事をかくのに忙しかったが
もう返事を済ませてから思いたい。考へるのはよいがやはり多いと返事には困るになる
忘れないようにしたいが妻も友人も大した事ないかも知れないが、又いまは
時に御免にこれ会った時は仕事を楽しんで今日はどんなに良いのか淋しい。

182

No.

七月廿三日、晴　よい天気だ　風があつし　とても涼しい
朝寝をすぎて花の手入れになつた　昨夜は十時半頃から寝た。
手入れが終って例によって頭を洗い　朝めし　みそ汁に豆腐の汁だ
一服して雑誌をみたり　梅田の写真を見たりして居た。
向かい病室にあそ行った　花壇の前へ　花をさして　下條教練をした
風あつく台の上で　かっている病室は気持がよい。
十時頃にすこし花をしまって　手入れをして　室に帰って来た。
昼に　写真を見て　飯をくった　一服してゆっくりで　雑誌を見た　又
ゆき失った　ぐっすりとねて　三時頃に目をさました　よくねた　此の頃だ
雑誌を見て四時過　ゆうべが居た　気がつくと　手入れに行く　花の手入れ
をの手入れをして帰って来た　夕食前で　だめだ　とした
丈夫かしら　本がまた　平常と言う所へ　病室にもどって居ると　よく　しかす
そしておかしなった　早速返事をかしくすべて日記をかいて居る

183

No. 1

七月廿五日 雨だ。昨夜は月夜で風のない静かな晩だったが起きて
見たら降って居る。兵舎の中で点呼をすまして一日手入れにいく
一人銃の手入れをして帰って来た 雨も一寸小降りになった頃を洗って古い
今日迄の手紙を焼く 帰ってから用意をした 荷物になるだけ帰る時に持って
いけないのだから一まとめにしておいた 五月二十四日迄だ。ずいぶん沢山になった。
食事をして一眠。雨又ひどく降って兵舎の屋根が喧しい 工兵に立つ
て居るのはびしょぬれだろうと思い小屋の中だ。ザァとふるめく[illegible]雨だ
今日は[redacted]隊長殿の精神訓話があって軍紀教練のある予定だったがこう
ひどい雨では教練も何も出来ない。めいめいに以て出動命令が出てもよい
様に荷物を出しておいた すっかりいつにかまとめておいた。何も冬物も衣服
道具のものとさようならいうもの。サアと言ってたら持っていくものと三色に区別
をして荷造りをした 手紙だけ出したので大分少なくなった
雨は中々ひどい 止まずにふりしきって居る 夜雨の後始末も出来たので一眠

184

2日泥を含んで居る、内地の方でこんなに雨がふったら雨ふり休みなす
文郎と久野さんにひでりがつゞいて居るのかもしれない。雑誌でもよんでみような
日の出をよみ切って仕舞って満洲倶楽部をよんでみた中々面白い
土曜に馬に水をさせて来て帰る。本をよんで食事をすまし一眠りし
又ゆっくり本をよんでゐた 雨中々ひどい 中々止みそうもない 十二時過に
皆集まって今度又[redacted]役割をきめて これから造兵をやるらしい
つけたいものだが何を言ってゐるか 要らぬ事を 雨の止むのを待ってゐてみた
小止みになったので営舎で兵器庫で造兵をやるらしい 皆へ行ってすぐ帰る
三時頃 手入れたいと遅に雑誌をよんでゐた 雨小止みになったので
手入れにいって帰る。五時頃過だ 皆とわいて酒をのんでみたが 一杯のもうと言ふと
になって一升買いに行って 摩山と冷酒と四人で一升をかんして のむ 夕めし
のおかずで サイダーに牛肉とたいものでゆかうすめった。 あつい湯を良い肺かに入
入れて サイダーソーダかん詰めのんでいい 皆居ってゐる所へ よって来る どこへでも

185

No. 3

却々便利だ 今、自分をのぞき六人なので よく集って田舎の事よく話って来た
もうこれで沢山だと 夕食をすました よい心持だ。むしと云って自分で寝た
食器を洗ってから 川ノ一へ外とうや衣ふくをつけておいて風呂へ行った
満員でいっぱいを二才で洗ってやる様だ 帰って来て 遊んで寝た
今日は雨やらで寒しいが 陰気しての事は一寸よい 酔いかげん何も申し合せて
これ位にしておけば体もどうもないのだが大き過ぎ大失敗だ 本月二十四日の手紙を
風呂のかまへいれて全部出して来た 知らずにする一構えおつりの後に気付くのだ
まで持っていったとかなり有ったのに構えることはいちいち心配せし 俺もわかりた
有効がへった 雨の上った時分から今日へかけひどい雨なので すいぶん水がたまった
表もやわらかくなりにする道ぶちによって歩くのにすぐつかって来た
天気になればすぐに又かわいて来るのだが 前の部分も土だから大手紙がまたも家の都合
東京主求部の出来事、満洲精鋭一、部隊、部長少年三故来てみた、よんで
迫ってもかくので余体でとうかけず明日休みながらかくことにして兵隊をすまわす

186

七月廿五日晴 今日は休みだ 鎌田は丁度まつりだといつては田ご草を
終えのとひりしいおるのだが 今年は田の草の最中だ それに十五日に盆が
あるとお言つて居るから 忙しく 昨日まで一しやうけん命つたなるが 今日は休めないと
困ひ 早いのだナ 今日は雨だ 俺は鳥地とはなれと去つたナ
上京して行つて 兄の丈 それにのつた 俺で 法西部会で申した
今日は休みだ 何でもない むしとする日だ 天気はよい 俺達は皆つた
少佐は元気であるから 外出者は多い 出先い直ぐ帰つて来た 出入多つて皆出た
俺は三月出して 山田に 十五日迄で 世かつた友の人だ 此の前の 二十日つた
か送つてか来ないので 心配して居る 此の次の過つたと思つて居る 二度三百もする
俺達四週目かつて今月末だからナ とにかく今月 十五日迄てたから又つた
ら返事を出しておいて来る都合だナ そして 二の金は別にのにし 母がお前たる
ジヨーしに送金分を賞つて居るのに使ふ都にて あとは 家族の日用
品か服代にして母さん 家皆がよろこぶ様にて 丸方になる様にくてまれ

187

No. 5

あつたら太郎車夫の債券だと思つて すこし貯金をしておけばよい
おすなほに送つてやらなかつたので皆が仲よし面白く入つた元で大丈夫に俺の所を
使つてしまふなに来たらそれで俺は満足なのだから わかつたね。
望の一万五千円の借金が返せおつて 片付いたので 返事をかいた 太郎君が 来た上で
弟へヒフテーミ 申かして 卯平、弟さんに手の返事をかき 終つた 一服して休ん
だ、ちよとあついもので上に出て 散歩した 庭前にまわり遊んでおれ
土地に田に水をやりにいつて帰つた よし返してきたもの人が居る
今日はガーゼと包帯をたくさんので（かつたもの）うまかつた卵を出して入れてたべた
朝は卵二つ入れて卵めし一つをこしらへた、晩飯に食つておつたのか卵を沢山
貰りにくるのだ 四つ十ずつだ。で 金から わようかと考へてみたが 金米出来んか
やさしいのだ 油でゞ見た そこでちよ人がおらなか 役場で酒保へ行つた。乞食を貰ふ
ので 又出て不自由をしては困る 野菜一人にいつか十。ハガキ出ししかうらない
いつトもく毎に一つ三ずつ ハガキは又安く 五本で 十五本だ 田地有上一銭五十何

188

No. 5

あの山の方が何故か今日は安いので二回目買いに行っても売切れなかったそうナ
シャツ・パンツ・褌をぬいで二十分許り湯で茹って洗った うまく すすぐ湯があって
便利だ。帰っておいて雑誌をよんでおる。風呂もあるまだ 陰(?)をはってた傍へ来て
汗を流しながらつけくあまえせんしを井戸からひっぱって来る 此の節買って来て毎日おやつに
たべておる クヌミツを釣にいって 二百本の余も 冷たくてうまい、何だか淋しくなる
うまかった四五十人ずつの腹がへってなる おかしを言って思い出す たんこが言ったわ
「かたこの ハッフ おかしくして 大笑いをしたのを思い出す いい時になって 四時から馬の
稽古をやってやって来たがたまりかねて一服 その内又ぽつぽつ雨たぶらかく土砂が降った
明日は夜分からやっと帰って来た 中には大分ぬれになった人のようのんびりのんびりしたものもあった
山口は逆えん全く面白くなった 又二週間ほどやっておろう 土産の頭みをもって
帰れを引いて めっきりと寒くなった 雨は少しやむ りやてなかった又止むだろう 夕食後
又雑誌でもよんでおる 山からの雑誌は又山でよむことにしよう 待っている
御身に元かでの山へ入って出遊中何か出来ておりませんかのつもりでおる様に気をつけて

七月廿五日夕六時

一雨兄へ

同生

NO. 1

七月廿六日 晴 何かわからないか一寸して手付けた調子にあつくなった
今日は兵器検査があるので点呼を終えてから ハイヤーを持って砲の
所へ行く 皆んなで走って砲車を外へ出しておいて係る部を洗い 前の方を
すませて一眠り 八時から試験をして砲廠へ行く みんなあるだけしめて
砲廠前の広場は一パイになった 大隊長殿が来られて検査が始まる
終えてから そのまゝ馬の運動に 表門から飛行場へ走った 一人ついて
ないで あとのものは 七日 兵器庫へ行って残って居る道具を手入りして
から帰った。あつくなって来た 昼になって一眠り 昼食を食んで居た
ひるめしをたべて 本をよみながら うとうとしてゐたが起されて目をさました
皆んなで 日半ごろ 砲廠へ行って 色々の入れかへをしたり運んだりしてせわしく
じであった これも終えて 帰って来た すっかり出よって思ったより中々捗し
遠慮なくして かしこ片付かない 嫌になってゐたら 又起されてさらつ
たりして 元帳を移送りして ちょいちょいして使ふ道具を持って砲車に

190

つみ立だ　大分　貯金へ　残して　居るが　それでも　何かやと　有ねばならない
すっかり　使って　仕舞った　総額の　かげに　一服して居た　と云ふ　気分　今朝　めして
くえから　返して来った、それだから　二つを　決めて　小ヅで　やりもして　居る　自由だ
今迄　出れば　気持ちをして　居たのだが　ここに　来れして　便利が　悪いものだ
又　足がきれ　小ヅで　二分の中　やこしい　めしを　食ゆ　ばかり　への　方が　思われる
しかし　帰れて　来へば　又何とも　思はぬ　様に　なれるのだが　聯合　行ってた　一ト分　百が　来た
せん三人に来、前に二つ、それに　あめ菓子（あめの中に　アメの　入ってる　のが　来るらしい）
を　供が　もって　たべて　ぜんを　持って　仕舞った、それで　腹が　すいて　居る　又　いけないだろう。
ここに　居るのも　今度　切りだ、出かけ　下町か　明日は　早いらしい、俺は　大隊本部　当番で
陣中の　事　明達　者の　者が　おもしろかろう　おもしいことは　又　明日　昼の　中が　陣地へ　出すそ
ひっかし　こだしよう　ファンも　今日　返すのだが　スッカラカンに　なって　居った、ちかは　捨て
いとのだ、新法　かもしれぬ　水　個に　つきもの　入浴して　居った　ぜんを　食んでいる　気を
すませ　[illegible]　気持　悪い　次分　早く　出よう　明日の　仕事　つみ込み　だ　出かける

191

No. 7

七月廿七日 晴。昨夜の不寝番は十二時十五分から交代して四時近くまでしたので、とてもねむい。ねむくてたまらない。それに今日出発だ。四時に皆を起して用意をするのだ。ずいぶい

合宿所へ行って飯を出す。昨夜ふとんが無かったので入れたのだ。帰って来て朝めしを食べた

で、紙来をして出ていくと、もうあかるくなって来た。準備が出来て、六時の号令がかかった。東の空が明るくなって来た。大隊長殿に敬礼をして六時半に出発をした。日が二尺位上ってまっ赤に見えて居る。表門には稲葉大隊長殿、隊長殿、将校殿、皆に送られた。この前はそう思わなかったが、晴々とした気になって表門を出る。汗が出る。

でも朝露が少し。ねむいのでつらい。雲の上を歩いて居る様だ。八時頃八尾へついた。両側の田はもうすっかり穂が出て居る。しらん間に見られなかったのは一寸黄色がかって首を下げてかたい実になって居る。畑には大豆が青々とはえて居る。

ならびついて馬をはずして並列して砲をつみこんだ。小さな駅と言っては習志野でおしい型で荒廃の駅だ。皆すっかりつみ込んで十時に、番の方の人はしらん人のが候ことに

すり長々ねかしておた。一しょたいとつもりだ。すっかり用意をして待ってたを二時しておたが、

192

No. 2

行もの豚小屋の二列に並んで 艇は出る 我れもく別れた 別れるのは いやなもんだ
路の跡がりましなっていくどろどろの水をけって 艇は早し 先の艇に並ぶ 他の艇は一列
になえるから今迄廿一槽が 弐百段に登ってみたのが 今度たり 山中は倍になって 廿一槽は
水平に登り汽艇が陸の上にある様に見える。こゝは遠い所々 ぬける程にかるかるナ
甲板だけ吃水が出て居たが めしをこえたターだ だが 横になってぐっすり眠た
起きた時 空いて二時になってゐた 四時ごろ上へ走ってゐたのだ 第一主の居るのだが 俺達手の
はもう一つ上へ別れることになってゐたのが めしが上陸することになり 船のせて上陸した
埠頭がとれなく 一寸した陸だ 第一主文を写して見たら 近いその先 埠頭が 近いに見える
なかろうと思ってゐたが 今日は歩いて道を写してゐたら 大隊長殿に谷を渡して貰って 山々が知らぬ
今日で写しにも大勢人は暑熱の為にまいってしまってゐるだらう 過去で居合へ来るとのこと
零時してゐると 幾分の本部からの兵力がえらいもん 中村と言う所へ乗った
三ヶ月目だ 出来た天気でよかったぞ 元と宿をしてみたが 急に気が急に 其の内ら名も借りて
引く上って来たので別れた 俺達の行く所は 二ヶ所 一里半ばかり奥の密林の中である

193

NO. 5

所へ行くのだ。又(鉄道)に出て行って来て別れた。えびは向い隊の(第一大隊)所に居

るのだから　あまり云ひもしないで又の所へ行って砲車に追ひついて　にぎやかな所だ　小さい所なんか

食堂が沢山あるし　便利なところだ。城外へ出た一本の山からの中でぬかるみにして道がついて

ある。ぬかるみを回りくねってゐる。風があって寒い。明るく行軍をつづける。小隊長は今(道)一本から

一しょになってゐる。林の中の陰で[redacted]

写し出し来た体を乾かしながら見えなかった。たたみ持ちよい[redacted]見える月の下に山の中に

池がある。農民の家はわからない。山の上に一軒家もあったりして　ぐーっとりに山く出たので

又晴しがよい。空気もはればれとする。赤土の道をとぼとぼ一里ある山の道中のひとつの所に

二 西消通へとが依りの河銃が見えた[redacted]。土地は左右の木が所々に茂ってゐる

それ其の隊の真実にしてある前には田畑の畑があって　鮮やかの広い陸には沈殿田に行って

あたりのなつかしく思った。今はあれて草山になって　備も伝ってない土民の家もない

冬到上つきるが　前の畑には兵隊の伝ってゐる　トオトオウワか大きくなってゐる

新しい荒れ地　建物が　二十に宿る兵隊が出入りする　広場へ砲を並べておいた。そして

194

NO. 6

林が射撃の注意を与へて呉れたら ドーンと一番空に砲の音が響き渡った 敵の方
だが遠い、その内二ヶの手榴弾の破裂する音がした 砲へ砲手が集まって ドカンドカンと打ち出した、と一がり
に敵の砲の音も響った。砲口から火をはいて居る 友軍の砲は又盛んなものだ 明日あたりは打
こちらだろうと思って見ていた 机を割って書いた キャンに味をはって 安全にして寝る 大空の大
きにまさりはないものである これは又のことだ 銃をおろし 微かな 夜ながらも 山の中は涼しい風が
はいって何とも言えない気持だ 花があるのだとよろこんで 木で作った まだ 等へ
よい。桐の花だ 内地の六月には見られない花だと思った 汗を流して作った 佐田（ハンデン）と云ふ四年兵の
兵にあった 父は田部の男だと思ふのだが ゆっくり見られなかった 一兵隊の班長だった 五月二四日に二〇〇の隊
で会った 国際電話に近づいて来られた 男らしい 二〇年ぶりの顔を眺めて やっかりとして 眠る事を新しく
思を致して行く、淋しい所だ と思ふ事がある よい所だ 坂井は思って言ってきた 今日は又一つかりに大曲の
中で寝る 山の中は淋しい気持がよい 寝も大した者ではない 今日の 二三日 何軍は剣に
来たった。その住んだ山の中には電気は無い まってたに ーーを つけ 一等に一度 なお
常に七人だ 外の室も同じだ お体も元気ではよい 月明で空の様に明るい ゆっくりねよう 父

[illegible]

[illegible]

[illegible]

195

No. 1

七月三十日 晴 よい天気だ 風があってとても涼しい

丁度秋風の様だ 暑も土用も過ぎ山へ上るとこんなに涼しいですが

三年前富士山へ上った時に寒くて寝れなかったが 同じことだ

ともかく涼しいよい所へ来たのは幸福だ 暑い夏を兵舎で過すのより山の

それはとんで来ても砲をうっておって涼しい 兵舎にあって暑さ知らずに過せるなんて

とんでもうれしいがわからない 日中はあつい 日はまぶしいが まつい風がここちよく

と吹きまくるので あつさなんか消し飛んで失ふ まるっきり違った

ぐるり山にかこまれた 陣地の兵舎に 朝晩ゆっくりとして寝るのは

何とも言えない 空気はよいし 涼しいし 申し分がない

朝は太陽が前に大きな山があって其の向ふから日が出て居るが

空へ照らして居るが 山にかくれて日はあたらない 涼しい空気を吸って

外へ出ると広場で 呼吸をして 一寸体操をした 朝の空気をすうのは

毎朝かかしたことがない 神仏を念じ遠遥に居る人を礼して居る

169

No. 2

シャツ一枚になって一寸寒い位の朝の畑の手入れをして居た
終ったのが停って顔を洗っていった。池辺すりなくも炊事の前に老兵が
くるしたのだ それが済んで居る山を下りなくもいいので運動には中々便利
だ。停って一時一つ宿と閉会だ 朝は毎朝両机けだとつらうない
食事をしてから出て朝をよんで居た 新聞に載れた満洲雑誌けとうく 一日未
だよみ終って来った よみあきて仕ってしまおう 早くく
朝鮮の命令の来る迄は部隊が休んで居れる 二十の兵隊は銃の砂床を
して居るのか ヤァーッ エイッ と気合の声が大きくひびいてくる。
手紙を書きたいと思って 家の兄へ一通かいて 兄へ二通あてたのとをまって
いた それから姉さんへも二通かいた 部隊より便がはいてきて淋しい。
然し今日も今日も仕事がなくなって それが青空だ 夜は夜で満月の都
空の下に明るい 今の所申し分はない 不便で何も買えないが 自由に
は中々なれない わかったん 畑は この所へ買いもしにいくことがいつかある

170

No. 3

とうとう今日は射撃がなかった。なぜなかったか止めたのだろうと思ふ
今日は炊事の風呂のたきものをとりに十人許り山を越して取りにいった。
晝はオートや菓子をたいたので どうとしても中々うまい。昼めしはやはり一時だ
で一ねむりしたらぐっすりとし 涼しいので よく眠た 何時かゆすぶられ 四時頃起ゆて
みんなのねぞう起されて目をあいた。又々を大の事を後の家の主人しまっておいた。
で帰ってゆうべ今日作文を書いて 五人で入った 五時迄 風呂へはいって汗を流して来た
今日は林中隊が幹部に来て、北京の一しょにの人だ 昔は炊事の方の人の所へ
行ってかつその方へ人が来て 今日位涼しいと海もうまい。寄りて帰って 夕食
をたべてもあまりのせいで たべたなかった。明日会合を送ってもらって日記をかい
て雑誌をよんでいる。旅役は大変でありが満洲あるのだ。ボタンを班長が貰って来たので
ぜんがありますであたが五色がありまして昨日大雨で今日晝めしをたべて四時にの人がねんを
いゝ気持でねむりをしたのだ、今日も班は実、体だ 今夜は満月 体だ
太陽は山から山へはいってしまって居る 晝も少なかったので 今夜はぐっすり眠られるだろう

171

七月三日 晴 涼しいよい天気だ 昨夜は敵がはりきって ずいぶん射ってねむれなかった 眠られなかったので月夜の庭をぶらぶら歩いて居たらよい気持だった よい夜だ 月を見ながら歩いて居ると家のことが思ひ出されて来た

朝の点呼をすまして 又皆で鉈の手入れをして居た 古い通知で帰って顔を洗いにいった 朝めし迄にはまだ間があるので臥して雑誌をよんだりしてゐた とても暑い 食事をして遊んで居た 今日は射撃はどうかわからない いつでもおふれるなにどこへもいかずに居た 中隊長殿が下の００の所へ来られた 今度命令で林少尉殿が大隊本部付になられたので 今日００の所へ帰られ 其の代りに小笠少尉殿が来られたのだ 中隊長殿と一しよに来て二人の兵を見て陣地へ行かれた 極楽とかいう 岬と二十三件をかした

十時に全部集って集った 中隊命令が達しられたので そして将校の代わりんのを知った 今迄僕達は第二小隊だったのが 今日から第一小隊になった 一年二ヶ月の間 二小隊の三分隊であったのが 一小隊の三分隊とかわった

172

No. 5

悪い人も同じことだが永斯だけ多ったのだ 今度の小隊長は一番古参だ

今迄は杉原兵長と一しょに○○の件で来て居たのだが今日から一しょに起居することになった

林分隊の者とあいまって小岩分隊の者があって別れた。帰って練兵にあって楼にある

勤務をよんでゐた。外の者は皆ぜひして居る。返すげて変化のすかずで

眠って居るよみなようとしておたが林分隊が帰るので迎へに行った、宮田から慰問袋

が来たのだ小隊一同記念写真をとった。別れのあいさつがあって帰って来た

山を下りて洗濯に行った 風があらいたを乾かせてしれたのではらって来た

帰れば今日は早く夕食が来ておる 肉と野菜のかしわの汁がいいに付いてた

腹もすいてとてもうまかった。晩ポンポンになって汗の流れるのを伊太に持って行っ

て取ってある写真が出来ておたのでもって見よう気分になったので宇都の表写

でとって見た 親で半身を、人が綺麗と言って笑ってゐたが りっぱなものとし

た風でとってみたのだ 面目なかった 今度は多くて綺麗がとって見ようと思って

ゐたのだ 下准尉から上って居た所なったのだ よかったみしをしてウンとした

173

言つてうつむけ四十五度位の所が汗は流れてくる　困つてみた所だ
うまくうつたかどうか　わからない　とにかく十枚かいて皆さんにたのんだ
うまくうつつてみたらすぐ一枚でも送つてやろうと思つて居るのだ　悪かつた
らかり写してやつてと、半身なのだ　大きくうつしておつこそ思ふのだ
丁度昨日夕方　散髪をしてひげをそつた所なので　顔や頭はキレイだ
前から写さうと思つてみたのだがつい一帰へ今日やつと来たのでよかつた
来月六日には来ることゝ十日からたのしみにまつておる　これ送るから十
今日は二班家から小包へつかえの紙で袋を作りかんづめをもつて中へ入れ終り
のりをまいて棚におしたやらかしてた気持よい今迄靴や服とうを枕にしてゐる
たのかいたかつた　上衣をかく手拭をかけて寝る　外の者は皆遊びにいつて
誰も居ない今日田中は休みであつた地下足袋がやけてくるあかだ　たまる
皆かえた夕方は風があつて涼しい今日も一雨ふれば涼しい風がほしい
て来る　今日の話は終つた　其の日に会へれよう　それをよしでゐるわけだ

妻へ

七月三十一日　七時頃書

[illegible]より

174

1

晴 山上は涼しい風が吹いて来て何とも言へない位好い心持だ
昨晩は夜中に雨がふったらしい 外がぬれて居たがじきに乾かし、
上午をして皆かゝて館の手入れをする 面白い運動だ
鎗を洗いに行て来た 今日は手件を持て行てもらへるので リオチを
かいた、今日八十枚かいておいた そして男に持れたのんだ
食事をして一眠して雑誌をよんで居た 涼しい風がまどへはいってくる
今日は休みだ 城内でも外出して居る様なる これは一寸面白い方法で
出られたが 上等の便利はない 馬でも行けばどうしても歩いて
行の方へんの相当に立派 一里半ぐらゐ歩いて行った所で○○の所に
は大したものもない 只会堂と商店街と一軒づゝしかないのだ
其の外には陋屋や支那人の商店で 大したことは無い許なかった
出て行ったけのことはない 誰も考へるものはない ここがわかる方かい
なかなかないいか わからない皆 帰ってきて雑誌をよんだりした

201

ねて居る僕は雑誌をよんで居たがねむくなってとうとうしまいには
ぐっすりとねこんで了ったらしいのでよほど時になって居た、
起されて目をさますとまだねむたい、起きて見たらいるかーだ。
今日はトラックがあんまりたりてあった なってかーあ あおむが又一行かけた
一眠して居た一時頃か 直に射撃がはじまる 皆走って砲の所へ行って
ののの隊はもうおきて居る 物すごい音がする、遠くの敵のもトーンと聞えて
一分、土工作業をして目がいりで汗みどろになってやったりして一寸になった
雨が少しのだ一しきりおった しつめ目にが敵の砲声は止んで居た
あけ放って一眠りかやって休み 砲の手入れをし 工事の残って居る所を
つけて又所かにした 風はあつし涼しいと言うものの 土用だ あつい
それに日中だ 太陽は体にあつい 帰って裸になって一眠した
下手の○○の所に居る 残って居る人々もドーンとみえてくるのか しまいに
音がして居る 字は今日が始めてらしい 今まで は音が聞えなかったん

中央公園の方へ出て居た まつい風が吹きこんでくる 汗を一杯 流れるように

なつた シャツ数枚を 山を山を下りて池へ行つた 洗つておいてから 水で洗

いまほりとして 部屋へ帰る 日中の暑さ 凡はあつしい あつい、

山口は部屋がせまいが猫田に紋がはいり ねぶれんので 枝を探してきてひっかけと

居るが皆よして 帰って来る 大分たしなった 片付けて一眠し 横になつて 日記

中手紙を出しておく 今日は五度ぐらい 方付け 五時頃へ 行かねばならんのだ．

その内風呂もはいれるだろう 自分をすべてから行しめた 又あとから来たらう

下宿屋を汲出来たこ選首かな 自分をアカヒ 五つ、スピーチ（十七八）二つ

とあり皆出来ない [illegible] コンクリート一風と これは一週間ぶりだが ええし

ぜんを一ぱいずつ 書いて [illegible] しない 早速 [illegible]がじんをぬいて のへない

つまりお菓子の [illegible] すぐ風呂へはいった 頭を落して帰ってきた

夕食 [illegible] をうまく 済みけしたので 食事をした 静かとじん

の様がまわして流れた 顔がぬぐって 熱心を [illegible] 居た 方法にすつ、

3

203

工兵の用意をして行った、書く裏に立つのだ 月も大分下ったのでうすい
俺は出の三番になった、組は散かのだ、よい月夜だった 胡弓にキカン銃の音が
聞えてくる、支那の兵がジジーとなして居る 前の阻の杉だ 風が一つとない
のだ むしあつい 守衛所のね室は何でへか支那するのが嫌で眠れなかった
外の方がかいのすずしいかと思って居た 朝になった頃から明るくなって来た
四時半に皆を起して千発して上げし帰って来た、夜を徹して炊事が
せんの飯を立ってあそーせつて来た、わからぬ所へ兵たちが眠かったがねれない
朝飯をよんで安らかに食事した めしをとって出たら ドーンと敵の砲声がする
出かけなくッとめしをほっておいて砲へとびこんだ ドーンとあたってつけ加え
ドあそこが出来ることになって居た 帰って又めしのつづきをとって 昨し砲の手入れに
行って帰った、今日は別にあつい日だ 新と に住民の出て行った
俺達はいつあたる事かわからんのだと言ってわけもなく思ったか
今朝から 飯をこわとめしをとったを三つ 陣地と出る三人で作った

204

5

三つ首ぐるまと云ふのになる與太なんか書いて来た、一服してゐた時だけの停留所
今保町辺で、御茶ノ水か見える所を探して、やつと東京の見晴しの所で乗換
をみて居た 山道い 何かがつかりして居た 前には かかる んな に坐つて居て
ものを言ふ汲だ すこし 気をつけよ と言はれたが いつも目をとうす
例によつて向たあ、席のしかし思つて ゆめけ目をこすつて食事をした
まだ山道いので 外の景色を眺めて 横に坐つて 雑誌をよんで居たが 又其の反
かたちにゆつくり なつた、今度は目をあいたら 二時だ、もう けが 相当にあつい 日になつてしまつ
風はあるが、かすかに何かを浮かべ それは やけつて居る、一服つけたら 平気がすれた
ていて来ての、がなあのだ 海、何処の男の大なる 路上の好文の ひかりを
三枚、それから 開いて 家がずつと一面 家がある のを思つて 待つて
話がなかつた 居合はせなかつた 開いたのは 七月まだの筈が 末締り
※ 眼前のあたりを考へて居るだろうと思つて居たが 来て居なかつた
そこへ まつて居た 梅田の 小宅に わかれた 何の 外事だけを 送つ 聞いた

205

手に入らないので帰つてみたが二人共出立国に帰つた。つまらなかつた
いちご畑、その裏山、田のかんづめばかり。今日もぶどう、みかん、[illegible]寿司不用
なまはまあつた、右の岸は僕たんぼ位ありのだつた。[illegible]のだ。それより淡[illegible]
かはつてみたよと思つた。君がかちを切つて僕達一わがたいたすかつた
トリの羽をむしり、林のかこつめをむしり、桃は又梅新にうまかつた
たまの足が三本で水おとうを二つまでわけあつてお菓子などは元気、毎日来る
ようそみた[illegible]全てみし。菊池のたたは元気であるよ
相手は全員大丈夫。梅田の歌には涙がたまるかも知れないね
早速鈴木もまたよりと梅田と二回会いに行きました。大阪に来るか
たのしかつた。帰つて手紙のつづきを書く。これをみて目録をかいてる
今しばらくはつづくでしょう。何事にも大丈夫下さい。君は一度明日
君の手紙を今日明日の内に出しておこう。梅田が寝床に行くけれどよくね
よろしくね。君にはゆつくり話もできなかつたので残念しよう

八月二十八日付け

[illegible]夫より

君へ

榊田山宿の日記

ウイスキー　一ビン
リブラン　一本
ハミガキ（ネリ）　一本
インキ　小　一ビン
便箋　二冊
ノート　二枚
日記帳　一冊
胡麻（ネリ）　一ビン
氷砂糖　一箱
ドロップ　一カン
ミカンカンヅメ　一カン
桃カンヅメ　一カン
バタ　大　一カン
扇子　一本
鯛佃煮　一カン
固形燃料の素　一箱（四本）
タオル　一くだ
イモに依　一通
イモエツヅガー（塩乙セヅガニ）書ア一

17/5 着あった.

206

八月[redacted]日 晴 今日は風はあるが少ない 朝からあつい、

昨日はとうとう一日学習をせずに 小字をかいたり 手紙をかいたりしてみた 三時頃から 雑誌をよんで ねて居たが もうねたくない様になつた 四時頃 山をおりて 池へ行った 洗濯をして来たのだ 使って居る土民が 別の炊事用の池から 炊事用の水をはこんで居る 赤土の細い道を上るのが段々急なしゆんこらい 一日に相当使ふから はこぶのが大変だ めーぱいかめを肩などにたくさんもらつて 残飯をもらつて 夕方に帰るのだ 炊事ではにわとりを飼って居る 豚が二頭と ヒヨコが十四位居る 大も一匹居るし ずいぶん人になれて居ると思ふ 小さい犬だがかわいいものだ ブタも大きなのが一匹飼って居る 残飯が沢山出来るから いくらでもたべられるから まるまるよく肥えて居る ヒヨコは米麦のこぼれたのをひろって居るが 段々大きくなって行く 一寸の体のおな トマトやキウリも沢山つくってあるから つけものは新しいのが つけられてよい トマトはまだ青い

207

2

かうたべられないが 肥がよくきいてゐるから よく出来てゐる かごをかいて二枚

出して 手がして ある ネギもいえてあるが よくかれたのが 黄色にかけてきた

相当にたべられるらしい。日本でも同じ位なるだらう 夏てみるかい

どうせ日にちは大紳に作つてあるのだらう。ナスビはどうだい。出来たか

それはそうと タマナやネギはどうなつたナ たべられるのが出来たかい

酒が横浜へ それて去つた どんなアーを ほしくてゐたのだ。 土曜日夕食が出来

た 梅田からもらった ウイスキーをあけて 仲よく 一口づつのんでみた いいかをり

がして申し分なかつた 大分なれた所が又格別にうまい

夕食をたべて 入浴へ行く 今日はすいてゐた。 夕食は年数のかかつた

ニわとし なべも一杯来をとれ アジチの代りに うがらし一本 かぜんで豆の奥の粉 入れて

中々くうつと 上手にやつてあつた。ニンニクは不用なので タメをもつて おいてゐた

去年の二年ぶりで なつかしくうまく出来てゐるのだ 今は使いなれだ 不自由する

今日思いが又 考へて 何も出来る 事にこしらへるのだ。

208

ゆく雑陀をとえであた大ぬ日が下て淡しまさんので 勝とか 山のあた たそぶと
四分前の原の高り山へ上つた 頂辺から四の方角を見るに 松林だ 小さいの
がはたくさんある、急な坂だ上へ道がある 頂上へ上つた 山が小さくて高く寒い位だ
確道の兵舎が余の脚に真なに見える もう兵舎だ あれとあるだけは思へ
が小さく見え大の下に見える 原も 西も どこもかしこも山で 一ぱいだ 遠く 揚子江が
白く光つてゐる 洞庭たしい池も目の下に大きく見え 水平になつて空を映してゐる
九江側は あすの様に見える ○○湖と三つ小さい大きな池は前で味方の境界りにな
つてゐる、とても大きな池だ 高い山、低い山 それらな山 等一面にある。
敵陣は山の向ふなので 一寸も見えない 見えたら一発のもとにやつつけてやるのだ
が見えないので仕方がない。どこ迄行つても山ばかりで何も見えない
下手の○○の町は山にかくれて見えないが 煙が地を這つて山の上に
つまつて見えた。この山中には土民の部落けがない 遠くにちよいちよいと見えるだけ
が兵を立てゐるのか 白い煙が ゆりかねのけむり出てゐる 山の陰からのろりと

209

なかなかのんびりとして居た　何より青さんよい心持となった　食事もよくなったので気分

下り坂をおりて帰って来た　よい運動となった　横になって一眠りしてなる遠足

法をよんでねてみた　気持よかったので　ロッソーを読んで　寝てしまった

とうとう満洲倶楽部を一冊よみ上げた　一眠りして火をけしてねた　深夜、夜だ

四日の夜が明けた　隣地の広場へ行って体操をすまして　能の手入れをした

帰って顔を洗いにいって　一服して　今日をまつ　新聞をよんで来たのでよく

あって来た　それから方々見付に出かけて、外へ出て　内の人たちが　大道

の道の草をむしって掃除をした　初めに言っていた　終ってから一服して　全体がよかったので

体操をしたり　ユーカリを植えたり　わかめ植えたりして　大にはたらいた

帰って汗を拭いて　風呂をかして　手紙をかいてしまったので笑いたい

婦人とつやちゃんで一週　家が先年一週で家ははまってみたかった

お昼すぎより心持よく　いつまでのことやらと思って見たりした

婦人は今住まいのことがしばらくなるまで　七月五日に上京するまでに新築の

210

5

山番と云ふ奴は男を見せいて海岸にたってゐたのが 文房具迄もって来たを一人で
極楽の国迄が海岸を許さないので と言ってゐたさうだ 伊作は其の山番におもしろ
に出たのだが足が一寸よになって フクレ一をしてゐるのだと言って帰ってきた
罪な女だ 好きなも 八木沢さんにすがってみなさい つや子さんと行かれない 我が父のが
何と言はれても 狐をさらしても 八木沢の言ふ通りに為らねば為らん人のだと おもって あった
で 好き之へ一週 つや子へ一週 あさがほの花を入れて 返事をかいて 実家さんへ 1年一通
迄一をかいておいた 皆によろしく 勉強をして家庭へ 白河をかざ鉢め名を頂めてた
トラクのけなづまい 一階して二人を一週のよかに足が一寸いひゆめでしょうと
思ってゐる所だ 今度は凡がおそく為りは 家の中しかもあたい、いいだろうまし
手や顔いをまって は相当違い 中々迄もってけさいのだ 食は何うであるのか
夏休みがす子供は よるうんがゐるなってて 梅田娘一家は 来ってみるて 思ったかどうだ
修ら日迄は気をもし あいをもってかってくれ 僕の代りに留守居代表をたのむ ナ
好きなもいかと実家をしてあるからよし ならさらって ゆっくりしもらふ 為ねばならぬのだ

良夫

八月[redacted]十五日

妻へ

211

八月[redacted]日 晴 朝の内は涼しかったが日中は相当あつい

昨日は床にはいってから手紙の返事を書いたり 日記をかいたりし、
又雑誌をよんだりした 日の出の角度を解りに来た 中々面白い
夕食をすませて 風呂へいき 蝉が鳴く所だ 日がかくれて大分って涼し…
ゆうべおそく 日の出をよんでみたが おそいが 紙面に来るのだ 少しく 言ってみた
外を歩いて見たり 本んやみかん ところ 手紙をかいたりして居た
日が暮れた かやをつって 早く寝た 日の出をよんで おそく迄 起きし
居た 此の頃は自分がおそくなって 土曜日には 人を出席させて居た
程おそく迄おきて居るが 朝起きるのはつらい 之は今迄の癖が同じことだ
が、ねむれぬ様になってねむれをする 但しねむれないと同じことをくり返してあるのだ
朝の山は清かで 広場で 空気をとった 東の方を 拝んで
皆の部隊長人を お祈りする 終って 顔を洗ったに 出かけた 朝食して
掃除をした 日の出を見おろして帰った 朝は ??の みそ汁だ

ハンカを洗つて一服して居た財布をどつと振わしていくドドンととおつた
地震がかゆつて来たのだ赤土の砂ぼこりがひどく立つて目もあけられなかつた
揺り返しの響もおそろしドドンとと静かになつた、手入れをして帰つた
下の方に居る俺達の仲間の手入もおすれした寒。その他を写らへるた
写真が明日出来ると持つて皆に話つてやるのが フィルムのコマをかいたり手紙
をかくまいとしたりし始めた 十枚かいた男一枚おそくにかり あと九枚をみなへ
送ろうと思つて頼がかつておしろうつてやるかーと思ふがよくても悪くともとにかく
送るから笑ふなよ 送り先は、姉、梅田、沢井、土田、黒部、村田千代、和美へ
写真と家へ送るつもりだ 二通ばかりかいてみたがいやになり止めて
日の出をよんでみた 彼女の家へ遊びに行つたりして盆になつた 盆と雪城が
一服してやり 夢はなつた 知らないのだ ゆて見たがやれない 海崎と由良と三人で
日の出の海へ泳ぎ きいつもの ハニナ ハナナの海へ来ると 悪い味噌をしぼつて
海へ入る来ると 泳ぎばかりして先つた 目をつぶつたかのようにやられてた

213

3

わるいのを思ひ切つて、土田り、森とで写真を送つのをかくしておりた
外はまつ白か かんしとつくねてとてもあつい でもがんじとなつてゐる
今日は下給品があつた パンをもらつた 盃かしをとつしかつちくしたりた、うまい
酒を一升七人へもらつた 君東の組で一升とあり のまん連中はもらはないので班長が
買つて来た、今終つた会に振つての貰つたらお茶を少して又日の出をよもう。
夕食にするめを二枚づゝもらつた 酒の肴に丁度よい 炊事へ行つて焼いて来て 五人で
飲みあつた ハンゴウ三つ合して丁度よい一升の酒だ 又するめを七輪にかけて焼いた 風呂へはいつて
来た 七人と二升の酒だ いゝ気持に酔つた めしをとつて 南東の男が遊びにいつた
首を細めが何も言えない様になつて 君東の手紙を一通かいてやつた そうして
各隊のコクボ曹長の所へ遊びにいつた 久しぶりに昔時代の班長だ 昔のことや今日辺の
お互の苦労を語したり 写したりして すつて近所へ遊んでゐた 耳の奥では レコードを
やせてゐた 我に来て来て見習士官がきてしれたが 私だけ 言つてしりか
なかつた 外はくらい まだ月が出ないか 涼しいのがよくわかれる

214

4

何[redacted]日、昨夜大兵君のたのまれた事をかいておくよ。実は彼が去月から船病で弱っているので三性か再発かわからん。うつったのかもわからんが、そんなにひどいこともないが気がしけるのか、ふさぎこんで全く気の毒だ。文書に言う通りに軍医さんに見てもらうて薬をのみ一見はよくなったのだが又ここへ来て出たのだ。しけんなる。それから気はないかと言ふ事。班長の方も君のをたのんだれと言ふのだが班長さんが駄目だ。俺が此く家へ手紙が知らしてやり、班室で休養してぶらぶら居て来るだろう。信用のない奴さんが駄目なので言ってやり、営へいわして金を書いて送ってやったのだ。だが金の方もおそらく文投かりよいか、大丈夫お前の家へ助けにいくかもわからんかよ。そのつもりで居る様に。俺だと思って心配をするだろうと思ふが、絶対に俺がいる事心配はするな。併しかし説りしてみるから、よくわかってみるだろうと思ふが。杭州へ来ての暴一寸思ふたとおりで女とはきんを切って体を大切にしてやるのだから間違はない。俺の言ふ事を信用していらんことを考へ違って心配をしないように。うそだと思ったら班室の事で来てこの人へ聞けたらわかるし、中隊長の所へ行ってもよい。間違なく於其のために心配がいらんから、俺がしし

215

5

やるのならば学へ通いをしながらにしてくれよ。俺はまたこの暑夏の間夜彼かしけし

るのが金の無いのと体がわるいのだ。ここでは食道をたんてもらうことは方便宜の

で出来にくいので、それにあまりいい病気でもなしから人に知られたくないなんだ

信用あるから家が完然に金が足りなきを送らすなおした。やっと家の都合で夜寒が来て

から金をたのみが大きいのでよかったし。やっと家が完の方でとらひ、おまえから俺の方へ送ってもら

ふ様にすれば円になるまでかかる。やっと家の都合なんだと三日ってなるから、今は使はく

行ったしどうぞたしたかに頼みしおいて返事をかかってくれ。なるべく早く大様を

するなんてさせるから、おれもが返にしてくれよ。よいのだおかまいなす。神経はかり使ってみるのでやめて

おりまんなんか食養生をすることも何もなく、山の中がけ どうすることも出来ないのだ

俺だと思って心配をしてくれるなあろうと思ふよ。ハハハ……。俺はまだそんなに体の悪い

ことはない。悪い病気をもらうなんてことはならぬ。大丈夫だ。しかしこれら自重

いのない様に注射をするさ。今日脈治療でいるんだから。それがって陵たば自静が

こちらへ来てからもわからない事ばかりだ。俺がないおまえのだと言うことをわかる様にかりておく

華へ

今日、朝九時寸

良也

216

八月六日 日曜日だ 毎日天気はよい 二十四日かしら夕立がない
にほえ失った 朝のゆはとっても涼しい かしの音がけたが
兵舎をすまし 東方をすみんで 部隊長を祈って 砲の手入をした
砲をかし場へよせるので場所をかえてもらって から工事をしたが 中止して
帰る 顔を洗いに行った 毎日から送ってくれた かりんとう菓子（まんじゅう）が
小さい虫が二つ三つあいているので それで早く使って失せると思っておそし
食べる 味はまたよい 酒が一服してきてぶんよんでいた 今のを又借りてきた
の飯 朝めしを終る 風のつけので 塩がよくまって食べる つけのおかけは
山の上で黒く出しにいて 二きれ出来す 日にこれがまた 柿なので たべられない
たまに朝一個位しかへらない 食後つけ 一匹二匹あったが仕方がない
昼の代り梅干を出して食べる 又けがれを一つあけて 昭三達と食べる
梅の茶のかわりに小さいのがかりしくとって はいり 又これが一しょに入れてある
ので 白いかのにほひがよい 朝食後一服して のんびり話をしていた

217

の

蛟車の夕ぐれ 東あたは毎日行って居る それに入浴当番と土民を使って
泥から水をはこばせたり タキギをはこばせたりして中々えらい。
朝は財務も無く 富兵を送る手紙を三の故でかいて居た 今日は寧ろ私方
と並べかけたが 桜と梅田とだが二日ばかり前に出したばかりではどうで
なので 三日見合すことにした 中尉をよんでやって居た。
大地迎 婦者が訪ねて来たので 送って又外へと出して居た 一度あって 居やだ
おくと早合によって下ってと一寸 方に来訪れた テニスコートが出来かけてゐる
ので市士の本を了で 目もあけられなくなった 川からの 鰹もあてゐる
しかめたなって居るので 止めて 日中も手わけして 畝も上げて来た
伸びてしまってなった 裸になって汗を流して一服して居たらもう空だ
い 運動になった 昼は なぞ この頃はたべ 日なぞでタネが かたい たまし
はないのだが 始めて食ったのかも知れない どうりと なって しまった
たべの 事やや 料理がいいたいと思う。たべ ものへ ふたに ね。

218

一眠して隣に行ってすしを一つ二つよんで食べた目がふさいで来た
でふつすし夕クシ乗ーにゆく走った何かにまだ大十と思ってみたら目
がさめた皆ごはんを食べてゆく時目をあいた四時だよくねておた
今朝又めしんなはれめかがなかい、夕ごをすてごを見してみたが目がすしに
洗濯たらしたシャツとズボン(ストーン)を洗って帰りまへ干しておいた
きんぶをよんでみたりごを見たりして居たら夕食だ大かうを食って来たうまい
カフオのかんづめを粉にくだいてご飯とまぜて油で炒めたものらしく大本さめ
おに見える、よく食堂のおかずに要るみたいの掛ける父母をねだ味だ、よく大したのだ
一眠してお風呂へはいった早いので湯が一パイでとても気持がよい帰って汗を本
で居れ手拭をもっておいた立って夕雨近きんぶをよんで皆寝るとよんでおる
ことしだ代ゆることころ、姉ゆつかすらはまくみるか福田一家し、にまりゆかがよかろう)
まさのが三十三で了僕が出来ることは姉まで守った、今月初め出来るおけのアイリをも
よろこんだ係にしてやってくれ姉様も大のおよ世にもよく言ってしおいくゆ、

八月七日晴　今日は涼しいよい日だった　天気はよいが風がきつい
例によって五時半起床して畑へ出る　真呼をすまして東方をおがみつゝ
昨日のつゞきの土工作業をつゞける、いゝ運動だ　七時半近かく帰った
顔を洗ってオンブをらんで食事をまって居たら不意に英一さんが西念に
行って呉れた　迷を思った、今日は休みだと思ったら二人餅を労らに来た
のだと一とよにめしを食って言たが遠慮をしていると言ってきかず
来た果たのだ、長いこと遊んでいった、こんなことならめしを食ってすけばよかったのに
と言って笑ったが　もうおそかった　二人のものは手土産を持って来たので　かけて笑めて
みた、洋吉のことや家の方のことを　いろいろとはなしして　久振りに又来ると言って
帰って行った　洗濯石けんがないので今度来る時に買ってきてくれとたのんでおいた
で　本をよんでいたが　レコードをかけていたのだが　本をよんでも頭へはいらず
レコードをきいていた　浪花節やまんざい　民謡、歌をいろいろ十時頃迄きいた、
ていた　二人のはレコードが沢山あるのでよい　夜の内　胡の節を前へうつしました

220

なつたと言つて来た　二十か十三、一であるだらう　今日は明る家を　そうじにかゝし
ことになつた　座敷一わく迄　雑巾をよごれてゐた　座敷一を大掃除だなかつて
ねころんでゐた　ひるも出来ない　出かけようと　はじめの　まつ白の中で　ニヤニヤ故に
なつた床は軍用道路を出て行つた　あついく　道から右へ　白の中の道の中をとおり
くらつた　せい　他の草の中をかけ四五丁いつて　谷のある所に　にげている土民の部落
が九七軒あり　中のれう土浮きようなものをよつて　かくをめぐつて　あかり　などにして　下を
そうじは板を外し（天井板迄）すつかりけになつて　行ふゐる　汗をふくことも出来ずに　住
まつた　土器を沢をはる　あつたした　皆板をはめにいつた　俺は見ないたので
先へ帰り　わるのにしく　割を終り　風呂をもらつて貰め　ふつて　降を洗つて
室へ帰り一服したなかつた　ここは極楽だが　今度のは　水にも始まれ　金を要
な所だ　又なれるかしれるだろうか　土民の家はしない　日陰で平低をかうしていて
入浴へいき　夕食をすまし　今晩からは気に書く行しのだ　あなたの朝も笑
しいのだそうだ　又くわしいことは明日落付いてから書くことにしよう　あつい

八日　七一夕方

父より

桓へ

八月[redacted]日 雨、昨日は夕方から雨が上って今日は天気かと思い
って居た。下宿舎の者が皆一パイ入って点呼をすまし俺は不寝番な
るので きらりにつれて晴れた空一ぱいの星で 近頃にない よい晩だ
ら虫がかしかしとかなしくなく時は遠くの方で犬のなき声
小銃の音が 思い出した様にパーンと山へこだまして響くところ
窓の外はしずかだ今夜の工兵は大分ながら よくゆられて寝入って
居るだろう。家の者も皆白い蚊帳の中を一面にごろごろと寝て
居るのが地下足袋がどろどろになって、うるさい土民も見えないし
自動車にとぶ水たのか 草のは生やしてある。長い草だ
にんじんをつけて来て出た 一度に次の分を取って交代した。ゆし
兄だがいろいろと家のことを不思議に思いおこして自分にわかれさせたが
それから先へ失った。今朝は[redacted]ゆく事た。起床して点呼を
とって又一回した 今日は会食がなかったので みなけいで たべた

244

2

天気は思はしくない　めへようとして居る。陣地の作業も始つてゐるのだが
毎日におがくふる来た出られずに家の中に居て銃剣の銃の手入れ
をする。靴の紐へ油をとりにうたがいろしにひろた　雨をりろのかげんで
病人が出来る。南も身体の具合が悪いと言って陥になる本へ行って来たん
工兵が山を破壊して一一山で。会ってもめどい。通らない。銃の手入れを
した。雨が上へなるが一日陣地へ行った。若目が道路におそくある
ちをまえたらの後が一中かすべて上がらない。作田がはうえで居るのに又
雨がかかるをやって過ぎる。大分一中ふりた。ちちを全部はこんで山と山の
右の所へ穴をほって、ちちを入れておく所を作る。そこへちちをすっかり置を
しつみ込んでおいて帰るそうになったが、兵士のへんでどろどろになった
土砂も一時にもなって居る。所は小さくてあぶないのですこしれて矢つ腕も
つてきてしつなえ、力作業が出来なかった。帰ってきて山と寝る
夕めしをいつかをつめて陣地へおそうらう。又今日ども雨にぬれて帰る

245

で泳んばかりやつて岡の上ものを待つて池へ体を洗いに裸で洗つて帰る
何でも洗えるが部屋へ上り休む。それ　イスの太さを計つて草へ洗い、切つて
マッチをれを作つた。一円も汚れて傍へ置きおくので手付の膳へ下げるもの
切つて見た。見たれ何も無いのだ考へてみたがどうやら出来た。二つ作つて　二本目
作つたのを又一つ作つておいた人にやるつもりだ。やつと思ふと何でも出来るものだ。
ゆきながらたかするをけしてすきたかつたので作つたところの絵がおくつおるのが
だいぶとを字ことす皆ゆとおる。山紫は増だ。無いので　のに入つた、
日記を手紙をかいてゆようと思つたがどうも気がない。本日頃だろう。これに
なれ　いれか何かがじとしにしおつて居る。気持が悪くて仕様がない
朝すに一回として六時め上がりにいつて夕食を椎名と二人で食べた。風呂へはいつて
来た。峰、気分になつた様だ。いで一段だ。ゆく　窓の光を見て居た
今日は五時を知つてしまふことになつた。七八頁の字を数へてあつた。長い章だ。道は
になつてある。ゆだい一枚れた。これをかいて一寸気を入れてゆようと思ふし、

246

4

八月[redacted]日晴 ターカリビ 雨が上ったよいたらみだ あついことは中々あついがやはり天気の方がよい 起きて外へ出て点呼をとって部屋へ帰り顔を洗ってめしをとりに食事を終るで一服して吊床で居たら作業ト全員出て陣地へ行く 日がてって気持よい 朝の内は皆で休憩してから陣地で工事の防りをする 山口と六人で側にあって汗だくだ 西山と神田とは砲の手入れをやって居るひと雨でもふって来るので折角の手入れも上がられない 午前中かかる廃道は神一つになって持って来たが靴をほした 兵営では草地なのでほする所がないので陣地へ持って来て、外とうも出して入れておくのではっておきして土をもって板をくいて全道の地の悪いのを全部修理をしたりしてする事が出来ない 午後 日の中へ汗がでてくる 休憩した 今度は完全に出来た 砲をすえてすいた 一服して汗をふく附近を掃除をしたりして 砲の手入れも終って 一日の作業を終った

247

木まんで下駄を作った。然し日の工兵の者が皆下駄を作って来たので今日は又
大執が作って居る。俺は部屋へ行ってから一人下駄を作った。達者な仲
皆ババ千紙なつで出来上つたばかりでこわれはしない。けれども
すぐに大きなマイク下駄を、足速ばして池へ行って褌を洗って体を洗ひ
顔を洗ってさっぱりした。今日は一日から仕事を午前中に全部片付け
なので午后ばかり休みだ、俺は下駄作りに随分骨をおって居たが横になって昼寝
をしたりして遊んで居たが也あいにくなので一眠りした。あつい。まつ戦
ここの方は洗濯物が直ぐに乾いてあつい。よかったので、直しにいかねばならぬ者が
暖かいところ。あつい。日に干して手紙を書いておく。今迄は工兵だ。入浴が出来たのか
風呂へ入はいれてよんで居る。風呂へはいって汗を流し少しは気分又蚤虎がなくなった
〈銅を作りかけて工兵に渾名をつけ、何処で作って使った。六日月後の生れる日が
来た。体重を計って見た。はりきり切ったが、外はとても暑い。明日一日また二の倍の
男の兵を写して[redacted]居た。帳中に立って居る鉄兵が止まったので又

ト 良平

より

妻へ 留[redacted]子 写

248

No. 1

今日も晴。今朝早い風もなしあつい日だ
六時半起床した 例によってかとうの前で顔を洗って室へ帰り一服。たばこが無い
これで食事の出来るのを待っているうまいみそ汁で食事をし一服の后出業をする
朝露のしずく中をびしょぬれで畑のあぜを通って陣地の山へ行く
今日は二人私の班が来るので又よろこんでかゝることになった、そして○○の代りがやって来た
佐々木伍長と一しょにぐるぐる一列に山の上に並べることになった。そして命令の来るのを
待って木のしげみの中へはいって涼んで居ったが陰が無かった晴れたりして中に
あつい木かげだけ体からも汗が流れてくる風もないのでアカシヤの木を出して突然
また東方下君 坂田伍長等へ手紙をかいて居た 汗が出て来る、
並の中に座って一ぷく家から持って来たのだ 皆木のかげへはいって一ぷくを
くゆらせ中々うまい 一服して居たらいきなり組を指すことになって切り株を出た
ガァーッてひどい音で雨になり木のかげもかでもしみて来ることになって雨の
中を走って詰所へ帰って居た そろそろの小屋へはいったが雨がはげしかった

No. 6

来て居る所が変った 一時間ばかりで雨が止んだので 腕を引いていた
残りの人たちも手伝ってくれ 汗みどろになって道の左側へ引いた どこかの雑木林の中だ
八十や 十二三の女学生の若い人と 縁台のではばれて ちぢみ上った 手縫合した小高い
丘の上へ移ってた 此処に一段があって 担架がころげて上げた 骨が折れる.
新聞社も来て居る 大河体に参加して来たらしい 儀道の ころげて上げて居るのを
後から知らせとうつして居た 京都の新聞に のる事を知る そして骨が折れた
其の翌日に 一週間 ひどい夕立があって ずぶぬれになって 失った が 雲が切れて かくして
こつこつ来るかどうか すぐにかわいて来た 一かわいた後 又 汗がずぶずぶになって たりいく
だ。 のの長岡下や 其他のこうい人も 大勢高が 気に集められ いよいよ大がかりな
解体が開始される 明日早朝から 始まるのだ 何たる事と 強烈が一斉に火ぶた
を切ったら めずらしいのに当る 五時前 大体に当ったのが 一同夕めしに行って来た
りんごをうでて 迫ってきた こうずをつけ のどのかわくのを こまかすった
こうらんなをかーたいつ 一服した 下の川から出た 道中心 しよいめしをたいたとか

No. 3

で炊事を中止して居た。それにのどがかわいて来たからお茶をのみたく
てたまらん。風呂わかしのところから空缶とびん、かいと汗を流してシャツ褌を洗い
ほしておいたのが乾くんで外に出る迄にはかわくことはあるまい、ぬれたまゝで
着ているかぬれば干す間も気をすまして一服もしたが蒸付て仕方が居る
この附近が平ち迄はどうしても手紙を書かうとも出すことも出来ないが、まづかいて
おかなければ。附近が落ちて又落付いたとしたらこうして手紙も一ぺんに沢山来るだ
ろうし出すことも出来るだろう。それ迄は仕方なく待って居るわけのことだ
汗がひいて一寸気の持よくなった。それに腹がへって来る。まだ夕食の支度にはすこし早い
のか、夕空が移って居るので見ると荷物をまとめておいて出発する。山へ
登り陣地を作るのだ。タコをはこんだり陣地へ縄をはって居る。又一汗仕事だ
七時に皆で細路をテンマクとムシロをもって山へ行った。よるも馬で山上へ縄を
はって居る。タマをつみ込んでおいて後で山の上へあがった。皆兵舎へで風呂へはいった
が又汗みどろになり土工作業をしたりしたのでズボンがズブ〳〵に汗でぬれて来った。

224

No. 4

あついので背嚢をのせた人とのあい、みな裸になって歩った。タオルを何べん絞ってもびしょびしょに

ぬれて来る。一寸した風の音へあしあつい絶だ。そして竹を握って歩いて草の上をすべって

持って歩きながらもうって頭上へ天引をはり、力をつけて中へはいった。

僕は今絶エ気なので十時から皆の所、十時頃に皆一緒の中へはいって しずかになった。

マラテアエもマボンも繩しかないからぬれて了ふ。細霧がすらすら降るからかなわない。

他人も持って居ないから一つだ。裸で十時迄ねて居たが工合なので又服を着た

冷たくぬれて気持悪いことも何ともしかたがない。戦争だ。戦友これ以上の苦労をして

居ったのも沢山あろう。想通し歩いて戦場へと進んで居る戦友の事を思ったよ

何でもない事だ。池はどこにもないから体をふく事も出来ないし又タオルを洗ふことも

出来ない。十時になって[illegible]南京豆二人二夜は立った。風はかしても無いし あつい

[illegible]が吹いて居た。数もごくしかない。時々パンと一発音がするだけだ

静かに十時に交代して寝た。[illegible]、又風を引くとは悪いからと胸へ巻いて

寝た。ズボンを[illegible]はいた。どう考えてもやはり気持悪くて又[illegible]

225

226

山の上の一寸高い所だが わずか家にゆて有る様にはしかない。
ゆようとしても けれ わつかんない あまあつて 目をあくと 星が [illegible] ゆめ 見えて
有る 幸い今夜は雨もなさそうだ。夕立があつてほしと思つて [illegible] ますく消えない 先づ
いらない 下へいったら ヒャンと気持がよい か わつかんない
明日はいよいよ 大計体が開始される。この辺一帯の距離を測定するのだ。
思ひ出す 一つ事が出来るだろう、一緒に [illegible] を やつけるだろう すいすいし
夕方を待つて二人来たようだが又早く帰ったと日は出の人が言って居た。
明日来たら測地はできないから 誰に書いてくれ これから あるだろうと言って言づけを
しておいた。夕方から家族もどんどん行都を開始した [illegible] の人が少なく困
ばかりなので知った人は少ない。明日は観測照明の事だそうだから [illegible] めなさいへとも
しつかりするのだ 早くねようと思つて 寝はかりいたがどうしてもねられない [illegible] の蚊もいるつ
て居た。汗くさい、体がねばつて、不衛生 そそして ねとしいなって気持が悪くてねない
おしくをあせしてねられないのだ。幸い雨がからんのですぐよい。又明日 [illegible] かつ [illegible]

八月十日 夜 [illegible]

妻へ

1

八月十日 いよいよ總攻撃の日だ。四時起床した まだまっくらだ

月末のかけた月がすみきって居て あかるく空一ぱいてらして居る

星一パイの空だ、照明弾はせしあずも消えて失ってしまってにんよながよ

整えて装束をした 朝をた、み テントをたゝみみつを上げた 今組はどこかわからない

しゅっ発命令が出るかもわからない ならば まつめてすかなければならない。

中々夜は明けない 二人四時半頃からめしをとりに山をおりて退き 部落へとりに行って

くれた まっくらだから 日のあせ道はあぶないので 部隊の砲が四時半頃に條達の敵を

追って行た 一列に陣地をして居る 土工作業を こつこつと皆がしらでかかって居る

五時頃になった 時々敵の小銃弾がパーンと頭の上を ピューン ピューンと とんでくる

五時半頃夕食を持って来てくれたので 月あかりで朝めしをとった 急ぬ—…

一眠りして陣地をはなれて居たら東の空が明るくなって来た 月の光がだんだんうすし

なっていく あたりが明るく かうやって夜は全く明けた 敵の陣地から 一発大ガネ

を切った かーアン 天を明るくなった 日のある方へ しづかな空を ごーーンとなり

227

たらとんでいく　俺のつい先からは　三尺位火をまっ赤にはいて居る
つゞいて二発又三発つゞく　打つはしから　敵の前之位の早さで　砲はうなりをつゞけて
敵陣へとんでいく。突撃一番に砲弾のうなり声だ。次々に山へ敵陣へ破裂してものすごい
音と共に土煙をまいて上がって居る　あとからあとからと　ありったけ心参加して大きな
響しい空気を近空に踊って燃えたかりダンをおえていく　揚すればの　船がつゞけ様
に打って来る　砲弾弾雨の中になって去った　日が山の上に出た　吾等僚達は
其の日のあたる山へ突撃つゞけ様に打って居た　まるで太陽をおってゐる様に
友軍の〃砲は打ち去って其れを敵は死れたかのころいになってにげたらなって
居るのが　去っての音が　タ～ンと鳴るおく　砲の音が遠くまでいて
前一番の山も次々に占領して行く　あんくは何か大きな声に前の陣地はかりすて
なって行く。見せにばことがわかって居る　一寸でもかいがしたいのであろう
今日の射手だけ相当に敵に当って　やられたかろう。あとはすぐにかけて
矢へは何の事もないのだが　こあがいをするから　人がおんぐへっていくのだ

228

3

射撃の休みを利用して 手のすいた者は 下の家へ昼めしをとりに行ってもらう
たり湯がすいてるので 湯を使いに行ったり 体力恢復し…
風も一寸もなく あついことあついこと 汗がだらだら流れて行く 風があってよいのだが
山の上だし風は冷たく身を切れそうに寒し それでもじっとして居る 昼めしを
たべてはおすつけて居た 空からも海からも山からも そして前の方は三方から
せめて行くのだ 今ではものすごい射撃だ 敵に手を出すことが出来ず やられる一方だ
昼からられてあてなって来た 後へテントをはっておいて 自分は休んでいた
そして時分はたっていく 三時頃になって夕立だ がんがんひどくなって来て 体中がびしょぬれて
なるしずくとイナズマは光るし 天まで引き裂かれてくるし 砲車のシートも
ぬれてくる、ひどい夕立だ 中々止りそうもない 二日する程 体をふくこともならず 汗を
十何回しぼった タオルはすっぱくなり 汗をふいても ふいた気になれず 丁度幸い
夫からふってくる雨のしずくで タオルを洗った 其れ一寸だけ タオルがぬれないが
何する事も出来ず 射撃も一時 休みなので 時々つかれた タオルをゆすいだ

229

4

がんくひどいかり雨だれは多くは天気 ぬれたタオルで顔を洗い からだ

ふいてサッパリした 外の空気に当って居て まゆをして体をかくして居た

風も無く 寒い停止して 夕食の宮は 何とも言えない位い気持よかった

チャンゴロも一団で 木のぼくかくれて居るのか 一寸も来てこない そのうち 一雨あかりに

なり 居るをかれて やって 一雨ふった 山は一面 きれいに色づいた 其代り 道はひどく

になって 赤土の水がでて来たが これは仕方がない 涼しくなった.

ミシロをほすやら 又 一寸ゆかをして 昼食があり 炊事もないなので 其日に

夕食をとっておこうと 夕べのたいたのを 一寸ルーブで 皆夕食を すました

その内 となりの一ヶが前進 することになったので 皆 手際いたしことになり

残るのは 信さ段岐と分隊長と三人だけで あとは 皆 出かけていった

タマを補充したり 絶軍の手入れもしたり 又 一寸なかして やっと片付き

一服して休んで居た 夕立はあったが やす風はなくて ちっともあせる

寒く来てはれが暴れて居る 又 夜に夕立でも来るかもしれない

230

5

手傳ひにいつたのは今紀は前のお陣地で泊つたらしい何の用意もしてない
所なから飯つゆはあたらしい　おかゆは捨ていつたが皆困るだらうと思ふ
一休みしてから三人で後のおかゆをつくつた　又皆が元気になつて居るので　松葉サ等を
下へしいてみた、天下をはつてかやをはつた　今日は力ないので体が寝ることになつた
昼をかりて一眠してかゆをつくらして用をすませて寝床になつてあかの床へはい
つた　かやの中は又よけいにむしくしてある　汗がじとくとにじんでる　風呂は二日いらず
顔は二日洗はず　道具を捨てて居る　水とこの水は一人づつしかなく　水はなく　足だけ
すゝぐことも出来なかつた　雨が続いてしかれなかつた　これが縁日だ
えし塩のいまだ多い　行つていくら働かれようとも　足をはこんで何かあれども
用がある　汗だらけのはつたまゝ　こんやをかえることも出来ず　全くつらい　一寸の時に
洗えばしてすぐに言つてこれも出来ない　何と言つても敵前だ　自分からもまあよかつて
もパンと飯で位のものを食べなかつた　一寸も油断が出来ない　のでまずは元気で一人で一ばい
ゆつくり眠つていた　どんな仕事でも出来るが　安心して今後は工夫してゆこう

八月廿一日夕方　陣地にて

一夫生

妻へ

231

八月十三日 快晴 暑い日だ 大討伐の第三日目だ

前進した新陣地に夜が明けて来た ○○隊は人和英で前進して行った

朝の間は涼しい、日が出るころ かゆと天ましを沢山でおいて後の陣地をやり直して

おいた そして 天下を火日おりにかけてはつた 一晩と一寸勝がへったので昨日の猛りの疲れ

も手人がたびたびで一寸田がなかったので昨日一日の日記がかけなかったのでかいておいた

そこへあたらしい阿段 みそ汁を一の家から運んで来てもらったが みそ汁で又朝の

それ以後あぶなくなって来たで前に泊めてもらったので スッポンを送ってくれた

小さな池があり 昨夜の駐車ごうへはいった 夜流れのことを思えばまだよかった 体を洗って

帰って来てスボンを洗ったので 輝一つ体が光た 兵士が追加に来た 一しょになって

大ぜいの中でいろいろと話をして居たら 射撃の音がかかって来た 暑い日になった

用意をしたのか 行ったが日が過ぎてしまったので 又二人で スコップかついで 汗みどろだ

はげかんへとてつけて あつらく練ながら 汗が目の前に流れると落ちかかる手拭に

来て見たが皆 汗みどろだ 射撃用意、いよいよ討伐第三日の砲撃は火ぶたをき

232

二

切った。前進した砲もどんどんおそいかかって来る。高地から来る。敵はにげて来たので
前進して来るのはやめにしてにげる昼だ。やっと陣地から二百米ばかりの所だ
二百米前に高地から大砲が来たので、玉とかおそいのが行って、目が出た。ありがたい
こちらと敵がにげるので、その方向をめぐらす戦は又工事をする。池のなかに深くはまるの底
来一人で手傳ってくれたので、甲があるので帰って行った。此陣をとっておるからすぐついて
兵が来ない。その時、営中へ参謀がしらべに来て呉れた。二人が手紙を知らせて持って
来て呉れた。先へ戦友が帰り、まさの、つかさ、さんと四人のかたが台によんでおれ
皆そろって夏休みに帰ったと。うれしい。そしてそろって皆で手紙をかいて呉れたのは涙がでる
知らされなかった。つたへ姉さんは手紙に書いて来ておけば家のは俺がかけた事もたゞ俺が出たら
ちょっと思やと嬉しい。母はよそさんがお世話をする。とにかくがじょうだ。一昨日そろったのは千絵
らし元気がいいからまた日ましにふえたのだろうよろこんでおるだにするがいない
これは二ヶ月もあったらの事だなんとかしくなろう。うれしいと思い。一度休みをもらひ
二ヶ月もしての事とお母さん、妹等はなかなか休みをあげません。それらしいだろうがいい。こんなに

233

寫眞手かを寫してもらって面白に話してもらったとか困った事など。其の方が笑ってゐた
一枚の手紙へ姉妹らが仲よくかいて来たのには嬉しかった。先生に心配しい
材料をさがしてつくって行ったのだが今日は立派な材料はなかった。二人寄っても話しにならぬ二人
なかった。いくら目を通しても思ひ出せぬ位だった。小説の書はあまり何ともない気持はよく分る
この方のことを思ふと一時にさびしくなってどんどん行ってみて手紙を出したところの方へ
が兵隊へはいって一服した。やれやれ。ふと思ひ出した。ノートに沢山書く。イモも
一つ大きなのを思ってたらアメリカの持田中佐が来た。何と親切に二回目だが僕をおもひ
と言ってよくかいてある。毎日にこれし一番の他人よりも女性であって
今年は十二歳。また日中の軍の通訳になる。ノートもあるにもかかはらず出色と
三十歳あまり位のが大尉なった。皆びっくりした。行ってみたいのに毎日が忙しい
行ったら最中だが、忘れた事を二時迄につっこんで一服してよんでみた。が、顔を
して居るが、疲れて婦人ははらはらして来るから、のんびりよんでやって通りをかけあるし
つもりだ。今日今迄かいた手紙を十枚位まとめてやった。今後はいつしようかあるん

わからんが　わかつく　かくわけはよいのだ　早くかつても持つて行くだけで同じことだ
一度こんなで砲車の車輪を破壊と云つで又はみなさえ二、三ヶ所の白か出来る兵器廠が
せめて砲もあつたらとてうつえうて、一日砲車について八十発の弾一つでうしてもらつた
又それを行けん行つてあせつたのつて行くから具ることよかつたろう　めちやなのためにあるのか俺だ
で天下の中へはひつて少金を使つたお母さんは何を入れてくれたかとうれしくてたまらない
活動のビラがつつてある　砲弾のだ　ビラを見て急に活動が見度くなつた。中には
昼飯一日か一万位　大きなカンに一ぱいはいり　水をそそうを使いに来た。いつも二十発でかはいくし
に左右早速出合うなどいた。うまい。支那人は剣で皆るから皆は恐い人たちと
言つて廃止していた。二人二百メートルは砲を廻して手ぬかいにいつた　支那人が砲と共に
帰つて来た、山の上へ砲を据えとうしかたも。敵は沢山死んで砲兵と許を見た
また　あれがよかつたなと俺はうら甲斐ーにもならなかつた。で西の一日を思ふにつまる大人達
支那人がつも一寸にあるもの位多い。お前達が来るのが恐い。その為で百五十人もとられ
討伐の最中　しかも砲弾すぐに来るのである　どんなにうれしかつたかわからない

235

5

伊丸日付お守を送って呉れた。僕の出した写真が入って居た。又送る。
又大体先頃が休暇長あった手紙を出したので お母の乳、顔吉良の写真がすがりつ
つたとこでよかったろうにかくしてあった。貞叔さんもフートーで呉れた。フーテトの私達の写真は写真
を入れて手紙を入れますも（写真の）よくかくしてあった。又ゆっくりすつへよみなおし 特写
も見よう。今日は目をさめしたから點日だ。日和日をただ一郎しか地へ練を洗へ
がふ衣を洗って干しておいた。日記をかいてみたら絶のが出たはりて風があってよく洗濯し。
今会は軍服を干して二人で干された。髭剃りは少しも白くした。
浴場に行ってこれをかいた。又ぬいだに返事がまだ日はある。休暇昨日でに撤兵
洗衣。又草の上に仰向に星をみたりした。士官室へ往診して一ねろうとしたが肉の事を思い
出して居る。近所が俺も一寸行ってにぎやかに遊び居るのなかがいやにもすごいない
こんなで字が大きくなりましたね。それでなまって手紙を書く行となりしてみてくれよ 太の子
婦達も相変らず元気の有様に話かけして来るので僕の出る位うれしい。俺がよ
言ってくれるようにしてとかいてある。まづすぐに来るのをかくようにしたのだよ。又明日に

今日は少し何で陣地で書く

一男

君の へ

236

8.13 降車、到着ス

小包 村田 [illegible] (ボーロー半位) 大カン 1

氷ガトー 1カン

バット 22

ノート 帰ってからの3つの冊子.

妹

古田

[illegible]

[illegible]

[illegible]

[illegible]

[illegible] 8通

[illegible] 古田 2包

[illegible] 1

[illegible] 1

中村 [illegible] 1

5包

ハガキ [illegible]

[illegible]

[illegible]

[illegible]

[illegible]

山村 [illegible]

鈴木 [illegible]

[illegible]

[illegible]

[illegible]

大村 [illegible]

[illegible]

[illegible]

[illegible]

[illegible]

15通

236

1

八月十四日晴。よい天気だ。しかし一あつい。汗みどろだ。
新しい陣地で夜があけた。山の大きな岩が前に出て見える所。
顔を洗ふのに池が遠いので、水とうで少しを使って顔だけ洗ふほかは
すまんだ。水とうのお茶は大切なので顔を洗ふ水はないに、あい日中水が要る
とはやりきれんから、真夜中に朝めしがすまされた。南瓜の汁だ。
一眠して荷物をまとめる。今日は前の部落を去る。昼の代りに使ふ為に
大掃除をしに来た。早く片付けたのだ。江上少尉班長殿が森の中から下へ
運んだ。休みにならうと思ふ。朝になってしまった。伍長に体がだるいと訴る。
ねる頃には暑さゆられなくなる。正午の十二時過ぎると冷え込み裸で
ねてゐたものもシャツやふんどしをはいて毛布をかぶってねてゐる。
夜つゆは冷物を通して下着のにじっとり濡れてゐる。ひどいものだ。
朝の内は涼しい。かげになって休んでゐた。荷物をまとめておいて
給食は全隊休みの大掃除にいくことになった。前方で二三日だ。

249

2

側によく働いていない事が出来た人にのびた田の中を　あちこちを廻つていて
ひどい所は一丈位の草がのびてこドレ一つで行くて頭が体が隠れるだけになる
その中を歩いて民家へ出た　別にお家が六七軒あるらしい
部屋をゆつくりしらべて　隣もしたらしい人で大掃除だ　小さい部屋やのしきりの
板をはずしたり　床を作つたりして又休みなどには　二郎だけ五郎寅が
思ひ出す山狩の方が沢山来て居る。七郎の家人は大変自分の如くに
若い所に思ひ出する芝をすかり片付けて丸太をわたして梯子をかけて
屋に住つた中に母が居る。でも此の部屋に只今材料をもりにかかつて
よいかが来なつた。最人はやはり床をはつてゐますかは中々大分かしない
おくを始めたりしてすでまうになつた一服して座に行く
三人也へ廻つて体を送り　網を洗つて行つて来た事　皆屋外の帰りだ
説いて居たがおそいので　食べた所だと、一しよに座をならべて一服した
昨日の時分で体がつかれてたまらない　道具をまとめて　おりて皆で

250

はこんな早ければよい網があいへ流した。体が見かけん
いない ものにあたってもいたってたまらない。糸を動かしにかかった
が、自分の家へ帰った気が二回はしたが、終りに糸をやる所を止めて自分の
着物を脱いだ。網がアカリが空で出せる様にして
柵を作ったり 一寸糸が落ちるが上りたんを作ったりして出来上った
が、然しそれ仕上げん眠たがっていたので池の地へつった。一寸位ある所まで
世の中の所へ糸をつるし、池へはりつく体を流し、心中を網を流した。
ゆる所を作りに来る時にも網を引って体を流したのは一日に二回也
流った。あっちへ一寸動いても行けないので
が、ゆる所へ下しるもと、空を天としくして其の上へ居て一所にいた
高い所になってからいよくあってあって来た。此の網に来るのがあい寄った
網の中でもけんあいてやり切れない。網の中の網も目にはない。
一寸の者にはするはいがあって何か流れるのが、これはないのだ

タオル一週間あまりしか持たぬ人が汗を一日に二三十回しぼって水で洗ふ
事が出来なかったので来て　僕は家なき　昨日はタオルばかりが
ないので村田俊克が送ってくれた毛袋をほどいて手拭を作って貰い
これぐらい汗はかりかく居くしさって失ふのだ　一寸考へられないだらう
西日があたって　あつい室になった日記や手紙の返事をかくのに汗でかけず。
骨と皮で体であった　手を動かしても汗が出る。部屋であるから
汗はとまらないのだからまづ　伸て　梅田の描写をよんであった
阿比の力は音楽のであり目をすましてあったが　絶手描写だけだ
でそのまゝ目のあたる道を陣地へ走った　あゝ汗が流れる　陣地へついて
ちょっと用意をした、敵は星あかりを見ただ　穴をほったりして汗だくでドーン
とやった。　うまくあたったのか、敵陣は見えないと電話で言って来た
一まーおって　休み　夕会も済んで　なったので　此の日にめしをして　と此日晩の
副ー何ってめーを食べた。今日は下宿屋が一代二三人と二の副の

252

15

僕達の分のぜん 又ま分がつぶつて後送で 又一班の人たちがあつた
水筒にもどしの人が来つた そして 隊を皆その人だ 外一のお前は もう一度を
ただ口をたべるた その胸 位をかえて 分かつたような 生きた 隊その人が来つて
外しをほうと思つてゐたよかつたので 帰れと命令 僕が走つた
帰る際には何もかも ずぶぬれにぬつてゐた 雨がしけるので いきなり
と体をふき 枯木のぜんとの人たちから 巻をくるりとし いい気持になつた
翌日 日記を書かうとしたが かけないで止めし よく眠めへやへあそびにいつて
すこし休んで 満方に帰つて 又もしとる事 だつ 位は 付ももすいた 僕達は
一寸敵弾にあたつたらしい 今度の戦争は 非常にも 出てゐる なるの
敵は 言うも 出来ないでゐる 立居も 出来ない 大勝利だ
敵兵隊は 走つても よい位で 大分 敵は やられて 体がくたびれてる
びのまちがいと 上言ひ入れ、ぶれしかつたよ 敵の中をうかがひ 外でもあたつて 眠れば
二晩もねたことはない 敵は 砲がどんどんと 打たれるので にげることも 出来ない

253

6

又前へ(進)まうとして出かけた穴の中へはいりました 一句一句底をたたいて行
一寸でも首を出すと互の気がかーっとなつて一寸も持上がらない
睡眠が両手足のなかにとんで来て どうすることも出来なかつたのです
行けなかつた 跡をたどつた 挿絵の頁は二つにわかれた 大紙は破
二日前によると はこんで居つたものを見てにがく忘れて頭を上げる
こともお書き下さるの つゆをぬぐつて目を逆えてゐたところへ 二ふさの花をもつ
なつ山吹のつぼみを見つけました ありがたいにおもつて見つめた此の花をさがしてゐた
南山よりも一方の花の方へ傾いてゐたのに 前の山へ下る細い小道に散り
そむかない様 折りとしてなほるをさへて たまらなかつたのです
挿花の細目は無ぜんとなり 死んだものをふんだと とりの夢みた様で
あいの山を折つた時 数はほわずやや数へにあげた ただ二本 折すまでつかまえ
無数に死んでゐるのだらう これ いつも見えた 住む 皆白け 此の実ある
花しか見えて来ない つゆよう ぬれない 胸の上をみつめよふにて居る

六月十四日夜十一時

良夫生

達夫へ

254

八月十五日、晴。かん〳〵とてりつけて あついこと全くあつい
昨夜はスーカリとビんを手ぶらさ酒を四五人の所へ下げ三た（のまんとせしと）
あったので よく酔って来た。いい気持になって ぐっすりねこんだ
朝の内は雲が出て涼しかったが どんどんはれていった。やはりあつい日だ
おちって家の中にスーーみらにゆれた 草の上にねて 星を見ているのよう
大分よい。六時半に起きて 一同朝つゆをふんで陣地へ行く。砲の手入
れをした。三日間の雑作業でどろどろになった砲車を夕立で池のよう
に深くはった穴の水で洗った。朝めしをはこんで来てくれる陣地で
朝めしをたべて一服して帰って来た。今日は射撃はないらしい
そして色々の用事をしなければならない。便所を作ったり 炊事
場の引こし 炊事用の水を使ふ池を一つきめて 足場を作ったり
いろいろと用が多い。編組かに別れて 汗だくだくでやってゐた。
夜は幸い雨がなかったので 梅田が地掘削木、朝めんふかふの

2

外出をしてみてみたくなって出て見たがわからないので止めて
手紙の返事をかいて居た　田形木、朝やんに小包で伊勢白外出社に
ストーブがかりた、俺の出した小包が外出にあって居たみたいだ　切りぬいて
送ろうと思ったが将が破ってあるのがいくぶ探してもないのでがっかりした
梅田へかいたりして居た。其の内にひるになり食事をする
昼からゆようと思ったが返事をと思い又こん四つや子に手紙をかいて
姉への返事を出した。いくらかいても書ききれないくらいに忙し…
そこへ今度施本の工事をするのも三日かそのつもりで昼からになったので
材料をもって陣地へいき組一つで又大きな穴をほった人がかなって三男へ
だけで目へしみこんでいたい位だった。あついので苦しくなってきては
お茶をのみお水へはいって一服をつけた　五時頃にはすっかり出来上つ
て来た、方々を片付けて帰って来た　床と赤土とでどろになって
ゐる。山口と二人、洗濯をしに遠池へ行った、組は赤くるんでかってゐ

266

3

よい位になつて居る。そこで一ぱいだ。家族の最中で手入れが出来んのだらう
池へ入つて洗濯をして体を洗つた。明日は明日あたり位つのですだ。湯へは
はいれないのだ。池の水で洗つて帰つて来た。大分涼しくなつて来た
みーをこえたので少しおにぎだ。そばをたくさんあったとてもおいしかった。
汗を流して一服して又手紙をかきにかかった。ますのへ一通かいておいた。
時になつた。からをつて中へはいつた。そこから敗戦だといふ位にます
ろうそくをともして村田千代子さんへと福岡の叔母さんに二通かいた
しでかけ理だが一寸と雨降がないで居る。せみもだいぶ鳴いてきます
だからやかましく居るで今晩はそれだけにして明日これをかくとゆう
ことにしよう。山田さん宿も皆よくやつて居る。安心してくれ。が伊吹かうは
家に帰って元気を出していると思う位になる。元気でやつて居る
皆も元気でがんばつて居る。姉ちやんの一家はこれからの時にはなれるかなかろう
母上や子供達元気か。梅田の写真を送つて居る。皆をよろしくたのむよ

ゆよう

267

八月十八日 雨 后晨. 妙な日になった 夜明前から大分雨がふって起

まる昼には小ぶりになって居た 起きたまゝ顔も洗はずにぼんやりとして居た

暫くすうした 食事が来た みそ汁で朝めしを終って居た 陣地にいろいろと仕事が

あるのだが 雨でどうにもならない 今日は一日休みになった 雨の日は涼しくてよい

こゝは蚊も蠅も数がひどい。ので百姓人が来て ゆっくり寝てもかけない位だ 大きな蚊で

用事もないので手紙の返事をかくことにした、弟へ、母みきへ 吉久夫に 博多市

古賀はさへけ今年で返事を出した とって来る返がかえって居た

ひるめしをたべて 龍に寄る福田からの便りを読んで居た 英国上の写がなく

むつかしくなって来て 眠った。先づどうなるか、世界一週のことゝの事等

夕方をすぎてから 別にやって 又急になって来た 又本を読んで居れた 外の者は

晩めしをたべてから どうしても寝て居る。よい月夜になる。僕もおきた

何やら わけのわからん事を見て居た 故実福さんの声が出来た どういう事のか

兄弟もつかんがこんだ 大きな声で 皆に思ひ出したりして 土佐後上ねて居た

4

268

5

目をさまして見た みんな起きて居る 今日はよい休みなのだ
朝飯を一緒にたべた。今日近くの人達が休みの日になってよくねた しずかに来た
今日は雨も止んでちょっと景色も見えて居た 実に美しくある
夕食はへちまとたんのだ めしへかけてたべた うまい 一服してすぐ近くの池へ行つ
た。戦友とステテコを洗って体を洗い帰って来た 涼しくなった 今夜は月夜だ
早速用意をして出て行った 陣地の警戒兵だ うちはわら葺と云ふだ 雨はふらんが
やっとこの日になる。一服して居るとしづかなり ぼんやりして 待って居る日だ
今夜からはれ渡る かなわないなので わかれなくなる 梅をしいてわるがにしたが 雨が上がる
たら 天ぷらでも頭からかぶって上がってるなければ寄って 割にほっとして 雨来るな
今迄は敵の山なのだが もう一面友軍の山になった 遠くかすかには見えて居たの山が
すぐ目の前にある 山に登った どこにも竹の林を作ったんだ 竹やぶと森が上の方につまり
見える所へ行って見たいが わかれて居るだろう 今か二日の森が見たいものだ
上陸したるのはかなり十里か三里はあろう 上陸へ来た 大兵だ 又明日に

まあ

八月十五日夕 陣地にて

269

今日[redacted]、晴 毎日中々あつい 風がない

昨日の夕方は黒一まんぢゆうせんを五ツ持って来て呉れたので

良かった 一ツ七十か出せば四ツ位のものが それも困るし 勝手の

知らん者ばかりが多かったが 不意に持って来て呉れて いいので

せん二ツづゝぬいて 皆ごとくの吸った 雅子子供等皆其他皆と

うまかった、のみとは思はなかったので のどがかわいてなかった。

此の頃こい以来に持って来たの荷物を配車へつみにいって 古手

が三ヶずんヅの三つ寄て呉れ 車の上で くつろいで休み帰ってきた ぬくいっ

きつけ手紙を又よみ返して すいた日記をかいて ぬた はのしをよかった

其の天の係員が 疲れたのかいつすら屋根うらで ね走った 起きれた

夜が明けて 暑さ見知り この井戸が一にはある冷たい生水

水だ 顔を洗って帰って来た 又手紙をよんで 眼が来るのを待物を

月精堂

270

荷造りしてあったみそ汁の食事をした一寸に船の来る様な事

もあり、ハトバへいくものもあり、室に残っているものもあったり多くなか

少年の送りは三週と旅、若くと少年をかけておく新しい家庭にして

麻覚へ来ても又三月もたってしまってそうなると思ったので、

六週あまりの後に船が来たあるいは岸へつけて出るのに来たのが自分の番で

なんへ来た。風があって来て中にも泊って、木のかげで休んで居たが船はついて

中に泊めてある馬橇をすえてある。何ので中は平面するらしい、沢山のかり

が来た。船から陸へあがって居る。皆精勇が前のなるもの皆日本語が

わかる分隊長とかいう男はまるで何もしない。僕には分からず

いつかし前へすすめて、やっと山岸で日本語で言って居る。沙漠を越えて居

るのだろう。なれたこの船、中は沢山あるのに一寸にはいらん。船の外へ出て来て

をかけて居る。文句を言ってたが、若い少年をかしくからフートの送りを

3

のいたまし進。客席室で君、お前へあてたの様子の中へと四通かった
金庫室は見ればならなかった。あの室を十分に見ない難港をすぐいでいた所
水給台が来た。小包み三人に一つ、アセ一つ、海外部へ一旅先をもらった。
早速パンをとって、色紙と二人で食べた中を少しかった。
室の四位に、すっかりかめしもとして眠いとねころんで中をよんでいるところ
船が来たと言って来た、これだけ二枚目の ✓ の窓へはいって
船は小さいが、その船を四じ位の丸だ。こっへ来た時の姉妹船だと
の話だ。白とペンキをぬって、とてもきれいなもだんなきれいな前の船だ
いま着いた。様の上へ船がついて、窓をなにぞのるとながらつみ来るしは自然だ
小さい船も、ここにとめてある。一寸した港になっている。ここの内は安全
だっておって、みかい皆さんの心もち皆へ帰りでと言って来る。かなまずくし本田来ると
くして、しずく店子。祖は何子と様で住来に浮んでいるとえば暗かった
炎年が材料をつみこんで出港はこちをすることになった。それから兄弟をおいて
学問をしい、所来への海をの上げて気持になってやる

4

今日[redacted]晴 あつい日だ 六時起床 かや等を片付して 船へ
入れ 今ものうちが 船は出る それから早く 釜を捜しに走る
船の上は無い位浄し 一時間すかえるが〇〇のトントン ついた 一ヶ月目だ
なつかしい様に思ふ 蛇をみたして 悪かった ここに来るのを待っていた
そして馬に乗って世界へ あつい日中を汗だくになって アル下の
鉢本へは〇〇の件も何にたよくなっていて一ヶ月である
道の両側の田はもう田地の様だ とり入れは大方かたづいて居た
刈入れすい大きな田角な籾のなまものへ どこやとたまつけて もみを
おとすのだ ここのつはない すぐてんじのだ 一つかみかみては 流してやくし
ねる その物を田へ一度に何してある 物を大切にする所だ
出来高かへ どし地に こけて ある田もあり 刈ってない田はもうかしたへ
早いのだ 先日来ここを通るとまたは何のことも なかったのだが

273

あまりだけに早い。秋のとり入れでなくて夏のとり入れを
此作場へ米を見物に行ったところ　五円をはらって　於数人米を
殺して居る馬係の人たちに迎えられて見物へはいる　あぶない
二匹の馬を廻してたべて一服してみた　見物はかけつ自分の。
山の方へあるく　たまらない思いもよらない　ゆるよい。
三時から平和に少し宿の物をはらって来た、今日は少々四枚て
梅田の村字一とか来た　此道の友数のかね四ツ　東郷先君の
おそって丸信の右に十一ケ所が東郷の頼みで丸柳が四気て運て
それからを二ツあてた。それしかも見送　ミカンを与へしただた
東和一日や三ペト　ステアメを皆にわけた　へべてんぶった
精をも元かが宿に　おそらく宿物を片付けたり　二十数を説
たりして　夕食をたべ宿へ行き早めに出食　おそらくゆさう

月精箋

274

新田桃宮女の小包

フルーツ汁粉 一カン
ユデアズキ 一カン
ミツマメ 一カン
ミカン 一カン
沖の石 一袋
コブまきこんぶ 一カン
こんぺいと 一箱
梅干し 一
便箋 一
えんぴつ 一
封筒 十枚

旅館の小包

ウヰスキー 一ビン
仁丹 一
ミカンかんづめ 一カン
えび・せまいの甘煮 一カン
ちり紙 一ワ
褌 一本
ノート 十枚
マスク 一
便箋 一
福神づけ 一カン

以上
堀喜市
中村印刷
上原こ内
金田得之
出宮
梅田浩司

274

NO.

八月十四日の航空 昨日西山をまわって来た きょうの店 〇〇の所へついて

すぐもらった これもらったよ、まってゝ頂戴でしたらく 店の前と思ってどんな

にか楽しんで居たかわからないの位、すぐ知らせようと思い それでもいいかったが母が十

健に違いない、まって待ちわびてるの顔を思いうかべて 喜んでくれるか 一日も早く泡

もして居たが 昨日 航空便で 太郎の元気な 筆跡を見て ほっと安心した

お前から航空便の手紙が一ヶ月も行かんで 先日の様に太郎さんへやったら 太郎さんは

気を悪くしたらしく よこさない時のことを書いて 何も子供からこないから それのと同じ

ことだ もう二三日かゝつても待って みたらよかったのだが 先日 去年のお前で 九段のあまり

首ったけでなかったのではあるが、こうして 昔の画帳な子を受けはどんなにうれしく

かわからない。随分をもらったのむこうの時 つづいてもらった 皆がかわいがり――

うれしかったよ 三冊よみなおして見た 文は この次は一ヶ月に一通 それでも

航空ときまったなが十分いい、忙しい中無理もないがたびでもあまり来ないと

淋しくなると思っても 深く案じをするのだ 月に二回位は便りしいよ

275

No. 2

田畑は草に追はれ、他へ行れば大勢の子供ので家の中のことしなければならんし又つまらんとか一万だ金をまうけするので中々ひまはないことと思ってゐるが

それでも都合一寸でもかいておいてくれてもよかりそうなものと思ふ様になる

余程たよりしないから友達来ないを心配になって来るし

目が消してあったり又何か消してあったりしてあるのはかいてはいけないことを知らずにかいて出したりするので消して出すのだ。スペースがあるからあなたにいろんなことを知らしてあげることは出来ないのだ。なかなかあまりくわしくかくことは許されないので、あまり手紙の中でくわしいことは人に話をせんようにしてあなたに他人に手紙を見せない様にして下さい。日本人を使ったスペイが研究の手紙を見に(外国にのせると言って)来ていますそうだから、よくよく気をつけねばならぬ

内地は(田舎)の方が一寸楽になる君らの事を、田の草も手尾の日より力来ならんだ

困ることあるが、田舎でゆっくり病院に体の居合になったとか又御礼を言ふことにしよう、それからつるへはよしなくゆうと言ったずに今日迄かり

276

3

NO.

通して来たのだ。弟からも悪いと言って来なければよいのだろうと思ってよこした
んだ。困るがなってしまったら、ちょっと待機だし資金が尽きて費用を出すことを
安心だ。今日迄働いたが、前の手続がおりたら手紙も満足につくれないことを察しただ
ただ当に早い話だ。一年三月はすんだがなんで給料の高い人があることのことを、一年一も得れてこられ十
アラキで読んでもあったで過去のとおりかりしてあった。夫々かったので、ひっくりしたと言ってきた
一八君も夜勤者も二年ぶりに家へ帰れてうれしいだろう。立廻りの人達と一緒に
うれしいだろう。母の教訓も今度は俺がはなれて、ではは当局れる。又ちょいと
解決をするのに力になってよかろう。弟をするとなって八月下旬か九月上旬に
は帰郷出来るだろう。うれしいだろう、俺だって二年と思って居ると帰れる
だろう。今年の秋は休んで手を痛めて働くことを弟が言って来たがどうするか
わからん。弟も今度の戦争ですっかりわかって今迄のことは許して水に流して
働かせようと言って来た。ただし今度はわかった言い思い。俺も安心して
働けるかどうか心配しい。三人でかたしてしい。弟をよく気をつけて下されたし。母上にも本

277

No.

心配をかけてはすまないからとくわしくかいてあつたのだ 今度僕の方も力になり

合つて切れてる底、京都の丸物から小包を送つたと言つて来た このを待つて居る

久米の小包はよそう郵便の人が責任のこれと言ふ人の手にはいつてくれたが来ないそうだ

空気をまずかえたのだろう それでも保険もつければよい 貴方が私達が来ることの二人 財和之

にはに世話ことだ ハハハ…… 京の一円屋の小包は何でも安心で安く買へて有りがたい

今日偶々直哉君の家だろう、米のを二つもらえたのしみだ、勝田力も大きくなつたとさう

見せ立てゐたが、夜食はしまらか、こんなに使い果たろうかな、僕の私情も仕方がない

まあうまくやつて節倹させることだ、小林が今年はよく面倒見てくれた、コハマ、ミトリ、手紙

ヒトミ、カトモ達もよく生長きうく、大阪で一番仲が くるのがいいことは夢の様に思ふ。僕が

今日迄苦心してゐるのがどれ位かわからない どうした風の吹き廻しか 上手になつたのかな

熱心にやつて居るからだろう、ヒマもがいいたい。つか子らもよろこんでたべてゐるだろう

夜も細の事が上手になつたことと その方がよからう 又晩飯には来る合ふかしら

何ともないか。梅田ブラブラ 母様はまだ帰らないのか、僕も日本へかへる

278

NO. 5

おけ抑留されて上京って来、今度もとられてるなか母が久美の為にとると云ふ
ことがあってもだ、どんな事があっても母を忘れてもらはねば困る、病気で死んだ子の前なら
言はれても仕様がないかもしれないが、誰が一番悪いのかもしれない母か久美かで、かつ
まずに知らされ、どんなに悪くても心配はしないから、たんなるのをまちたいのだ、
送った金もついたとのこと安心した、一寸もったいない道アがないので、かなかったのではないかと
それはから案じてたのだ、指定を送って着かなかったら何とかするんから十
ブル二回ついたとのことを安心をした、弟らの話、田もだいぶよくなってきたとか
天気がよいから よくなってる、防日山さあらしてくる道の田は もうすっかり刈って稲こき
をしぬらを田の中に立って、作してある、あつい程に この人は早い、まあすんだろう
今年は弟が家に居るから 来も楽になってるだろう、下でも先に帰してもらへば
それでよいとしなければならん、俺達はいつ帰れるのか、今の所見当がつかない
うえな注はわからぬ話だ、帰るまでは一心になって おくれのかんばって働いておこう
又と言ってくれない所なから、体も元気で仕事もしてくれる様にたのむ
今日は遅くなって 前大せち の時にし　これで手紙の返事は終ることにする
まめく　乙葉より

279

NO. 1

（野口 梅田二包、第一包 清水きみ（包） 明石雑誌（富民）一包と六包）

[redacted] 紐があけたら字了。期だ。星一ペイのよい無明だ。故紐は紋が

はいるのだ。忘れてとつた一枚出し、くしとらずに今夜はめでたく たまらなかつた

頭を少しの著が洗つて、残つたら朝めしをばらんでくれた めでとつて持つて来てくれ

た手紙を見て、少年の故（進、王夫叔、村田千代、和秋、林子洲、伊信夫 石へ之中）

アトーに東、吉田喜松東京へ。橋本隆介、梅田、進、伊月千代とで

田から一通のないのだ。淋しい。どうかまだないのか。今夕当かつかないと居

たまらず、本材の問題だ。あまた場に思つて居るが、どうしたのか、お知めたまら

無理なる旅気になつて居るのだ。中なはいが。それとも母か子供らが、院合つては

ないか。今度進て人は考へたこともながらが昨日工具で、いつもゆられるを考へし

るだらいうも。お知しと付てこうのか。和秋会で行し。在校しいたろうか今日退あし

なた来たのに。出せないとはないかしまつと旅人が出来たのに、ちがいないと思

て居るのだ。どうもかしいが、こうして少年のノートをしたるのだから、おかしいて

来て寝てに何に似りて ためなつてなる。悪ければ悪いで知らしてくれよかし

255

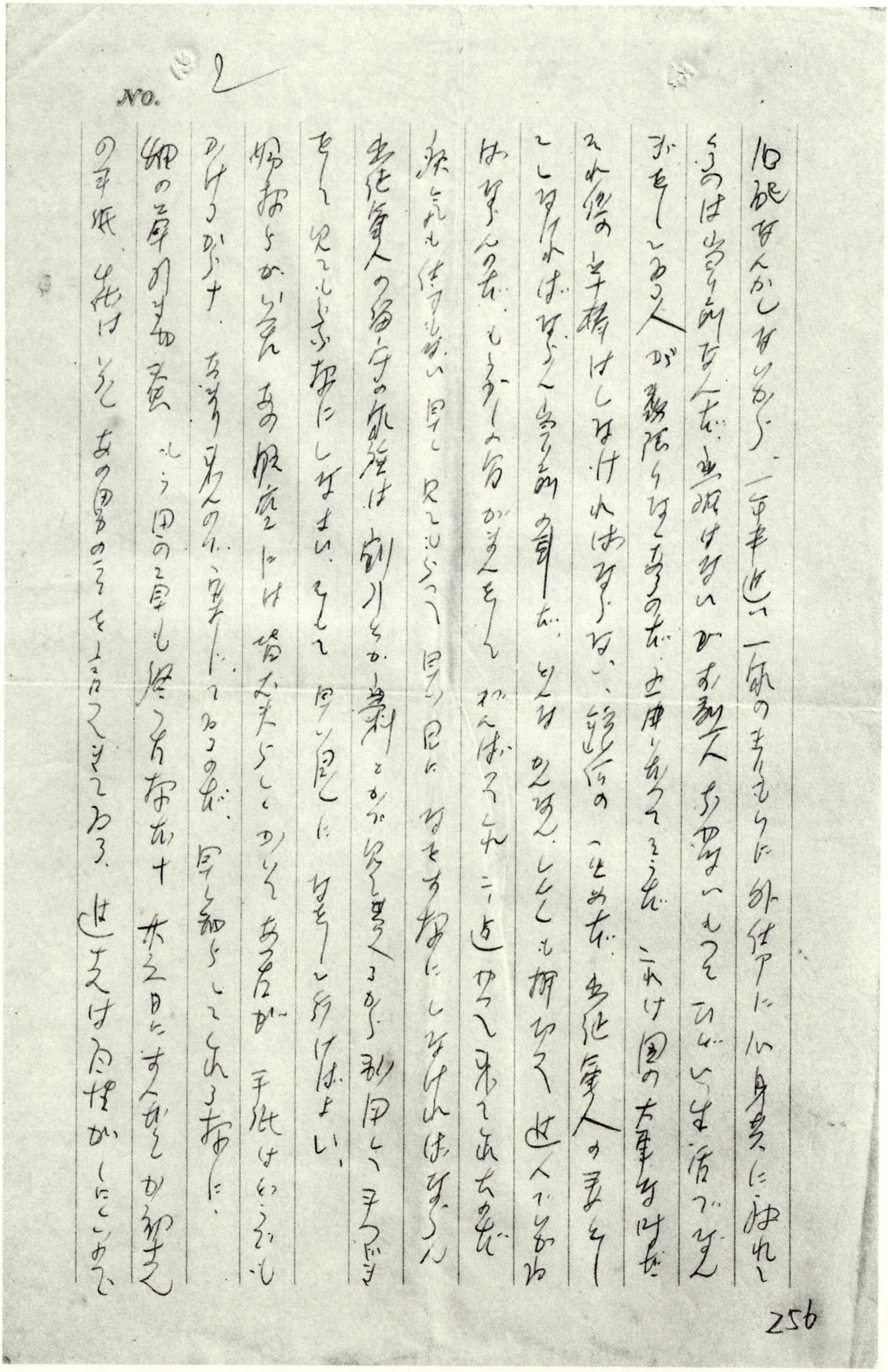

NO. 2

旧跡なんかしないから。一年半近い一気の書きもらに外仕アに心身共に疲れて
くるのは当り前な人だ。無理はないが新人なら少々ひどい生活でなん
がをしてゐる人が数限りないのだ。立派となってゐるのだ。これは国の大事なけれ
それ程の辛棒はしなければならない、総合の一生のものだ。出征軍人の事をし
ことなればなかなか当り前の事だ。とんだかんちがいしんしも頼切って近人でなければ
はならんのだ。もっとがしの命がけ人をもてがんばってくれ、二十日近すぎて来て呉れたのだ
秋気も体力もない早く見て見たらって男の目になをすなにしなければならん
出征軍人の留守の家庭は剣りとか勝利とか忍耐するから利用して手つだう
をして見てしぶなにしなさい。そして男の目に答えて行けばよい。
帰ってるからだ。その家庭には皆丈夫らしくかいてあるが。手紙はいつでも
かけるが。なまり人の心に染みてゐるのだ。字も細らしてくれるように。
細の字の手紙。いう国の字も体力ないのだ十 本之日にするが知るな
の手紙 先は又 その男の子を言ってきてゐる。近又は何時かしにくいので

256

NO. 3

信用へつとめるあいだねむらしいと余夫も下駄志願を中止なったと言って来た
直の外、警察をおいてあるのはない。少年は自分の見学の通りがならない
天幕の下で、少年とアトトールを仮屋がよんで見た。あって、八時半頃になった。家から宿舎が
来た。今日は昨日仮設した大小の座席を作る。夕々の支えをしたりして立派になる
汗が出たので池へ入って顔を洗い体をふいて寝た。並んで[illegible]をとうし人が出ているのを見せて
もらって来たりした。二時過ぎ迄出た。ゆっくり寝たのがいつもより遅く起きた。目をさましてから
あっち[illegible]少年の達アトを六時から見た。又コツコツと新作を作りかけて居たが、[illegible]からなかったので
一日山をぬいて家へ帰り、加藤君[illegible]出張員と一緒の人が夕食をし、池で洗濯し
いて体を洗い、財務台の後[illegible]へ出る。夕方から日はなって来る。[illegible]又手入れをし
停電。日が暮れてから打つ。太を拾いて出る。静かに住む。帰って風呂へとび込んで、明るい月の
下に立て虫の声を聞きつつ傍人が居た。懐しかった。下の便はよって[illegible]手紙を書いて寝
日曜も一週間たってた。虫の声が聞こえて来る。静かな[illegible]
出張も済んだので[illegible]又明日ゆっくり見られるであろう。又明日に

257

NO. 9

[redacted] 晴、朝のうちは涼しくてよい気持だ。点呼をすまして一服し朝めし迄の間は昨夕作りかけておいたマッチ入れを作る。もう少しだけになっておいたので早く出来た。睡一下ねる事にして前は作業は壕に出た。昼時はすっかりよくなって天気よくなった。壕はどろはまだあるので人下がることになって今日つれてこられた。こんな所何度も許しづけ病気になったら困る。[redacted] 看護兵なんかもといっすることも出来ない [redacted] でよかって山道を上ったり二里半か三里歩いて四人行くのだが肩と道について少しに寄るのも病気になるのは仕方がない。要心して居られかったのもまずかった。八時点呼後みんなが揃って居たが、それから皆揃って陣地へ行った。今日は午前中、砲の手入れなので皆かかって手入れをした。あまりよごれてもない風がない。十時頃終ったので片付けて帰ることにした。あつい、室へはいって一服してから午前の借金を返そうと思って今朝村田の封筒三枚ずつ書いた。昼めし、午後三時頃迄布団にねてひるねをなして一服しておいで

258

No. 5

木三郎君、進君、土田家様、槙茂隆介、伊藤千代子、梅田哲郎

君と六週間いた。暑い。汗がたらたらと流れて来る。一人で、こんなにつづけて

かくそしかたになる。しかし東洋が好けばこうすかなりと又返事をくれんと言はれる。

おゆうがあれになるから牛乳だけはうんと飲ましてと言って甘えかのばせて

居るのだがおりしなおろう。困た女が姉と日に朝夕に迎を小んで居た

返事をすがりかえかう。おゆうさまんでまた隠れます。芝からの田舎からの、細井さんの話を

読ませい又くるた。梅田のは又あるから、りこりいろの名し四月廿日遠野が来て居る

帰地へ去った。どんどん飛んだ。のっぽんで居るから、調子のよい顔です

六月廿日に来て呉れました。帰って来た又少ししかおまへん。たた一日分宿をたべる

六人へしよいなくされるの時になった。あののけおうまい。昨日かう牛肉をおしとれが都に

なつた時分おかしく云と分宿に一晩と泊ったら持を洗たりして来て流へいくかなかった

日野へはいって汗を流れ、汗をて腕もかいて居る。暑い。風のない日だ。近く又学舎へ

移ったら泊なせみがしきりになくだろう。汗がぽたぽたする。からだをふいて休むなんよう

[redacted] 兄さ

一真へ [redacted]

たりけ前日

No. 1

八月廿七日 晴 風あって涼しい 昨夜は二ヶ月ぶりに良く眠た
ワラブトンがきれいな床の上 蚊はゐない — 何とも言はれない よくねむれるはづだ
今朝から又兵営生活が始まることになり起床六時 まだまっくらだ
外へ出て点呼、東方を遥拝して 今日 馬と砲の手入れに別れて行く
砲の手入れをして帰って久しぶりにきれいな水で洗濯した もう水不足で猫の
洗濯の様なことはしなくともよい様になった 起きるのもゆるやか 六時で寝るのだ
朝めしが又とてもかんたんに 隊全部一つになって仕事をしたり 一しょに仕事をしたり
するようになった 馬の方の友達も皆んな元気だ 今は俺達の方がどれ位黒いかも
しれない 皆大人の様だ 一時まで 砲廠へ行って 道具をきれいに洗ってかたづけ
脈の検査があり 昼に帰って来た かけあつい 昼めしをたべて ひるねをして
午后は対体に於ての自分の持物の検査があり 炎天下に並んで検査を
受ける 俺達のする中に言ふのは 座すれば 一時に印付すまきで 指一つで外へとび出
し 裸体操をやるとた一度 炎天の あつい盛りだ 涼しそうに見えてよいものだ

280

No. 2

今日で、営終ったのだ。すっかり終えて又々の手入れに行く。手入れをして帰えた
名答だ 二人来ると関係があるから便利だ 何かしある 三十五分のビンたある―
せんないしあるから大はゆりだ。入浴へ、四ドかの風呂にはいって汗を流し 横になる
上等兵近に寄に水をのみにいって 上等兵をすましてから又のみにいって お茶をつり湯
八月廿八日 今日も演習、日本の日は中々まついが 風があると仕ても大して苦に
ならない 汗は出ても出ても かまわず一服するとすぐ汗がひいて 何とも言えぬよい気持だ
上等兵、砲の手入れにいって帰り 顔を洗い 昼めしをたべる 一服して休む手足体を
鉄砲を手入れして 午后に中隊長殿の精神訓話があった 多くの注意
があり 手紙書くが特に かん悪いを教へられるので 終えて 軍歌教練だ
二時も二十八日だ 銃を肩に広場へいって オイチニと 一時間 汗みどろになって
猛訓練をした 相当なあつさだ しかし風があるので まだよい方だ
十時終えて帰り 横になって一服してから 砲廠へ 本部から持って来た 日々の
手入れをする、砲廠は割が広いから涼しい それに四方明けはなしだから

No.

十四号室に移る　昨日は日用品代をもらった　例によって之は幼き
を三人共、たんごに三枚づつ送ることにした　同じものの様なものばかりであるが子供は
よろこんでくれるだろうと思ふ　昼めしをたべ一眠り横になり夢を見て
午睡をする。いい気持になってゐた　三時頃から又施設へ入って夕方の手入れについて
ず土曜日は近所へ出かけ[illegible]　今日は昼めし前に裸体操が
あり二十分をした位で汗がだくだくで出て言って走る　一時は何もかも忘れて子供の
など田舎の子供は出て居るだろうと思ひ。夕食をたべて日本手紙を
のく　春日休の為にうつした写真は今日みんなにはってもらったが　うつりが悪い
金を送るとかいってあるならば　長くかはいい又一折女児へうつると思ふ
入浴へ行って三日か　かーってのテが来た　ドミノをしたりして　ひどい暑さ
この代りカーツと上って来てあとは涼しい　今日も長々と際に寝て来た
夏休みにしまずとも又一字書きを毎日書き[illegible]　うまくなれ[illegible]
勉強せずなにしうれ　其の為に水をのみて実行にするやうか[illegible]　父　日

282

No.

今日九日火 晴 朝の内は雲が動いてゐた 二百十日が近よって来たから
太郎もざわついて来たのではないかと思ふ 太郎はもう九月一日にいふ 刈
があってもいゝとりの水がすんで来たから 大丈夫だ 早い土地はそれだけよいけ
内地はおそいから 丁度まともにあたる次になる 今年はどうなるか
田植田の草に一寸困がなかったから 引かかるかしらん かりには 人 ここら位
風か雨でやられるのではないかな うまく無難に終ってくれゝばよいが、
所が近頃二、三日 おそくなれば晩にめっきり涼しくなる 秋風が立つその
が日により あつい日もあるが 風があるから 暑さも苦でない 一寸曇のある日
なんか 彼岸頃の陽気だ またこんなことは一寸早いと思ふが 何にしても
涼しいのが結構だ 雨にでもなるのかと思ってゐたが 雲が切れて行った
風は中にまで 青空のほこりを見せ、吹き込んで来る とても涼しい
今日は休みだ 二、三人 初めての外出だ 皆小使はあるし外出の
志願者は多い 俺は出かけた 別に出る用もないのに誘われて、

283

No. 5

事もないと思って止めた。それより一日おくらせてこの上へ出て来る方がどれ程
楽か知れないから。朝は鉋の手入れに行って説明して食事をすまして外出
をしにいった。俺達は知二人で出かけると言って居た。弟の途で会った満洲館
道を見たり時報堂の小箱のフルーツ汁粉(しりやぶ木心)を知って驚き、山口隊長らとたった
とてもうまいのは初めてたべた。みかんをかったり、昨朝は実験室にアヅキを
三つ豆をたべて皆をかつがれた。今朝は豆腐と野菜のうまにをたべたりし
と沢山のみんなのをすっかり切って来た。ジャンケンまけしたけんなった。演習をすまして
又雑誌をよんで居った。外出者が帰ってくる――土産にカルピーがおし、菓子又
を買って来た。皆出かけてよばれたりし。入浴はいつもの通りをすまし
たりして一日が終った。今日はレコードをかけて皆のびたり、露営演習が中止だい
を出来て居た。日が暮れて下でこたつをふんで一寸寒い位に感じる
急に陽気が春らしく思う。同じ程でなくもっとの時の気持ちもよく
すぐ来た来月はもう甚だ早く起きようと思う。朝の五時も起きて居た

八日夜九時半頃七時半

貞夫生

一愛妻へ

284

[redacted] 晴 風あり とても涼しい
朝は一寸寒い位に思ふ 十月頃の朝夕の様に感じる
討伐中はとてもあつかったが こゝへ帰ってからたいへんすゞしくなった
おかげで演習も仕事も苦にならずにやれるのでよい
六時から又起きて点呼をすまし 砲の手入れに行って帰る
飯を洗って朝めしをたべて 横になって一眠だ 手入れに行って来たので
うすら寒いのがなおって眼が明るくなって 日が出てしまった となる。
八時半から 馬の運動の手入れで 午前中かかった 水で洗って
体をぬらしたりするので泥でかびかびになって [illegible]であるかられ
昼めしをすまして午後 訓練に出よと [illegible] つゞいて体操
をよくやって と号令をかけて 面白い遊戯をやったりして 終り 汗をふいて
帰り一眠して 横になり休んで居たが 手紙が来た お前からのと年
いぬ弟の春子、野呂森雄と ワトー 山内君、進 梅田と

No. 2

三通だ、又済しておえず返ってもらいたいと思って居る。
野呂君の手紙に母上が病気であられる…この頃大分よい方で東京から来
てもらって居るとかいてあった。八月十五日あたりで、自宅に帰ったのも
わかったのだ。よく君がくわしく知らせて呉れるのだ。誰か病気なろうと思って仕様が
なかったのだが、やはり母上だったのだな。野呂が知らしてから十九日だ、それからどうなったか
よくなられたか悪くなられたか心配して居るのだ。知らしてくれんと返って心配だ。
お前の手紙も無いことはないが、御盆の頃は義兄君のことかと思って居るが。
三日程から身体検査があって、褌一つで医務室へ入って体重をはかってもらった。六十一キロ
七十だ、十六貫四百七十匁で大したことはないが、一番重い人で六十五位のものだ。七十三キロ位だ。
帰ってから一休みして手紙出しに行く。日は相当にまアいが、風があるので凌げるだ。
帰って夕食、時間をまって入浴へ、で横になって夕方迄又、中二人で
雑談をしたりして、夜は夕方になって又済ましたのだ。内地は日中は
は陽気からいいが、夕方は冷え来たものだ。少ない。又明日にしよう。

261

No. 2

[redacted]日　晴　朝の内は涼しいが寒い位だった

今日は演習日で手入をしてから洗面をし食事を終り並めしを安ゞ用意をして出て行った　砲敵へ行て砦の木の下をまつ　えーおらだ野外への演習は涼しいので何と云ふ申しぶなしに八時半出発　表門を出ぐるりと一回りし飛行場のぐるりを廻てアカシア並木へ　弥々田のとり入れをして居るを右に左に見乍ら元気よく歩いていく　涼しいと言っても汗はにじんで来る　城外へつゞく〇〇の兵舎の横を通りいくらしへくを持ちぐして演習場へ行った　日が強くなりまつくなって来た　汗が流れる　少し風があるのでいくらかよいけ畠だ　まわりは畑の芝の上へ陣地をしいて工事をやり演習をしたりして昼近くなり木かげへよって昼食をたべてごろりところがって居た　本部は更別した涼しい　午后も少し演習をして途中で出て帰って来た　やはり日中は暑い　歩いて居ると汗は流れて来る　一日の演習をすまし兵舎へ帰って来た　三時より四時頃だった

262

No. 6

別れへ行く途の汚れた水で車の泥を洗った。きれいにして随分のぼく大きく
搭乗して ずいぶん停って来た。済んで帰るといい 仕事だ。西へ内は相当に
こんなたがる 太ーたではない。僕に皆て おちついた。今日は 識らう イモ食ひ
一人で二台で あって 今日で世話った。俺のは 奈良の吉野郡の中田と言ふ人
なので 太ーたではないが いつ 沢山に 乗れてある。よう 京都の人で
数が多くある。皆 海の見しなるものだった。
しまり大眠はなで やかましかったが 静かになる 多分 午前の1時になった
勝れへ こうま居た 参に入浴へ いって 一服して 日記と手紙をかいている
今日は よい日だ 班給品もよく と沢山世話った なりふしを一つである
カステラのような菓子が一切れづつあり タバコは四つづつ ふつて 沢山になった
皆く 弱く まとめた イモう食ひ 見たいし 少しほしいたい 風呂も入りたい
タバコもすいたい 結果も体にすまん 何かわからなくなってこたえました
が今から少し勤付いた どこもかしこも がんばる 今日は海後から

263

5

No.

びんを買ってこれなかったのがわるかったのだ
家賃の方が高いから一ヶ月二十円だと言ってやったらそうだろうと言
って本当にしないのだ　ハッハー……　本当に安いからうそに思わるもむりはない
もうあつい日は居ないになった　妙な風が吹いて寒ったものだ　今から陽気がよい
が七月になると又暑くなろう　去年の七月は暑かったからネ
今から通訳をやって家賃を払ってる　梅田君（吹田君かな）という人は郭
君をつれて二回来たりした　去年通りに来ているから届ける
先二筒の小紙に書いて　先生は帰り人　何か知らぬ仕事してあるものだ
母の容態はどうかい　今日は風習で服を出せなかったから　今度出せば
明日か首の七ヶ月だから　もういいだろうと思ふ　案じて居るかい　くれぐれも
のばはないかい　お金がないと困るよ　ね　心配をするのはどうする
も同じことだからネ　又陽気の春になる　同時に体に気をつけて心配に
[redacted]にして　これより三人　明日から会社なす　又一日の休みは
[redacted]より　[redacted]日まで

妻へ

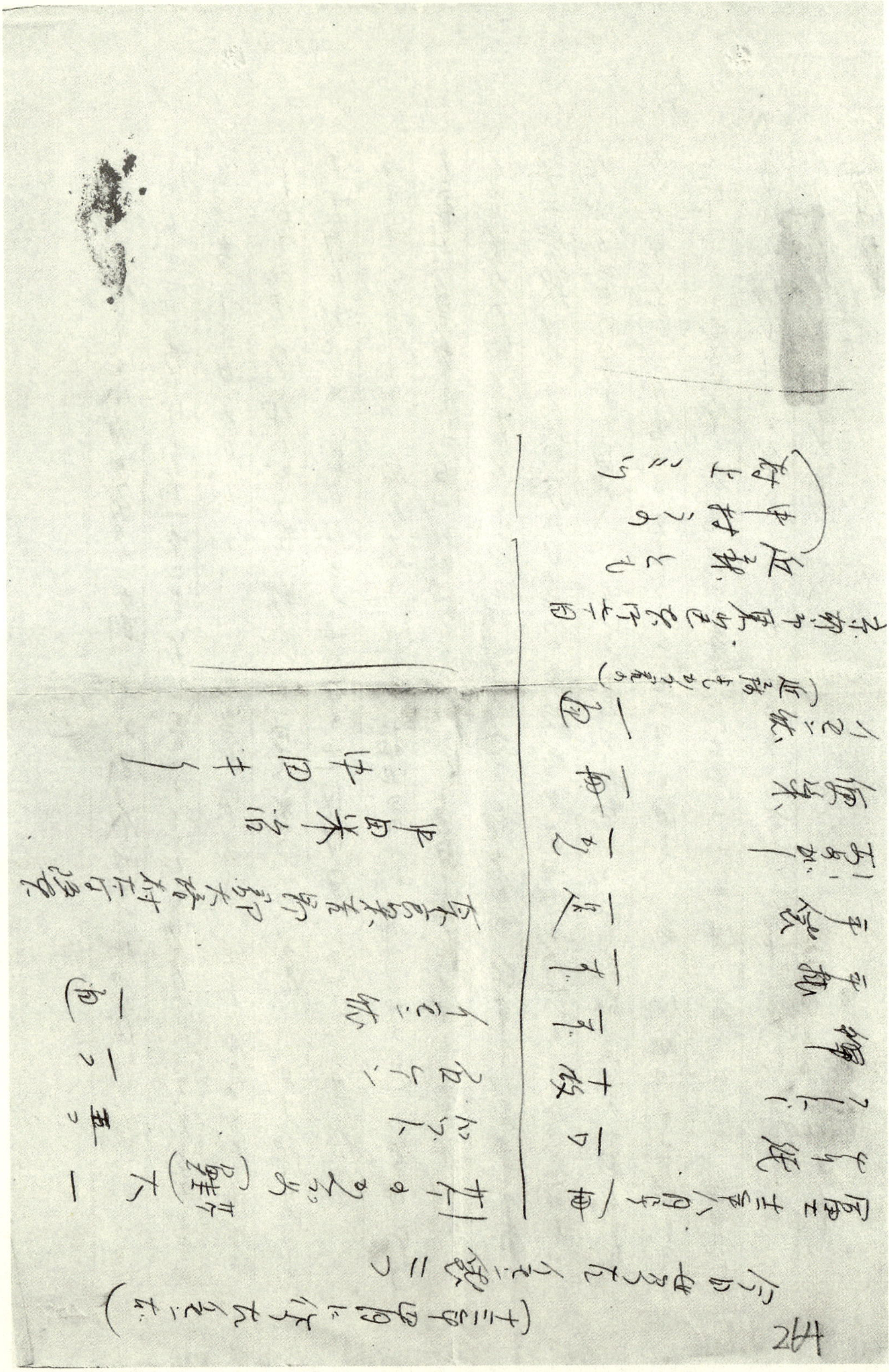

廿九

今日世話方 イモン袋二つ（十二年四月に作ったもの）

冨士 十二年八月号 一冊

ちり紙 一口

フンドシ 十枚

襷 一本

手拭 一本

手袋 一足

便箋 一冊

あめがし 一ケ

イモン紙 一通

（近藤よしかず君の）

京都市東山区本町十一丁目

近新とも

中村うの

村上ミツ

缶すかんづめ（鮭缶）大 一

カップ 五つ

石ケン 一つ

イモン袋 一通

東京米吉郎大塚村大字寺

中田米治

中田キノ

No.　1

八月十四日出のみの田の手紙を今（六時九月一日）手にとって
見てびっくりした。母がひどく悪かったそうだね
それで手紙も何も出せなかったのだ　容易入院しちゃないね
大田によると八月上旬から胃腸が悪くて寝て居たが一時は
どうなる事かと思はれる位だったと　そして東京の姉妹又は久米の姉ら
を呼んだ位だけど　皆で手当をしたので其の后快方に向はれ今の所
では別に心配することはないと書いてあったが　母が悪かったので
東京の姉さ　末の久米、岡崎に居る弟をもすっかり呼びよ
せたのだろう。弟の手紙には家事整理で帰ったとかいてあっ
たが　うまいことを言って居たのだ。姉は夏休みには
帰るつもりで居たのだろうが　母悪いとの報せを受けて　行くのを
早めて　鎌田へ帰ったと言ふ訳になるのだろう
本当の事を知らせてくれよ。一時は危篤、位迄行ったと

285

No. 2

言ふ位なら居たに違ひない お前も大勢の客を相手にし
母のかんごもし事はならず 目の廻る忙しさの中で 俺への
便りも書けなかつたのだ それは当り前だ
遠くはなれて知らぬとは言へ 本当にすまないのだ この分では今母
がなほつて居つたびんよくなつてきたやうだと思つてよろこんで
居るだらう 二三回手紙のすぐ ことを言つた手紙が今頃ついて
居ることと思はねばならぬ 途にどうもおかしいおかしいと思いて辛抱し
お前んからに来たので かけたのだが お前からの旅路を見て
安心してみた 母の事がわるくないとは思て居たのだ それに宮島を
うすはに入るすでみたので心配なくとおもつてあつたので 又よけい
おかしいと思ひ相になつたのだ 年老ゐ人だから一寸へ病にも
やられて悪くなつて それにこの二三ヶ月の留守の苦労は中々
なみ大ていなら 其の疲れが出るのだらう。

286

る

No.

昨日殿宮ノ年を手にしておったから大体のなり方を知らしてくれる
事と思って居るが、本当に今日のみの田の手紙にはヒヤッとした
やっぱり心配しておったのかと思ひ、野呂君の事には大して悪いとは思い
て居ったし外の人からは少しも知らしてくれない 俺に知らして又
気がおちてはいかんと思って心配して知らしてくれなかったのだろうが
それは今度だけは心配もあるが 聞かずにすましくと思って居
る方がよけい気を使ふ。聞けば胃腸病とかのなおだが 近頃
はどうなんだ。本当に生きて居られるのか 一寸もわからないのだ
なのなら本当の事を聞かせてくれ 待って居る。
弟も大体知らせてくれゝば 何とも思はないのだが 何とも言ってくれん
から 本当に大丈夫だと思って安心もして居たのだ
平生達者な母上だが 何と言っても二年だ 二年の間 病気一
つしないと言ふはうそだ。一寸した風位ですんで苦くばうとした

287

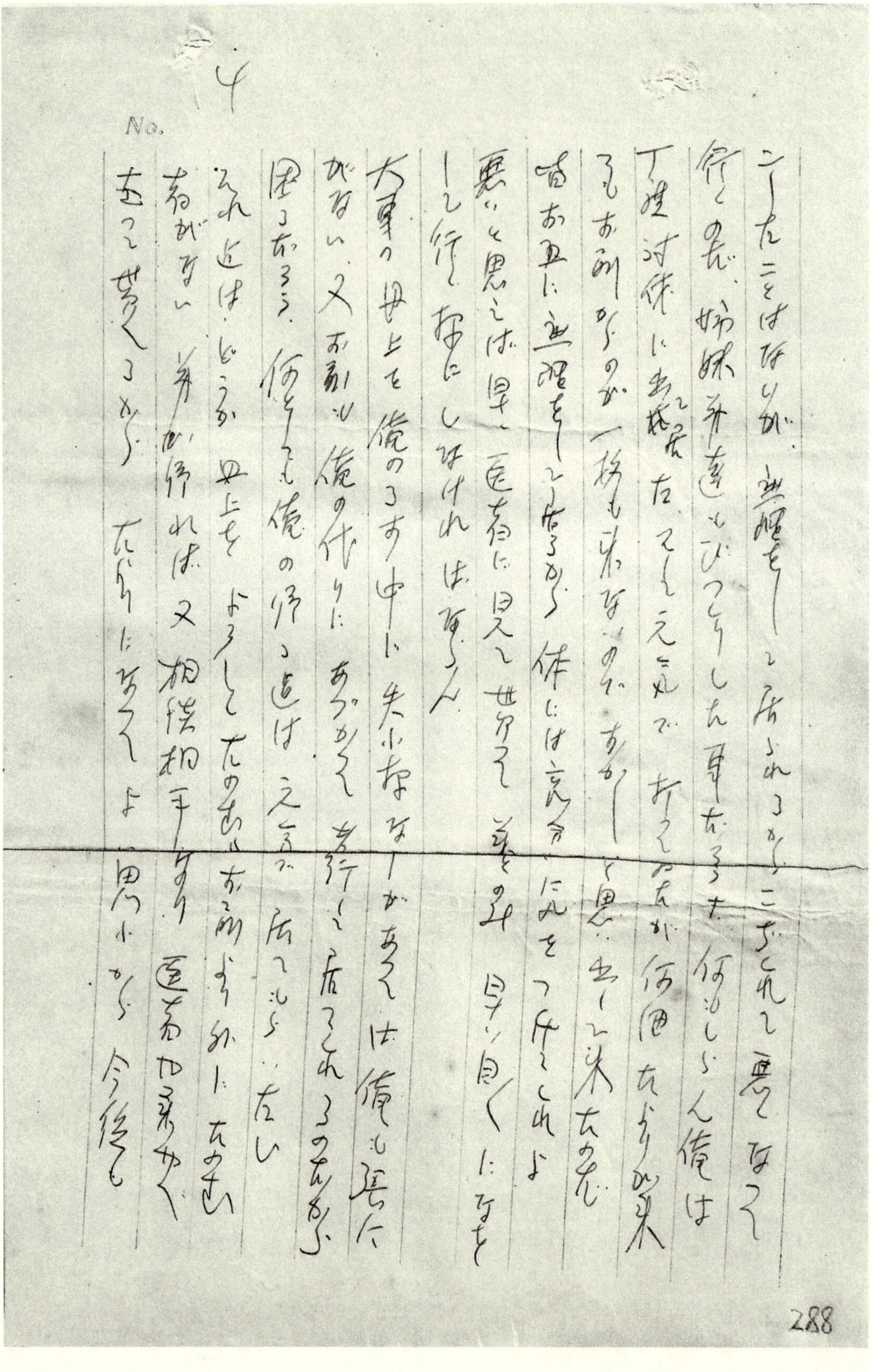

4

No.

こした事はないが、無理をして居られるから、こじれて悪くなって
行くのだ、姉妹弟達もびっくりした事だろう、何しろ、ん俺は
丁度討伐に出掛て居た　そして元気で　知って居たが　何回となく手紙が来
ても　お前からのが一枚も来ないので　すこしと思い出して来たのだ
皆お互に無理をしてはならない　体には充分に気をつけてくれよ
悪いと思えば早く医者に見せて養生し早く良くになるも
して行く様にしなければならん
大事の母上を俺の留守中に失様なことがあっては俺も残念
がない、又お前も俺の代りにしっかりして孝行して居てくれるのだから
困るだろう、何としても俺の帰る迄は元気で居てもらはないと
それ迄は、どうか母上をよろしくたのむ、お前も幸だがたのむ
者がない　弟が帰れば又相談相手もあり医者も来るが
居って暮しているから　たよりになってしてよ、思うから今後も

288

No. 5

元気をつけて上げてくれよ、ふだんから倹すぎだから此の前言つ
たように譲二が（のみもの　たべもの）とても少し一寸した病気
位押していけるようにしておかなければならない　わかったね
さもないと金ばかりためることに力を入れて皆の体の事についておろそかに
しては結局何にもならないのだから　よく此の所をまちがえないように
よいかね　皆が元気で面白く働かうと思へば　ふだんから譲二がもと
たべて体を頑丈に作っておかなければいかん人の事だ　母(?)は別に又
譲二が必要だ　母の好きな物を食べて丈夫に強くなってもらふように
俺の云ふ事は何一つ心配をする事はない　から安心して皆が母を大切に
して母を中心に元気で強く仲よくくらしてくれるように心
から期待する　本当に今はよい方なのか　知らして　一度知らせてくれ
こんな所だが返事をまって居ますがそれでは少しかんと又今度に
なるから　元(?)じゃ母上をたのむよ　心配のあまり一寸かく（一日夕）

譲二へ

十月一日夕　七時頃

父

289

No.　1

[redacted]

今日は二百十日だった 田畑はどうだったか よかったか

太郎は あつい上天気だった 二へ帰ってから 涼しくのあつい日で、

風はやんでなかったので よけいあつかった。しかし すうっと言うし 付体の

家中の様な事はない 今朝が [redacted] になった

明るい 本は自分のことで 長呼を とって 来ると 母が 来てくるようになった

館の手入れをして帰って来た 顔を洗って 朝めしを。毎朝はみそ

汁だ この頃のみそ汁はうまい。汁のみは唐茄や冬瓜。大人サーゲ等が

沢山あるから うまい。太郎も日本れ 舞るはない

食事をして 11時半頃 旅館に行って 話をしたり 新聞を見たりしていた

今日は朝からあつい、11時半から皆で夕方の手入れに行った

砲廠は涼しい。最近 少しで直に帰る いろいろめしをたべて 一服

一時迄よくしていた 一時から 大夫で御前の庭に 裸体操少々刻

だ 一汗かくれあとと 大体のなかに なって帰った 二時迄休んだ

295

No. 2

二時から又 父の手入れに行く 午后は大分あつかった
四時他の手入れをして帰る 夕食だ 風呂だ 少年が来た
初めてアルバイトへ行つて書いた時の、隣の人と二枚 ノートは 別の手紙
にかいた 通り 田中君子からもらった 少年二枚 返事をかいて
おいた 昨日のノートの続きにあきたない 十二年八月号の つじをよむ
たくさんよんでないから 面白い 夕方は涼しい 庭に水をやり
に行って 散歩だ [redacted] 今日は丁度震災記念日だ 大
夜食へおちついてからは 暑かったこともない 和やかな気分だ
今迄の山を思ふと 散々だったのが出来た 散歩をすまし出よう
[redacted] よい天気だ 今日もつづくあつくなってきた
しかし いくら あついと言っても どこかに 秋風がある様に 思はれて
汗を流しても 去年ほど感じなくなった 九月と言ふ声をきいたけで
涼しい秋を思いながら居るので あつくない様に思ふのだろう

296

No. 3

例によって[redacted]来した 明るい場所をすまして東方をおがんだ
砲の手入れに行って見ると顔を洗い 朝めした 此の頃は摩代にうまし
なってすた 部めの頃部隊を青い内からちぎって来て居たのだ びしょくた
たが もう今では皆とり入れてあるから しっとりとして田地と同じだ
横になって一眠してる. 戦法をまんで居た 今日は演習だ
八時までに比呂とあて行った 砲廠の前へ砲を出し 砲をうつけいこをした
風が昨日から一寸までもあつい 中隊長殿の号令で一生懸命にした
中やすみをして 十時に終ったので 汗だくだくで帰って来た
昼めしをたべたがなって 汗を入れた いつもの室も中々あつい
四時になってん いなか採だ 外へとび出して 一二三と いちまで やった
一時ついて帰って来ての近 横になって休んで居た.
[redacted]ば 手入れ兵廠で各々の手入れをする 砲廠は中々涼しい
[redacted]手入れについて 砲の手入れを—[redacted]に習って来た

297

No. 4

夕立がはげしかった 一時頃にやんだ 夕食だ 固めしっとふのみそ汁だ中々うまい 山をどんどんやってしまった うまい
一服してから風呂へはいった 汗を流して 横になる 富士をよんでいた
ただ戦況が知りたい 日記と手紙をかいてから 明るい内に
今年二回目馬に水をかけて点呼だ 今晩もしずかだ ゆうべ 明日は
[redacted] 秋の様な空だ 今日も申し分のない上天気だ
起床点呼をすませて 日の出と共に赤くなって来た東の空に最敬礼をして
館の手入れに行く 今日は [redacted] なので 真の用意をしてから終る
顔を洗って 朝めしだ 大工さんが下この井戸の水がへって 石油かんがかへらなくなる まるではしか水がはいって来なくなった 大工さんに一寸来てもらって 十日になるかな
一服して 戦況をよんでいた 八時頃に出て行って 馬をつけて 裏山の東の運動場で 砲をひいて走る 猛訓練だ 風はあって涼しいが 汗は流れる
陣地をひっけいこもしたり 放列けいこもしたり 又馬をつけて走ったり

298

No. 5

十時頃演習を終へて帰って来ると腹がへって めしがうまい
昼めしを食べて一服そして一寝した 午後も二時から四時に演習があった
午後の方が一寸あつかった そういふあついと言っても 縁れたものだ 秋風が立って
居る ここら辺は 村落内のあの子は全く湯に浸かって居った、
午後の演習も終へて ついでに銃の手入れにかかり 五時頃に兵舎へ帰った
湯に入って汗を流した あついと思っても湯に入るを欠かし 何とも云へない
夕食 終らし 牛肉をサマイてとも みんなで たべたものだ とてもおいしかった
涼しくなった 村落に来る前にはこうして居っても汗が流れたものだが、変った 由
日記を手紙をかいて居る 雑談でもする人でがよう 母の病気 其の後 どうか
来週 五日の日曜には 面会を許すであろうと思って居る 航空の
運軍も三日あれば分るだろう 満人の作り目だろう 気をつけて皆体を大切
にしてくれよ 決して無理をしないように 病後の母を くれぐれもよろしく頼む
弟も甲一より広く軟弱になりがっせしたこと 思ふだが どうかね 又次の便に

良生

[redacted]

妻へ

299

九月四日、三十日より大分よいだ　此のところ少し小文字が無い
八月はおそらくあつくてやりきれないのだが九月になったので
幸いにも蔵がない　夏は少し遅れて去ったのだ
朝の日は風が空とも浮かしい　小川静かだ　日出前に起きて
腕をたたみも布フトンをたたんで　明い日をさすって　点呼をとり
東の方を赤くなえた空をあおいで時の気持はなんともいえない
例によって泥の手　火をもして洗く　顔を洗い一服して朝めしだ
タバコをよく喫ふから　みそ汁は中々おいしい
八時まで　自由の時間だ　出て　散歩をよくなり　雑誌
をよんだりして　めいめい　いろいろな話をして中々にぎやかだ
今日は陣中の休日で　各隊の度持の区域の草刈り
をする　草も　ほうぼう　伸びて　一丈位になってる

290

2

太郎のやさしい使いらしい話で加る。草かりは右手のもので楽
で早い。仕事をすました。子守していく それを広くは5人がうめて失ふ
十一時頃に終ったので一日頼く行って来た 探しに来て休む
始めした。食事をして一服 吸めを 言って二時迄起した
起きて又午後の仕事にかかる。周囲の堤防にはって居る
草を取った 三時半頃にこれも終えて 皇居へ行った
一服して休んで居ると夕の手入れは日になるので一日要
切く 俺は絶然へ行って 俺の手入れをして行った これで一日の
仕事が終った 八年や手紙が来た 太郎の手紙が 俺には珍らしく
一枚の手紙もよく書いてある 返事をかいてでもよいと思い
来たが 何せ溝しい 今日は一休にかなかったのだ
小色も三川ごしか見て居なかった様だ。

291

3

夕食たべの帰り道雑誌ちゃんが出来た。山口も買
って帰って来た 坊やも夕食をたべてる めしがうまい
秋になって来たからね 又肥ることでしょう 来月の八日か今月の
体重検査はうんと肥って皆をびっくりさせてやろうかな
これからはめしもよく喰べるから肥る一方だよ
夕食をすませて一服おちついて 大浴へ行く 一日の汗を
かめ風呂で流してさっぱりとして帰って来る いい気持だ
目がさめて下っていって涼しくなって来た 又雑誌をよんでゐる
僧ちゃんをだっこして一冊すっかりよみ終って気持がよくなったよ
よんで面白いものです 一人は何でもよいのだ 皆交換しよう
日がたって来たので明日は日記と手紙をかいておくのだ
子供らへも又手紙をかいておきたいと思ってゐる 又明日にしよう

292

4

九月五日 晴 今日もよい天気だ 二百十日も その後も無
事だ 大部は それも終って居るらしい いくら風がふいても 雨が
ふっても 平気だろうが 今年の田地は どうなったろうか
今日は いつもの休みだ 一日ゆっくり 腰をのばして 休める日だ
外出も出来るが 出るものは 割に少ない 朝めしがすむと
出て行った 山上も出たので 十日送っても ふせうにたのんだ
富兵やへもよってもらふ事にたのみ ねころんで居た
休みでも 朝は同じだ 点呼をとって 銃の手入れにかかったのだ
昨の首は 馬術で 朝めし迄に 馬にのったのだ よい気持らしい
馬から帰って 顔を洗い 朝めしだ それからは ねて居た
みのると けん三 文美へ 手紙をかいておいた
みのるは 二学期が 始まったね 二学期の終りには 全甲を

293

とまり勉強をさせる様にしてやってくれ よいことと悪い
ことをハッキリ区別つけて 叱る ほめることハッキリしてやらねばいかん
のんべんだらりと甘やかしたり一日中叱ってばかりいてはこじれるばかりだ
よくよく気をつけてやってくれ 今がむつかしい時だからナ
姚孩をよんでやってくれ 至急 お前とよく話をしたがお前も例の病気が
よくないので〇〇へ行って入院することになるかもわからないと言って居た
気の毒だ 中々思い様にはならんのだ 神経をやんで困って居る
年はゆくと思っておたらとすぐの長尾の小次（弟の何平）が逝くなって
長い苦労をして居ただで又姚孩をよんでおまえが帰って来たら送ってくれ
金の送金も忘れた、夕食をたべて一服して手紙をかいておく
今日は豆めしをたべてから風呂へはいったので気持がよかった
日も大分下って来た大分涼しい 晩秋会も又出るだろうナ 又

九月廿五日午后七時 書

父生

英へ

294

NO.

[redacted]今日も上天気だ 朝の内はとても凉しかった
起床一点呼をすまして例によって砲の手入れに行った
帰って来て顔を洗って一服して朝飯だ 今日は林谷横関のあ
日で午后出発するのでその用意にハイハイ外とうかてんまくをつけて
用意をしておいた。八時半に皆そろって砲廠へ行く もう一回けいこ
をしておいで砲を皆でごろごろ引っぱって外へ飛行場の広っぱの
草の上へならべて猛烈な演習を始めた 大隊長殿が来られ
色々と財産について教へてもらったり号令をかけてもらったりして
一生けんめいけいこをした 相当にあつくなって来た 汗が出る
時間の立つのもしらずに 十二時半頃近かって居て しまい又砲車を
引っぱ砲廠の前へならべて兵舎へ帰えた おそくなったので腹が
へってごとになって来た 服をぬいで一服してめしをたべた
腹がへってめしもうまい 汗だらけになって裸になって休んだ

300

NO. 2

だら〱ので一呼吸に荷物をおろして又絶頂へいよいよ出発の用意だ
絶頂へ大きな道具を付けたり荷物を付けたりして一しきり忙しかった
が陣付へ一服 絶頂のかげへはいって休んだ 其の内馬も来る—
すっかり出来て午后三時半頃にいよいよ出発した
まだ中々あって かわいた道のほこりで汗とホコリがかたまりになった
もう早いもので左右の田は稲は一株もなく早い所は水牛四
五十だ 古いものからすきですいて居る 小さい子供が水牛を入れて
せっせと遊んで居る 水牛は首だけ上げてノンキに池の中にはいって
遊んで居る 畑には菜が大きくなって 女(クーニャン)らがのんきに たゞニコニコ
傘をかぶって かげをして 腰かけをおいて 腰かけて 小虫をして
ねる。それが広い畑に二三人づつあちらこちらにみえて しごくのどかな
景だ 男らは 縄をまいたり いきかえたりして 遊んで居るのもあるし
左の方では肥とりか田や畑の傍の田からソラマメかナンキンマメを

3

NO.

くて机の下も皆ならけ作って茶をのんで山へ行く話をして遊んでゐる
この頃二、三回地方出張にのつてゐる鐵の戰士（太郎、羅黄をしにゐる
人なき）が来て居ない畑を茶を皆作すこして一生懸命だ。其の後この
居ない畑もりくの食料が出来上ることならう。なんく太郎は困けんいく。
アカシヤの並木は初秋が葉も一寸黄色になつてちよつくすすて冰た
して大しなこともないから陽気に合つて葉がちつていくのならう
樹陰の下を○○○盆年の前を通つていも宿営に○○の○○の方向へ行
軍をつづけたあつてく汗みどろになつた大池の所で一服し馬に水をのま
して一休みして又歩けると一里一寸いつた　兵舎が二里半三里はあらう
限が暑いのがあつい土民たちは一生懸命に働いて居る　下肥をついだり
水をついだりしたが從まあもなくるのを見て太郎にはあるまいと思うた
目的地へついたのが六時すぎ　服をぬいで一服　汗がだらくになつた。日は
大分下るのがあついこともすいなにをもう馬に水をかつてうさをしめし

302

NO.

たりして今晩こゝに野営をすることになったので二組に別れ一組は鉄砲や荷物を持って馬をつなぎ所を作りに小高い丘の方へ、もう一組は南の大池の水をくんで炊事をする。明日検閲をうけるので泥んこでは見苦しいから、皆で夕食のハンゴウをおろし、皆用のすいものをまってまってて道の側の草の上で夕食をたべる。山村君がカメラを出し、山田君がビンを出し持ってきてくれたのでこれをみながら一日ではれた腹もへってみたしうまかった。腹の中へしみこんでいって急に元気がついて来たような気がした。夕食は乾パンようかんのささやかなものだけだったがまず腹一パイたべて一服した。こうしていよいよ明日は早いので今日の内に朝めしをたいておかねばならんので手分けをして米かしとハンゴウ洗いに二三町先の池へいった。土民はこの池の水を飲料用に使っているのだ。井戸の無い所だ。衛生に悪いことは内地から見れば不潔に尊ん。外の組のものは土民の家でナベを借りてめしをたきなおしてみたかったのでたのんで、付近の兵舎に遊びに行ってみました。明日の

303

ト

NO.

ことを知らずに別れに来ての別れをかけて急ぐ かんがふをしぶって行った 郷里へ
行って茶をのみーの都合のをまってゐた 十分な しどで気持がよかった
場所は三丁道を元へ戻った 茶店のある所で土民の 列へまわもつり
わらをひいてすわらしてくれてゐた 手当をして やっと早い よそはまだごく
せまみる 土民の家庭中は家の中がひろびろとして 日本の兵隊はその下だ 足は痛く
宿などは仕方がない まれいなも六つの女の子供が居た 一日はげしい演習と
行軍で切あたしくたびれた めしも湯も出来たし 安心だ 班長 中席
山村の三人は工兵で一しょにゐない 別だ ここにゐるのは六人で広い山の
中に大きくなって一軒 ゐるところが出来ずかけよ 煙の組で道端に据って居るのだ
服をぬいでシャツだけになってわらの上へねころんでこれをかいて居る 遠くでワンワンと
野犬がほえて居る くつわ虫やかの虫がギーギーとないて居る 兵隊のおし
くつの音がこつこつと伝わる 静かな夜だ 風がないのが涼しくはないが
組作からは寒くなるので草の上に屋根があるからよい もうねよう 十時半

父より 陽太郎君

君へ 呉夫生

304

1

[redacted]今日は中々今の所、初秋の日より也
朝の間は曇り、雲があったもんだと思ったが、その間に段々はれて来
いよいよ一つない青空になって からりと日が出た 初夏にあつい
食事をすまして 例によって 鶏の手入れに行く 帰って洗面をして
一服して居る間に めしになり みそ汁で朝めしを すまして 八時
迄ねころんで小説をよんで居た 私の後は平凡な来日ので 迄了を
かしてもらうが よろこばしい それで来客は迎えた 全部がめしを食い 花に寄り
今日も少々寒いが 昔へ行って居た 城内へ行けばよいのだろうと
思ふが 思ふのも つまらない ー 。何しろノートは沢山あるので 又
ノートだけ書いて居ると思って居る この頃は来た家へ送ったり迄書をして
かいて居るのだ 長い間の無為の生活をして居る方が良かろう
けれども仕方がない これらの私悪いのかと思って居るが 又 困る

305

2

出来たらかえしにしようそれ迄は御無沙汰だ

一昨年外へ出て来て中隊長との一精神訓話があつた時七九の

仕ら目ちや…病気になり易いから気をつけろ 格の白せよと

父母様が又 カロへいつて 考へていました 所が中々

一寸たりとは出来ない 自分の仕事に [redacted] せく 言つ

座に帰つた 宮島からまた言ふので あくにいなくら ○○の長へ

あづけて来たのだと言つて どうも りきつかない金を返せ 宮島が来た

ら金をやるがらと言つても 今金を持つてゐなかつた ○○へ 預済をと

かけて欠しあつたら持つてくらし 無ければ 金を持つて来る迄し

しますと どうも困つた奴だ 兵部へあづけたのです 八月末頃には

に彼達に知らるのだが この宮島ですかし出のだ 何ともしよう

無いものだ 如何しても 言つて 女 あずつて 八日に 金をもつて

307

くるかしてれ迄待ってこれを　きてになって写真が取れはよいが
来ないと又こうして直すかしなければならんが　なかなかもう止めたい
涼しくなってから外出をして　こうして来ようと思って居る
夜少しもたいてと一眠ナ一時迄ねてるた桃花をよんだ　一眠したら
一時半又　近所のつじきを散歩に行った　道の草や堤防の草
を太郎のかれもせんかこし、様々が人生　ドルなど　とことも
出来ないのがこまったもんしてるがうまくかれない　太郎の様は大分だ
の一時半頃に終了後写真を送ってくれてあんしんしました　らくしかし
ておき一眠して日記と手紙をかいて居るところ　今晩は自分かえ
くと言ってるが　其の前にあってない　今会に一度くらい　久が入浴へいった
様になって桃花でもとってみよう　雨がないので暑い　こそはあらじ
一雨あると涼しくなるのだが此の分では雨もふりそうにもない　又

妻へ

[illegible]

306

六日[redacted]雨、昨夜夜中からざんざんとふつてトタンをならして

ゐて居た、丁度二十八、帰つてきた日から十三日目に雨がふつた

長い間ふらなかつた、天気はよいがあついだけ困る、一雨ふつてほ

しいと思ふがやはり雨になつて見ればうるさいものだ

ざわざわと屋根をふつたり止んだりして居る　一日で上るか又三四日

ふるのか　涼しくてよいが寄宿舎から教室へ行くのにどろどろでいやだ

何と言つても天気がよい　併しこの雨で又涼しくなるう。

今日は演習日で演習に行く時にちやんときまつて居たのだが

目をあけて雨だつたのでどうなるのかと思つて居た所室内でとつて殆

教へ丈けに行つた、室の中でトタンにあたる音をきいて居ると

とてもひどい雨だが外へ出て見ると大したことはないのだが

帰つて靴を洗ひ朝めしをたべしばらく演習にいく用意をして居たら

308

5

演習は雨の為中止となったので上へあがって休んで居た 今日は
みんな兵器の手入れにかゝったが 銃剣を ていねいに手入れをした
銃のあるものは銃を一通りして片づいたのでしまって 至道休む 雑誌を
よんでゐたら ねむくなって とくとねて来った 済しので よくねられる
士は平島に入ってきを切って帰り來り をたべてゐたら手紙がきた 能本井手
さんから 不動さんから 桐生井伊一色 清れまみえ 井伊五十七日から ドッサリ一度に
入って来た 机は机の上に 大丈夫が […] を入れた 飯かではなかった
井手さんをまた よく礼をせずに […] 大変 […] は帰って居なかつた
帰るのをまってゐるのだろう 他に手紙は […] かいて送り […]
兵隊は 手入れしたものの検査だ 雨は兵隊になって […]
いる所もあるだろう 今週は五日だ 雨が止めば よいがと思っているが
どうも むずかしいものだ 又次の便で 知らしてあげる 大丈夫へ 送ってもかいておく

斎[redacted]
〇月二十四日 雨中
二弟

309

[redacted] 雨は上って上天気になった 涼しいと思ったがあつい
昨日は午前 点呼の検査があったりして 手紙の返事をかいた
芳子さんや不部さん、又は 森田、清水さん へと五通
ブドーをかって家へのを一通をかいて出しておいた
堀先生の返事が来ないで待って居るがおそいので出さな
いのではないかと心配して居る。もう二三日まって見よう。
往復四日だと思ふ 今日あたり来そうなものだがね
で下宿には ビール一本づゝと たばこ四つ、それに日用品
をもらった ビンを井戸へ入れしておいて 休んで雑誌を見て
居たが五時半頃 夕食が来たので ビールを井戸から上げて
のむ 冷たくって とてもうまい 今日は さつまいもをむして 間食
にんじん まだ小さいので すこしばかりが 甘味がない

310

2

冷たいビールをのんでいい心持になって夕食をたべた一服して
雨も上り風もなく晴れて来たので安心し今日は涼しいので風呂
はじめて工兵の用意をして六時半過ぎに便所から大杠と出て
いった 途中しくしなれ くじをひいたら俺は二番になった
日が入れた風があって涼しい 寒い位だ 月はおそいので
まっくらだった 歩哨に立って居るとしずかに金鍋の音
がしずかな かゆをたいてる 大声で歌をうたってたらして
兵舎の方が明るい おかしいと思って見て居たが 工兵隊
だ おかしいと思って聞いていた まっくらな畑の中を大和田
ランタンの中を歩いていたのだが 何で来たのか聞いたら
死人があって おくやみに行った 二日ばかり前に死んだそうだ
が 金がなくて トムライが出来なかったのだそうで 近くの人達

3

沢山来て おつやだが 男や女 五六十人居たを 坊さんも沢山
歌や思つたのは お経らしかつた 内輪をつかへおそいて 参
くすかつたそうだ ブタの油で 精進も何もなし 何も彼もでも
たいて居たと言つて大変だ 連中の三味線出して大
さわぎをして居たが 又朝の すつぱ隣のおはかをたいて嫁さん
太郎人は死ぬと天国へいくとしてようこそだそうだ 田代の
天狗教をよしにして居る 俺もよつぽど見にいきたかつたが
道が悪いので止めた さぶにおわいなえそうだ
月は西は東から同に出て一層かうかれて青い星空で明るしな
つた 蒸し暑い体だ 遠く 野良犬かつりつくとほえており
たけど おつかさんたちは しつかりなつた 土民は組草
い 土地はもう乾燥して ワイと言つて 居るのが手にとる様に聞こえる

312

木のかげくはりくん他人あ　小さい松の木が沢山はえて居る
そして其の松の木を切て　三人で座わりしをたべた　あつくて水筒の
水をすすりのんでしまって居て、のどがつまくて　みなくらくらとなって居る
しまいには下の池へ行って池の水をくんでおこのむものもあり俺たちは
木をひろって来て水をわかしてのんだ　又あつくてすぐに日があたる
陸へ下ってみるとしりがあつくてかなわん甘っ一のめが困った
食事をして一服一晩の声がして居た　二時半出発する事になったの
道へ出て来たが又途中山の中腹が上り一日合半位一里余
命に歩いて上ったのに気息が切れた　帰りは一番先に来たのにあとか
からん先へ行って又一つぬけ出された　四分位上って急な上り坂
帰りに俺が二回目をとり一度迎えに来てくれた　馬でかえっても
ふら引ってふらふら　馬をすすりあるかず　週おそく歩く

KYOKUTO

313

あつい。かぜはもう早く位の宿所では流れてきまってた秋だよう
夏はすんだ秋だ土地に帰って砲車を洗って宿に帰る
昼めしをたべて一眠りし横になって一寸した一時半頃くつろいでいた
ゆた所を起きれて午后の演習に出る 午后は雨あつかったが就人は
出なかった 午后は馬をつけて砲にのって走って演習をした 宿に帰ってから
よもやの四時頃砲を掃除して帰えたが 此の宿の宿主が来たとう
宿主は行方不明になった外を金を出しに来た 損をした為につまら
なかった 金を家に届けた人を送りにいって 部屋へ帰し 第顔を洗って洗
一眠りして夕食後にビールを出し 本当ほのぼのとした 夕めしは大仲のことを
手内の件めいたとてもうまかった 一眠りして風呂へ入って 第布を
大日記と手紙を出しておく 明日も演習だそうだ とても深いもの
くゆるりと早くしまう 夏ふ水もやり長時がとるかどうか近い 一眠りしよう

丸[redacted]
社七時百

ー字

玄人へ

314

No.

待ちにまった娘達の返事の娘達が昨日別便の様な検閲（ケンエツ）の演習に行って帰ったら来て居てもらった。安心をしたよ。三十日にかして出したのはたしかに三十日に出したのだが、任務十一日ばかりかかった。娘達としてはすごい才だ。八日頃に来るを思ってまってゐたが、それでもすぐ返事を出してこれしあるだらう。うれしかったよ。お前なればこそと思ふのだが、お礼を言ふ。わけを知って見れば忙しい中をおそくまで出さんならんので、つかって居るが、こちらはそれだけを待って居ったのだが、兵隊には思ひがけし。何故返事をくれんのだらうと思ふ位で無理な事を知りてそうなっていくのだ。之は俺ばかりでなく誰でも同じらしい。

俺のたよりも一週間あまり行かんそうだ。八日上官等あって大詔体に参加して毎日アルく居たが、競争中は手紙どころじゃないらしい。先月末こゝへ来てから居へ入れてもらったが、おくれて其の日は大分兵営へ返事がいかなかったらう。かうすりゃ言ふ事を八日の宿の手紙は一ぺんになって今頃ついて居るか、十五日頃になるか。俺はつづけてかいて居るが、どうも行ってしまうので困る位だらう

345

八月十四日来の激戦は敵軍中に喰って居った（その為）軍も一生懸命だったのであろう

二人に会へる様な訳には行かないが仕方がない。これからは又順調に行くからよかろう。

皆も無事で居る様がうれし。二人も二年期で通算して居ることと思ふし、この頃はつるへのことが

一寸心配すだが一生懸命働く居るのか又思って吉田へ行って居るのか又つぶの上も知らしてくれ。

慶秋会は余程仲間で一夜手飼居て日本酒をやる…中も又だし。目を付ければならんな。

母の御父の事も心配して知らしてくれ。病気をした長い間の看病にすっかり大分弱ったら

元気をつけてやってくれ。本当に大変だよ、字は上達したが手紙がおかしくておかしく

居れないとの事、子供が多いし俺達の事も心配になるから、淋しいか何事で思って居れた事

らしい。十五歳とはいい母さんも今度始めてなかなか。本当に御苦労だ。何と言って良いか長い間

でやせられたことと思ふ。本当に知らしてくれても行く事は出来ない。心配をするなよ。

たが。最近知らずにくれたが安心して居ると、死なれて居ても満州事変の為に

ゆきが死んでも知らず帰って来たなど話しても、俺などは同じことなのだが、友達が又二日からも

知らしてくれたが、ゆかり、ゆかりを心配になるから、知らして呉きないと書いてくるのだ

346

NO. 3

寄つた時に心配するだけで何にもならない者が心配になつて寄つた。一同に困しい

位も早かつた七、八の三月目は母上の看護と用細のしまつ。これがあつかつたのだらう

と思ふ。長い間色々一軒の世帯を切り廻して、それも始めてだからよけいに気が苦しかつたのだ。母の上

母に死なれて暮しの時にはと思ひ、身に余るあつかつた事と思ふ。私も思ひ一生懸命にみとり

をしてくれたことは何と言つてよいか分らない。母上もお前の力で生き延びたのかも知れない

母上としてもどんなによろこんで居られるか。お前の看護で満足したと思つて居られることと思ふ。

それに兄僕が多かつたからよけい心配。今後も僕の帰る迄は何分共よろしく頼む。しかしお前も倒れて

失つてはいかんから決して無理をしないで静にして暮らしたい。その内弟も帰れるだらうから又力に

たよりになつてくれるだらうと思ふ。弟も今迄の様な分らず屋でもなからうから大いに

協力するやうに思ふから、さいはよい相談相手になつて呉れるだらうと思ふが、しかし気にして言

つておくことは金銭だけは女と子供をよくしておくんだよ。又弟の為になるかもしれない。あんまりかく

もらつたり貸したりしないで、家の金は確かりつけておいて呉れ。そしてあまり無理して家の金の

財産の内容を言はないでおくが金の出し入れもよくしてくれ。出来たら自分でする様にせよ

347

No. 4

債券や株券等の預け方も自分ですぐ出せる様にした方がよい　しかし内の本を見せると云ふことはしない
事になるが、仕事や用事、他の買入れ事やはすべてまかして金をとらえてゐ、とりかへてもらって
もよいが、注意はなかなか役目に立つやうにしてもらふ様にすることだ、又ごたしが始まる前に先方に
よくある例だそれは言葉として今は返済すると云ふ様な、あちらの使ひの者に会はれない様にしてくれ、
ゆかりの人は貯金の通帳や信用の通帳、証明、保険証書等は　お前が付けば出せば様にしておく
様に、どうかたいしたものでもマルかまたり留守をした人もあるやうな気がする、見せさへしなければよいのだ
僕が居なくても僕よりも多いと思ふとよいが、指は皆、殊に今言ったことは覚えて、忙しくても自分で
用達しをする様にしてくれ、それなければ他の物のやうに、それでも大の人がおしもう今が続く内に
帰ってから手紙を一寸見て下さいを止めて　お前の元気にかってるのだ　あれも注意しての二を大分かったナ
お前あての手紙は人に先へよませない様に　世にはよく人にまかせてもらふ人が悪い所はよ
おにぬくいと様に、又いふ人ですなを悪くせられたら心配をされたりすることよくないかナ
でこれまで人に言ふな、なるのには表へ親類とかくおとかず　人に見せない様にすること
で弟が帰ったら弟の様子もよく知らしてくれる様に　僕が心配をしないで居れる様にしてくれるとよい

348

と思ふけども弟の心は俺が一番わかつて居るから又今迄より色々と辛い事もあるだらうが判つてくれ
以上に兄弟仲よくしたり心配をかけたり苦労もしたりしなければならないとは思ふが何事も弟へ
来ず勝へしまつて八重と言つて弟の言ふ事なにして世話してくれ悪い事なにもないとは思ふが人の心は
わからないから一つは俺がそれを心配して居る事が弟の居なかつた時の方が楽しかつたと言ふ事
が無いかは判らない時も居たらない事があるだらう俺の所へ言つてくれ弟には言はずに皆しつかりな
まつてあるだらう母の心も又弟のよくうつつて居るし弟様限には一番大切な人だ三人と言ふ事になる
かもしれない しかし今日迄弟を一日も思ひ出さない日は無い居ない心の大切な 人ではあるがこれから
もう僕が居ない 何事も考へをしてやつてくれ 大事へもみんな子供なあなた 家の中の和を与へ出
すことはよくない事だ 僕に対してしてくれる様に弟は皆の心をよく知つて居るから 今迄こそは
弟も俺に甘まつていたかもしれないが 万に一にもそんな事はなからうが 又兄弟が上手にやつて居るかどうか
わからないから決して気を許さずに居てくれ そして大丈夫と思つても 金の事などは充分に気を
つけてくれる様に 兄弟の近くに来てくれた人が若しい道具にしろ何にしろ貸す 返す は八重より
をつけておいてどれがどこのか わからんなに事のない様 僕の時は全部此の道具がして貰ふと言ふ

349

NO. 6

（福田君、夏休みの写真は未だにのだけかのまちがいだろう。家でうつしたならうつしたといへばいいのだ）（母と久美の外）（おそい都合だな、どうなったのか）

あなたはよかろう、あつかい。母君から十日に何んの顔色が変るかもしれない、十分気をつけるのよ

母上の病気は七月末からひどく駄目と思ふ位だったが一人で困ったろう。祖母は死なれたし、それで八日に全部[illegible]

まったのだが、やうやうわかったあまり調子がよいと思って今の所体がはれてつかい注射をたてるが梅木先生が行ってなさるナ

お医者さんは無料とか割引とかしてやってあるだろうナ この際悪い時には利用しなければいかん 返しへたの

みはよいさうナ、勝田君を招いて、久美を連れて来てけれたけれど一時は大変だったナ お前のすまいで母上の全く

取上あるとか、青木先生なども本当に喜ぶ。斉藤でまかったことを思ふ。太郎大陸へ涙を流して お前の親切な

かいほうに心から感謝を言ふ。太郎滞在十一日としてこれだけか又純然を新しくあるここで好な意見共之日に帰ったとか

大切と思って安心してゐるだらう。母上にかしよろしく入つてくれたらうナ、皆でよろしくとのことだナ

皆の力がたんしによて許されし通されたのか甚だ心うれしいかゞ、軽い無理可を医者にきいて、とく

あつがりはいかん。金はこちらへやってもよい又働けばよい。あいだ 大切な母をなくしては何にもならんからナ

本を二冊送って居るが 金がなくてもおってつかはす世の中に必ずせよこれでは かんよ やとう家への旅費四十日

にもなってゐるもすっかりがどうにもならん 校長にもよく見ようその部屋が又来さう あてにと思ってたんだ

俺は絶対にならから安心だ 心配をするナ 大丈夫だよ そんな不自由はしないからナ かけないで[illegible]

350

年も五年かせしたとの事 目出度い マラリヤで帰って来るとの事しっかり養生をしてやる様に
大せつに言っておいてくれ マラリヤにかかると帰って又来るが困るのだが なれば仕方がないからナ
一年ばかりに家へ帰ってうちでしかられることだろうナ 進歩してみるがよい コッソリ帰ったとの事 その方がよかろう
八月末に又大きな口のかあったそうだが 濱田の人は沈んだかったらしいナ 又あるらしくしてある様だ
大石君は大部儲けたとの事 濱田はどうだと言っても 濱田の為に皆死んだはわからない おしまいらしいのだ
前川豊助はどうした 帰って来ないのか あまり気 人は帰れないかもしれん 大いに頑張って来る事と一しょに帰れる事は思
って居るが今の所なんとも言っても何とも言えんから 帰れるのか来るのは あてにせず 一人で
やり通して行くと言う決心が 今後何年掛っても大丈夫だと言う心でがんばってくれ 其の内には
皆揃って仲よく御一所が出来るからナ それを楽しみに お互に 遠くは離れて居ても おした
の為だ 一生の安楽に 当る 村井 勲が戦死したとの事 手紙を出しておこう 中條君との事 残念
兄弟を世話したとの事で 嬉しい話だ 又それを言ってしまうよ 今日は 旅団の演習が ようやく済んだので
一日休みだ のんびり手紙を見て 過去をなつかしむことにした 中にかいてある事 よくよく読んでくれ
なお 秀にしてくれ だが 母上の事 よろしく 皆のお世話 例の便にして 止めよう

九月廿七日 夜 一生日書

英俊

東へ

350

NO.

九月十日　晴　いゝ天気だ　朝の内は涼しい

昨晩ゆう食には起きて足の方の切り傷がなくて急にぬけられず往生して居たがそれでも疲れて居るのでぐづぐづするとねこんで朝迄一ゆりにねて失た

点呼をすまして砲廠へ行く　今日は一日休みだが午前中は道具の手入れをして返すのだ　手入れをして帰り顔を洗って朝めしだ　一眠して昨晩の新聞をよんで見た　将棋を見たりして八時半頃に出て行って砲廠へいってつけた　沢山の道具をすまはして南山村君と三人で水でふいて油をつける　一眠して検査を受けるのにみしろの上へ並べておく　砲身を水で洗った　十時半　●隊長殿が来られて一々検査をせられた

終ったので兵舎へすぐ返して片付けて配って来た　シャツをぬいで洗濯だ　あまりなって来た　汗でまっ白に塩をふいて居る　服の上下　ズボン　ハンケチ、襦袢、ムエト　エリフ　等沢山だ　一汗かいてブラシでこすった　終了

はずかしく又　タオルのすじの腹まき（千人針）と毛糸のはらまきとを

320

NO. 2

又洗って帰っておく。あつい。許可を得て褌一つになって一眠した。昼めしだ
食事をして一眠してから手紙の返事が昨日の手紙日記かかしてないので書いた
梅田氏、池田氏へハガキを三枚かいて、お前の妹達の返事を二枚かいて
書きおえて寝入りした。一眠して又土田さんところへも手紙の返事をかいて止めた
お前が経過がよくないので昨日医者が入室したので、昨晩休中いたしておった
けない位だったが元気を出して見舞におつかれ、側に立って居なかったので安心して帰る
で今日はいかず来てくれたことだけをして来たので手紙をかいてから病室へ行った
病室の中の皆の人の紹介は又明日休みだからにして おふくろへ行た
千香が来て気持が悪いと言って居た。一時間余り寝て皆を帰した。せく床
のお祝も出して行かず病室のみんなが不思議がる。まあそのままにしてくれと言ってゐた
もうぞんざいにしてを〆言ったが、帰途さんが骨を折って世界でみるか
と言ふので それもよいだろうと言って ほっておくことにした。送ってもよし 送らなくもよし
と言ふ事にした。然し新聞が見たいと言ふので、梅田から送ってくれたものを出した

321

NO. 3

子を背負って切り通しの手大分手して帰った あつい日に着た洗濯物を入れてたら
一晩して今日も日光につけるさいにした 今日一日休んだのだ 休めないのも
自分で一応気づいた今年ビルが一寸こまる、滋 一回三十分と申し上げた天を
安心だろう山の男らしい姿が一番 大の人たち、家山のみんなが、毎日一生懸命の人たちが力を貸すか
ろうと思って 太の地を止めた体にもすまない 井戸へいらっしゃる 天をかついだ
母上の病気はその後どうかね。起きられるのかまだねて寝られるか ウンと滋養を
とって早く元気になって貰ふ様にしてくれ。よくなっても当分はつづけていく様にしな
子供らも帰って来ているのか。まだあづけてあるのか 又かみ通しがこわいもんだ
気をつけてからだを大切にして気を楽にお願いする。お前もすぐになおるものもなし
又その責任者などが任務がない 何かためにみんなに元気よく手伝いてやる
のだろうな 東京の客人も帰ってしかし大分通いただろう。奮か仕事な
だろう 四晩になってしまうな 米して無理をしないようにしてくれ 命あっての物
種だからな。俺は元気、この通りだ 二回目に水をやりたいが 今年は不寝番だ

322

No.

九月十四日 晴 よい天気 弘親は不寝番で十二時から一時まで立って居た
のでねむい 十二時をすまし弘の手入れにいて おそくに合って帰り洗面をし朝めしを
今日は休業だ あつい日になった 風もなかった とうとうつけ(?)床(?)かかえ(?)あつい
めしをたべ一眠してから ねむいので一眠りしようかと思ったが 涼しい内に手紙をかいておこう
と思って書き出した 区長へヒロシの礼状と 太郎隣へキトーの礼状をかき 二通
畑の兄へと弟へとかいた 十一時 庭に馬に水、えさをやって来た あつい
飛行の前では野球がはじまった 面白い しばらく見て居た 内に二、三人が
居るが 下手だ 選手もある 見て居てよかったが あつい 馬が待って居るので
えさを切って帰った 弁の手際がかかって 弱って みたのがかゆくて 矢い 足をかいておし
風がないのであつい あつい 昼だ めしが来た 昼めしをたべ一服して 雑誌を
よみ 一眠りしよう ねむくてたまらないんだ 奈々の所へも行ってやりたい—
休みは休みだ又仕事があるものだ 今日の外出も来るかろう ビールを買いに行って
もらった、外出して つもりだ 井戸へ三せして 今会に一服やろう 又夕方にかこう、

323

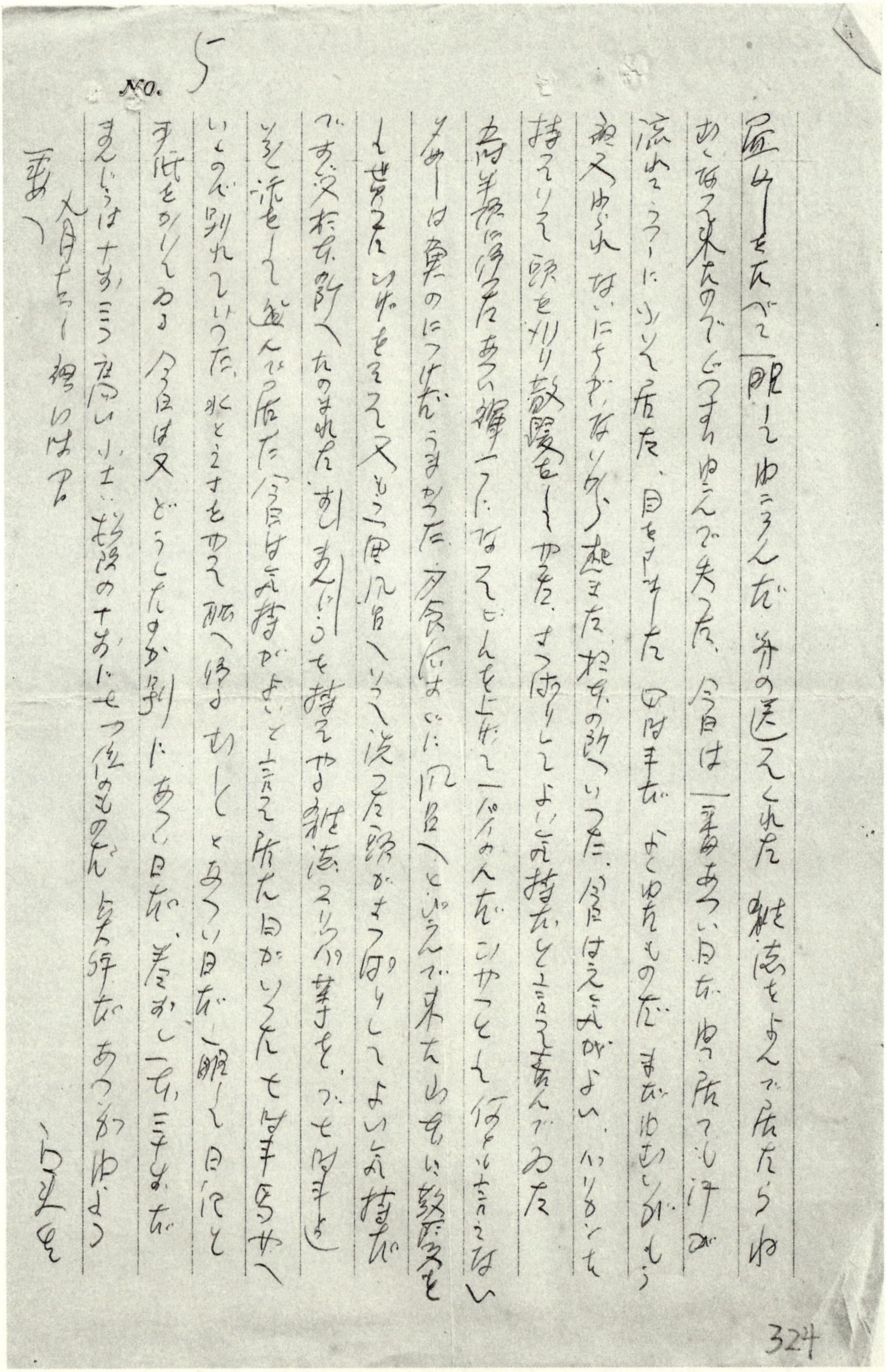

NO. 5

昼めしをたべて一眠してゆこうんだ 弟の送ってくれた 雑誌をよんで居たら ね
むくなって来たので じっすりやすんで失った、今日は一番あつい日だ 寝て居ても汗が
流れてうつつにいって居た、目をさました 四時まだ よくねたものだ まだ少し少しもう
寝て又ゆられないにちがいなりかっ起きた 松本の所へいった、今日はええ気がよい、バリカンを
持っていって頭を刈り散髪をしてやった さっぱりしてよい気持だと言って喜んでいた
高等学校に行ったあの輝一だ なってどんどんと上がって一パイのんだ これってとても何とも言ってない
ええーは寒のにつけた うまかった 夕食はまだ風呂へとびこんで来た山本もよい散髪を
して貰った 髪を刈って又もう一度風呂へいって洗って居た頭がさっぱりしてよい気持だ
です 又松本の所へ たのまれた 割り箸を持ってやる雑誌さり草子を、でも四時まで
話をして遊んで居た 今日は気持がよいと言って居た 日がいってしまった 七時半馬せへ
いくので別れていった、水とうすを持って 部屋へ帰って少しとあつい日だ 一眠して 日記と
手紙をかいている 今日は又どうしたのか別にあつい日だ 考えると一寸三寸まだ
まんじゅうは十お三つ位 小さい お皿の十おに七つ位のものだ 大体だ あつかったよ

八月七日 輝は君

一正生

正敏へ

324

[redacted]
晴 いや 今日は検閲を受ける日だ
昨夜は寒くて衣とを着して寝て居た 今は起きた
までくらい 星がパイプ上たぬらしい 兵隊をとってから ぬいて
の荷物をつんだり炭を出したりして 明るくなり 朝めしを
たべる 今朝みそ汁を作って呉れたので うまかった
で 先生の用意をして待って居た 日がさんさんとてって
あつい日になって来た 仕事がない 今日は大分ごろごろだ
気をつけていても先生の来る度に一しておりて命令をまつ
其の内 井上[redacted]以 姉の大隊の幹部の
方々が来られ 又はかへり よく宿舎が始まった
道を左へはいって おくに来たの後で 小高い岳の上へ出た
きれいな草の生えた よい所だ 馬とえられよしとんでを述べ

315

2

長い山へはいり　坂を上り下りしていった　少しは道らしい所
で山をくぐる路の如くになって上っていくのは下りだ
雪に遮る　合わせかけ道でてゆけば草むら汗みどろだ
これは相当前に戦されたらしく　砲弾のあとなどが
山の中に小口から何十何百となく見る。日本軍の史跡
軍の小山があいびひどく打ち込んだものだ　山の谷の間には
サツマイモ　ヤトキビ　ロク　トウガラシ等が沢山作ってあった。
この辺名は丁度去年の秋から冬へかけて激戦追撃した
時の戦跡と同じだ　田のあぜをこわして車の行ける路に
したり　木を切って倒したり　中々の難行軍だ
大きな道ができたために目はかえってよくって来て
あった　汗みどろだ、このなつかしい行軍を見られるのだ

316

所が段々なって目が上って、いくら首を打っても上らない一時間
あまり苦しくて見上らなかった。最後に馬をはづして つなをつけて
砲手でヨイショヨイショと山を上った 二三寸しか上らなかったが それでも
汗みどろになって 到着すると 皆切って来る 山の上はよい風が吹いて
いる 砲兵中隊長外の砲はどんどん先へ行って 砲列をしいて居
って居るのがどんどんと砲声が聞える 気が気でないが馬が思ふ
ように引いてくれないので仕方がない 急いで走って陣地へ到着
した時は大ぶすっかりたって一時間以上おくれた。急いで陣地を作り
おった 茶色のよい所が前一面池で青々とした水だ その
前に高いのがあり その中腹へ ドンドン打ちこんだ パッと
白い煙が上ってドンと黒い土煙が上る よく見えて面白い
距離がよい時がへって勤務がなって 一時頃に演習終って
了

東の空が明るくなって月の光がうすくなって来たと思ったら雨
が降りかかって来た。方々はまだになったらうつかりがなった
来ると濡った衣ながら二人 [illegible]の迎えと共に引上げて
嘗て一しょに兵舎へ引上げて来た。此の時自分は三時自分が欠
困をかぶりゆっくりのまれ…ちるは一寸みだすることします位だった
次の日は起きて出発しなかった。皆は引張って鉄木をとって頭を洗
った。さっぱりとして目がさめた。今日は然り月の秋りで中塚教練
があるその代り備と洗濯しもなになってみると[illegible]しを休んで
一寸ゆっくんが出来て出発しなかった。今日は時に[illegible]へいって来るの
来るのをまって、つけて教内へ出ていくと[illegible]行枠のはしの方へ
縦列をしいて中隊の射撃演習をした。広庭をした[illegible]
営で気持がよいなって来た。一面なく淋しいと思ったが中石

No. 5

汗みずになって道路へ出た。外の者は一時台も二時台近く休んで居たと。昼食のすしを一本と三分ノ一をくうてみた。岩村の言ふかったで、あの業者の人が一寸一眠して又すぐ帰ることになった。十時十五分帰りもあつくはってまみれの道を汗みずになって途中二回休んで兵舎へ帰えつけ八時近かった。道が山へはいって寂莫した深地は一里半位続く三里だった。帰り兵舎迄は三里あまり山道を歩いて一日六里あまりの行軍だったのになって居る。一寸平気になって腕をまい部屋へ帰りびしょぬれの服やシャツをぬぎ裸になり気合をかけてどんどん体をかいてもふいてうまかった。九時から点呼をとってすぐ風呂へ行く。一ぺんで汗を流ふことは出来ず又水で汗を流してさっぱりとして帰りかけて夜付いた。ここまでには一本の井戸のみなかったので水がつめたく流れて居るかたで、かや蔓でゆでてみた。それから夜の風呂の返事が来た。一日に出して居る一度、佳俊大臣からてんぷら一通、京都の吉田君と、小林君から一枚、紙袋二冊梅田君より一通梅田、西村木之助からも一包と、吉村が新聞一冊と、ありがたくみた。つもりして手の仕事雑誌の返事をかいて居たら話がとぶ。今夜は設営の仕事へ大室してきりく休日いたがったが忘れていた。宿舎してみたのが今夜くたびれ帰りゆかた。近々帰るべし。

九日[redacted]十四日夜

西村へ

、良士

[redacted] 晴 だん〳〵あつい日になつて来た

又あつさがぶり返して来た 日中は中々ひどい あせだ
兵舎をとつて砲廠へ手入れにいて 終つて 仕室へただ
を見て来た 今日は元気がよさそうだ いろ〳〵のを写して帰る
顔を洗つて食事をし ちよい〳〵あちらこちらへ手紙をかいた
写真を送るつもりでアトーへ手紙をかいてもらつて持てみたのだが
駄目になつたので一枚かに投又かきつかれて出すことにした
八時半から中隊長殿の精神訓話があつた 九時にすんで
銃の教練だ 銃砲をもつて馬座の二字へ行き一服して猛烈な
教練をした あつい汗が流れて出る 風が吹かないので困る
十時迄やつて一服 シャツをぬいで休んだ 大分で一服して帰つた
これで午前の演習を終つて兵舎へ帰つた あつい 汗びつしよりだ
昼になつて休み 洗濯一服迄 信夫、寛氏 お母様
小林義春氏へ 手紙をかいた あたたかつたがゆた
新聞をよんで 酒保へビールを買いにいつて 夕めしをたべて
おなかに冷したサイダーを持たしてやつた して それのビールを買い

325

2

おなへホイがき二反四町つて帰り井戸へ浸しておくで散法を見て
居たが日あつい、一時半で手入れた 全部馬屋へいつて
馬の道具を全部はづして水でまれに汗やあかを洗つてから
かして畑を引いたどこでもあついのは日下なので又畑立て、出来上り
一時の時間を姿の所へいつてやる、用事を皆へ早帰り機械を
受けてしまい 唯様に二人脱穀へ手入れにいく 脱穀は済み！
手入れをやつてしまつたので おなかの所へいきこしやスかツチ褌を全部の洗
濯場へ行て洗えやり係しておく一眠も停居、汗汐つしよりなど
褌一つになつて自分のシヤツ、パンツを洗つて係つた、あつい
で一眠して居たら山田が工員から帰つて来たのでせんを上げて
やれば冷たいのでうまいを言つてみた、夕食レンコンと牛肉がおいしく
食事をして ゆかたを、わらを入れにいくで 一眠して汗を入れ
日記を書いて手紙をかく 好ゆう一日 朝起きたのでやつて居た
りかけは皆かつたのが、手紙しおわて言う太ろと思いがまたわからず
ない、風呂へいくつもりたが一ぱいではいれないので止めてこれを
かいておこのだつ様子を見て 風呂へいこう、中々あつい

326

3

風呂も大がい、めしをたべてすぐいくので一ぱいだ、手は宿もすると
かぶつ団になるのだが一ぱいは山ばかりで立って見て居る位よくにぎわう
風呂あびて　お茶の所へ行ったホマレを持って来て出た、
手は宿あまり遊んで仰ったが明日の演習の後をやるのが集って居る
皆ずい分居た、明治節記念だ、底ソーへも持った、立っているだろう
終って馬取、合同で砲兵を借りて砲車へ山砲をつけて帰る
今日は非常にかなわない一晩も点呼だ終って又馬に水をのませ
て帰る、今晩はあつくてねむれない位だ朝が早いから早くねよう、

九日 [redacted] 晴　今日は風がひどくとても涼しい日だった
点呼は六時まだうすぐらい点呼をすまして砲厩へ行く砲車を
外へ全部出してならべて帰る顔を洗って朝めしをたべて一服して
カンゴを持って砲厩の前へ、馬も来てつけて　出発の用意をした
今日は大隊の聯合教練で、各中隊全部日に皆集った
ハ時 [redacted] 長殿も来られて敬礼をしてよく出発することになった
総合に来て [redacted] と云う所の中に多分先が十町を出て何時も先へ
行っているもあとはまだ兵営の中に止まって居るくらくと他の者が

327

4

菊池、僕たちは一列に広い道を行軍して行く、更軍なのだ
奈んだまだほこりまみれになって進んで行く涼しい風に吹かれてどんど
ん歩くのだが、汗しとって汗は流れる、之は富士は一寸ない位だ
途中一服して馬に水をやり休んだ。井上部隊長と来られた
左へ折れて○○の門から城内へは入った。城内は思ったよりきれいになって
ゐての美しい品を売る店が沢山出来て、何でもある様になった
若い支那娘（クーニャン）が美しい型の支那服を着て食堂に客をまって居る
城内の目抜の通りをぬけて○○の門から城外へ出る。涼しい風が吹い
て居る城外へ出て少しいくと山になってゐる。ここは始めて行った急な坂
をよじ上ったり下ったりしなければならん。絶頂を上って行ったら、た
よい展望場がある。相当の高さを持って山を三つ四つこして見晴しのよい
所であった。目下に○○の街を見下し、遥か江を見る。黒い煙をはいて上
する汽船、帆船と様々な帆は大きれた景色のよい所が一面に広がる
高地へ陣地をひいて、附近の家屋に敵が居るやうであった。風があるので
まだよかった。昨日から居った若い仲間が土竹部隊と共に昼食して
約一時間休み、道路へ出かけて、それをくぐって来た。キャンプの休みをして

328

コクヨ

ろ

たい中につまかった、かえしのかんづめ（すじ）を一つ持っていたのでたべてしまった
お弁当がないのでゆかして喰って一時過食の上へねて休んでみた　言葉は通じない
演習に出て居たらしいのが探しにきたが午前中で帰ったと話合った
一時まで演習あり　一しきり中で陣地変換で苦労　森林のある山の中を小さい木を
さし折っては進み二ヶ所で又演習をし今日の演習を終り近路へ出て元の道を
帰った帰りは随間に来た楽しいのだが汗は流れる。一服しし　ずっと兵営
帰って来た士は随分だった　腕の手入れを皆がして　兵営に帰る。夕食のため
帰り道で　宿舎に向いを一つずつもらった　夕食後は下給品を受けてゆっくりと
せん一本ずつもらい水につけてあるのが冷たく思いがけないのがとても
おいしかった手回をとってですっかりもうまく夕食の後又しばらく汗を流して風呂
へいって、又演習が一ハイだ、いつもこの時になって洗って帰り　一服してすぐ寝に
水とえさをやりに一時の演習も随行し、帰って日記と手紙をかく
何とかくと書いても気楽にもかけなかった、無事かすんだらしくやろ
うと思っている　今日も相当につかれた　ろうく　又まだ暑さがふえ水をのまし
ってずいぶん困ったが、然しとても楽しい。よい兵隊になろうとすると一回になるのも
しれない、母はどうだかなんだかしれなく　ま あそのうちかなので、子供らも無（コクセ）アか又

八月[redacted]夜付け中

定吉

正子へ

329

九月十五日 雨のちくもり。 昨夜は夜中からとう／＼雨になった
外へ出ると寒い位だ 兵舎の中は人いきれで それほどでもないが
大分ひどくガアしてトタンをたたいて居るのが 聞れて居るので早く寝た
今朝は起床五時だ まっくらだ ローソクをつけて服を着て点呼に出る。
ジャンジャン降って居て寒い位だ 全部うまやへいって 水えさをやって帰り
五時半にもう朝めしが出来ていて うまいみそ汁で食事をする
一服して六時済んで外へ来る 皆そろって あわただしくすりかけた 事件を出し
病院防疫へ出る 一日中小雨の中を歩いていく 雨がとうとうしみこん
で服がぬれて寒い。こんなに陽気が変るものかと思う位だ
今日は来る十九日に内地より 聖旨を伝達に来られるので
其のけいこをするので 各職員及び附近に居る 経済部隊の人々
が全部集るので 〇〇公園と言って 今迄すまぬと 郡内から 演習に
来て居たが 広い練兵場の様になって居る
今度兵料がないのを運んで来る のを きっと沢山な数で広い練兵
場も 十一時の兵が 一杯になった 野外縦隊の演を見
た、一発五百發を撃って居た 兵料無限に軍人で 装到をする

2

大勢たちが此は時間がかゝる、其の宿の係人でゐた 年若い男が来た

云ふのだ 才と言つて すつかり捨ててゐた 今も同じ城塚に居ると言つて

居た。九時まで十時に至つて 警察部保安課の者が来て 敬礼をした

でけいをした 敬礼のけはひが二回して 答へて帰る。雨は幸よつて

よい夜の者が、集まつて ふるえて居た 秋の夜で 場合で帰りには皆一緒

を致して入気を子 足へ力を入れて歩いたので 一寸体が慄えてゐた

鳥居へ行つて 土は雨だ 湖が早いので出来て 橋に登つて来まし

こゝとめてゐた 馬に水ごけをかつて行く 野猿をたべた

で手に一時間近 熱法を見てゐてゐなくなつた 後 ぐつすりとねた

一時に外へ出て 絶数へいく 今日は一時まで 京都奈良三つで演説

の四県の代表の愛国婦人会が 離間に来られるので 絶数の中の

用を出して 井はけしある、外にも出来てゐる 演説があることの事と

皆みをしてそれまでゐた 八千が言はれて来た そーしてしばらくして

館内使が来られ 男の人一人 愛婦四人 第一人。ここで来て代表が居る

此の方が 分らぬ人が居た 熊谷県の代表の 愛婦の人が あつまつてきた

四人共 名刺を かけた人はかりだつた 終へてから 演説にうつる

コクセ

331

夜は浪花節「柳生重兵衛」で非常によかった。二日目は先生で
手先の器用な所を見せて説明もしてくれたが何でも出来る中々
むつかしい。芸にはまんざら素人でもない女の手なら喜ぶものを見て）男は
浮腕の丸九を堅い所で非常に面白くよしやった大笑った。よその家族の
い生き物て大せったなら長い時間で勝負が付かなかったのみ。浪花節
て別れのあいさつがあって万歳を三唱して終り、多少遅く帰った。
一眠して横になって雑誌をよんでいた。今日の演説は非常によかった
四時半頃陸稼と六組の平文氏に行った。塵埃の日で服をきた
まゝ平文をしても面白くなって来るから路を帰り夕食をたいた
（今日はまだ自分家ので一眠りたり日比と平沼をつれてゆく
かけくとして所のが一円と小ぶすが楽しいのかよ。早く行けば一両毎に流して行つ
といくたろうもう七時と十五分たったころく ひかんに近づいてきた
母はどうだ十えの位なたよりかないか。すべての力で命を殿とめて母をよろ
こんな店こんなものだ。すこしよく在る近 風刺を見てゆくのに探し
大のおよ 大変の勝男はもう少し行くのよ。まだあけたまゝか
弟はまた帰れよ 読みたいて大分とかかし い読みまくて思い小説をせずにね

コクセ

332

6

九月廿六日 廿二 公天気だ こがくえん 寒る ソトをまるで あくなる

よいかげんの寒さだった、点呼をすまして手入れにくるが

中は眠むたいで手入れは出来ない 寒いので、風があるのだ

手入れが終って洗面して朝めしだ。この後は あつイネを多ん

絵が来る。小さいのが多い 日本のが見ると 女性が多い

一眠し、横になり 雑誌を見て日へ居た

午后から俺達は砲廠へ行って 砲車の手入れをする 今日はペンキを

塗るので泥をとった 馬係りは馬術で出て行った

茶色のペンキをぬった まづ手んとぬり なかなかうまくぬれる

青や~~黄~~色があるので 茶の所だけぬった 服へついてよごれる。

十時頃して居て 中止して馬場へ行き馬に水、えさをやって来て帰る

で昼めしをたべ 一眠しようかねた 一時じつすりねて一時半に

整列だ で昨へ集合した 俺たちはペンキ塗り 馬のクラの手入れに

[illegible] 別れてつった。工兵の者たちは休まして 世界小説によみし 帰る

今日は俺も安心だ 仕事が来た [illegible]、[illegible]中級文が

一日で 近ころは 少年がかすかになって 一寸もこなくなった 淋しい

コクヨ

333

5

手紙も来ないのだろうか まだ 世すとない 返事もなすかかない

母上はどうだ よく寝られたか まだ寝につかれるか あの時代の夢を

のたからをまもっておるのだが中々来ない ますますほしいものだ

それで こちらで 奈良へ 行っておるが 子供らはどうした 思いおこりまして 又

能登まで 行ったなら 晩秋会も 上旅行たのしむだろう 弟はあるにしたがすれる

しつる(と言う) ゆえておるのか 仕立たいから 五十年の者だろうな 忙しいこと 思出ぬ

母や子供の事よくたのむ、弁じ 至急には遠慮なく便れると

言っておるが それがなくて 会っては出来ないだろう まあとりこみに

は先立て考えてみるから安心だろう 仲よしておれるようにせ

ニ道再度して来たもんだろう 俺らにまして 会はれないように 仕立事よ

平和を得ると言うのが 生活一寸 たよりを 求め 出来ないが

飛行機が 来ないのかな思える 五日も早一が 帰る 又 四十日

しおる事と思う 体が 弱っておるらし おしつい養生をさせよう

十 年遠 あるかない 大 大天 元の体になろう もうあきらめて おったろう

俺の工場は 又会社は まだ 早い 能の入れをしておく 一寸

しようと思う 然 相談もしないでおく 又明日にしよう 雨ばかりな

九月十六日 午後二時半書

貞生

喜美へ

九月十七日 雨だ。昨日午后は相当よく降った。ので祖は昨日
だちを思って居た。来んでキミコとアートーで手紙を呉れた。弟が雑誌を
一冊呉れた。それをよんで也も居た。キミコ、カホルへ返事を出し、孫へも手
をかいて出した。也と雑誌をよんでゐた。寒い。日あたりの風呂も止めて
六時頃夕めしをたべて一服して、七時半迄出て行った。工員へ
丁度雨がふって居る——ぬれて行った。九日から又雨は止み晴れかゝる
雨がふる人のが何よりよかった。今月の内は寒いことも有るが、十一時
迄も寝て居た。今組は点検係りなので、点検することは多くの人が
寝所に居ても寒くて困った。九時半から十二時半迄出て、それから朝
迄起きて居た。十二時からは一そう寒くて、雨がバイトーの上へ、うしろの外とう
をまとっても寒い。中には毛のシャツを着て居る人のもあり、それでも寒い。
変な陽気だ。三時頃から雨になって又ぬれた。交代に
暗がまってゐたし、雨の中をぬれてかへって来たのだ。夜明前には
雨も止んだが、日なた来たので、目も止めて、寝た。夜中には雨も小やみに
なって居た。六時半キミコが来て、一緒に居て帰って行った。昼飯をして
行って寝た。也れのは、ストーブを焚いて、也て居たが、起きて新聞をよん

コクヨ

351

ゆようと思つていたけれどやはりいけないのだ 食事をしゆし見たがゆかれ
なかった 天気は悪くて又雨になった 寒いので いやな日だ
九時すぎ 旅館へ行って 手入れだ べっ手入りと 夕べの手入とで 俺は夕べの
手入れに回って 一生けん命 油をぬった 一生けん命した 女の子が 相当寒い
寒いのだ 丁度よい仕事だった 十時頃に終ったのだ 一時の時分 会室へ
絵をみにいったらよい 絵もつくなる しばらく遊んで行っていった
ひるめしをたべて横になって 午后は 旅館の手入れだとの事
スートンをかぶって手伝ってやった 二時に目がさめた 立てたなのだ この日の
イギン団のイモンを やって世界でストーヤあり所 かしをつつつ やけ
てしまった 又やれないので すんで 四時半過に目がさめた
よく遊んで 昨日の借金をすんだ 遊んでやりしておいてもらう 手入れだ
旅も終わり 旅館と二人 手入れだと 一しょに手入れをして帰った
雨が上んだ 夕食をすませて居た 油の手をふいて夕食をたべる
千円でやっとあった 明日 いよく 郵便局 貯金するので
はやくへかとうをまいておけと それ道に 風呂へはいった 今日は
おそくなった 昨日は 二百だ はいれなかったが 今日は入れるでとった

352

コクセ

]

気持よく　あたゝかくなつて来た　けふし〳〵かとうをまいてすわつた

で一時(?)日記手紙をかいて居る　おたくへ行きたいが何か〳〵で用

がすりたまには容易があればゆきたいのだ　ゆるされば尊い一困る

者だ。家の方は妻はないが母上はだん〳〵よくなつていくが

お体ふが大まとなで居るらす。一昨日見た。ものだ　この前今月十四

日の映画で母と久美ともの(?)とけて写真をうつしたとかいてあつたのは何のことだ。

写真出をみでうつしたのか　梅田が　お隣の人が二人で行つてうつしたが二度

うしになつて転回目をうつしてあつたが　なかこをかりたのかね　どうも合ふん

梅田からは写真は送つてこない　着いたとお前に知らした日頃送ります

たが　何かのまちがひかしらが、久美と母をのせてうつしたのは梅田のことな

のか！ 写真やどが送つたのか　それがわからないのだ

一度うつして送つて呉れ　お前が大勢来れてゐるはいつもいふてね

晩秋などがすぎて　又いまになつて　がきだけひまがあまりよくな

この頃がそれ迄は忙しいだ　私も体を無理もしないなにもたのむよ

お前が倒れへはすつかり転回になつてしまう　しつかりしてゐてくれよ

母のことしれじよろしくたのむ　お体も大、同日忠えろしくいふ

353

コクセ

九月六日 くもり 雨は止んだ 寒さもかなりあった様に思ひ出が

それでもひどく寒い 普通の起床 点呼の手入をして帰る

顔を洗って朝会をすます 一服して 整頓をまって居た

九時から の教育で 馬匹の寒の心得について 教へてもらふ

整列中使い道薬品 卵黄入薬をあたえて 休んだりして

昼は馬匹へよく水とえさを与へて帰った 昼めしだ 会報をもって

横になり雑誌をよんで居たが ねむくなって来たので 目をあけて

ぐっすりねこんで居たのが 一時に起された 用意だ

いよいよ今日の午後から この前サインをした○○の伝達で 聖旨 の奉戴

式があるので サイレンをきいてぬいで来た 洗った 服の服装検査が

あった 一服して二時過に表門を出た 前へ行って サインをせずした

兵はみな ぞくぞくと前進する 近くの ○○部隊に並んで来て並んでゐる

サイレンをきいて居るので あついせいか 赤くなって はあはあして居る

寒いので 風をひいてはいかんと思って 上に着物を はおって 当手

しまったと着たので よけいにあつい 汗が流れ出る 並ばないか

汗ばんで来た ○○伝達へ まだ一寸早いので サイレンをすまして一服した

354

あそばし さらで 又お召して 来る人 如 見て居て ○○の今日も一パイ
になった ○○に寄る 総務部係が 此目標のところ したしました
ちゃを 二人で 待って居った時 土井ケ浦の信に 訪ねて 総務部係長
閣下のおそれ 敬礼をした 〜〜で 侍従武官の長大佐○○○○。
殿が 聖旨を 奉持して こ〜へ 中央へ主たれた 敬礼をしてます
聖旨の奉読があった 総務部係長閣下から 奉謝 お答えがあって
終った 土井ケ浦が終了 終りに 帰った 帰りには 又例によって かって
と りますし ーー 切へ 兄よとおっしゃの事 あけて ーーし切 つたに 仕りて ふき
を打って 全てを貰って 留守してし 帰って来た 時は 此と会 を 立って一服
タイーを 付けて 一服し 日本 平和を かんじて 風呂へ 入り 足を思う
あかしやった たのしかった 一日とかしも すばらしかったのでね 見たようかった 此処には
じっと 画が 出来て 外をうつ すこと が出来なかった事 写真班が 沢山来て
うつして 居た 又お写しになりました 盛大あるの なった
凡ての人は して居て 心を大にして 思って男子 写真の 如くなれ
写真を とって言って 持って来た ようだと 思って 別に 写して
うつって 居る 二枚の顔をして 居る 所を 二通しだったが 如何 又

九月十八日 午後 時半

ふ見より

要へ

/

九月[redacted]日 秋晴れのよい日になった、天気はよい
長い間の雨で 久しぶりにさせられた様な 涼しい風が吹
いていい気持だ、此頃は午前中に非常呼集の演習があって眠い
起きし十二時~~頃~~ぐらいまで守つてゐたので ねたのが十二時半だつたので
今朝はゆっくり起きられなかった 起きた時をすぎて 飯の支度に。
帰って顔を洗って朝めしを食べる、此の頃は なつげがすゞしい
演習にあまり違の自由になって雑誌を見て居て 天気はよって
に半から[redacted]隊長殿の精神訓話があった 非常呼集のことに
ついて話を守った 終ってから[redacted]隊の例の軍紀教練だ
高座の愚の活躍へ行く 今度訓練のしかたが変って 新しくなつ
たそうだ でその新しい式で 多くとけいこをして見た
候迄 兵にはたして 変りはなかったが 隊長殿ふには 大分変った

356

2.

[redacted]隊長殿も来られて見張所へ来られた 涼しい風が吹いてよいが ホッとして
と上がって居ると汗ばんで来る 雨期と雨あがり後の陽気は大したものだ
ひになった 之でもし又天気がつづいたら 相当にあつい事になるだろう。
十時に交替が終った為に北之さをかって兵舎へ帰った 一眠りして
雑談をして休んで居た。夕食だ 食事をしてから すぐ寝る
ゆっくりとねまきになったので ぐっすりとよく眠れた 一時半に起された
ねぼけ目をこすって外へ出た 兵舎のまだにヒオイのヒオイがしてあるのを
外して片付けた 涼しくなったから もうヒオイもいくらかよくなるだろう
二時から旅団の船倉庫へ来られ[redacted]隊長殿以下全部が 少しして
軍医殿の衛生講話が一時間程あった マラリアについて
分りよく 教えつつてなるを すぐを きかして下さった 目はとろとろするが
済んだ 三時半頃終って兵舎へ帰り一眠りして 兵器の手入れだ 銃剣

357

3

今日の手紙

姉、梅田進、牧野一、加田哲郎(牧野、石垣、井上三人の成績)

お手入れをして横になって雑誌を見て居た五時頃に手紙をもらった
姉、梅田(つや子が子供図鑑の方にそれを入れてくれた)進と三通
金谷次郎の横に居る牧野一君(寅二)から慰問状を貰った
それと加田哲郎から牧野一、石垣昭、井上好一の三人、綴方、首席
図鑑を送って貰った 梅田が母の消息を伝えて来たと一寸のぞいて
あった 姉は何とかいえなかった 知らせへと思って居るのだろう
五時半に手紙に行くと大な浴場は今張って居るので 一人ニッと手紙
をした後で 室の窓へ姉を見舞あずかった手紙をやる、一寸休んで
用を済まして帰り 油の手を洗い、日記をかいて手紙を書いたら今の
食料の十億へ入れ 返事をかいて封筒は なるべく明日送り届くのを今
日返信して置く 姉と梅田は明日かも知れないが一日遅れてけよかった
入浴へ 下着をかいて寒い 水道を出し 夕食を早くしよう

358

[redacted]ド 今日は [redacted]は 九十 家でも休んでおるさと
おるうって [redacted]君が申分のない上手なんだ あまり寒くて
点呼をとってから手入れにいって一人だけ帰って顔を洗い食事
をする 一昨日雑誌をよんでみたが 付近から演習に出る
馬にのせられて物へ出て飛行場の草の中へ砲車を押して
[redacted]隊長殿の号令で射撃のけいこをする あてずっぽうした
だ 演習にはもうきれいになった 一生けんめいけいこをした
[redacted]隊長殿が見に来られていろいろと教へて貰った 十時迄し
て迎へに来られた馬にのせられて帰る 午後の演習を
終って車を砲廠の中へ入れて兵舎へ帰ってめしを食った
ゆふ方だ 一服し横になったが うとうとしないうちに出よだ
俺は今日の工兵に出る番なので 午後の土工作業には出ないで

359

天気よいので銃や剣やくつを手入れをしておいた

それからシャツ、パンツをすこし洗った　暑い日になって

たので洗濯は毎日一寸としよくなりたけど大分ちがうやうにな居

でサッパリしないシャツでかえって暖くなって工兵の規則をけいこをした

三時自会があるから一緒に来いと行ったら将軍の中日なので

ほだいすを流れ一口にするのが居なので　そのまま　もう来ればよそれる

会君へつけてあんまりその上へつけてゆかれ　にぎっておくとうまいのだが

始めて見た時は皆あんまりうまかった　日本ではすっかり忘れてたことがなかった

ほたもちをくふと底で立ってもつれあったことを思い出すよ

今日は●祭で今日迄の新兵教育の修了祭がある　俺も行けるな

になっておれのなかが工兵なんで行けなくなった　惜しいことだ

工兵に出すのは四時までだが　此法では見て出よう　又明日行ってから

良夫

妻へ

[redacted]

殿

[redacted]天気だ。昨夜は思いがけず面白い本の中に出てきて
ふってよかった　エイに違いないと思ってみたのはよかった
六時半起床した　僕たちフトンや毛布をたたんで外へ出た　二人ゆっくり空に
日が山の上に出かかって来た　気持をすまして東方　皇居をようはいして
今日からその分隊について、その命令に従うことになった
朝めし迄に他の手入れを隊長さんでした　外の者は馬の手入れにいく
手入れをすまして一服した　きれいな草の上だ。どこを歩いても山の中。
朝もやが立ちこめて居て一切をつつんで居る。日光がだんだん高く上ってくる
山の中の朝は何とも言われない位よい心持だ。体をぐーんと伸ばして新しい
1 山の空気を腹一ぱいに吸いこんだ。子供や大人が近くへよってきて
見つめて居る　朝めしだ　日のあたる草の上へ　分隊の者が輪になって
大根やにんじんのなしで　みそ汁を作ってくれた　あつくてとてもうまい

386

2

めしは昨夜たいてもらったので 冷めかかったが あつい汁をかけてたべた 極楽で うまし朝めしをすまし、一服した よい天気だ 池へ顔を洗いに行った 大きな池で 池の面には 霜柱が薄氷の 板に上って洗う 水の上には もやが一面にうかんでいるが きれいな水だ [illegible]はやくになった 顔を洗って さっぱりとした よい気持だ 皆集って居る。今日は 命令のある迄 ここで時期の来るのを待って居ることになったと。先へ昨夜行ったものは ロエイをしたのだろう 寒かったことと思った、今朝朝がたつのかと思って居たが しずかな物だ ドンともパンとも音がしない、静かを見て居るのだろうと思った よい日になって大分あたたかになった一服してから 会館へ帰った、日記をかく 昨日のが一寸ばかりしかない。まだ 少し眠った 窓から朝日がはいり二人であたたかい。

まるで秋の空だ 遥[illegible]のある月だ。[illegible] 一[illegible]もある[illegible]十二日だナ

387

今二人手紙がとゞいた。倉橋と下よに持つて来て呉れたものと見える
梅田が此男一色を世話する事で手紙が一通と来て居る。又みすのは
によるとまうもんだ三近かくなたら列の翁姪をしつかと根にと言つて来ん
めて御列へ行つて一休みをして来よう　外はあたゝかい方から遊んでゐる
神田の洗濯をして女達の掃除をして片付けておいた　廊下をかまし池
洗つたりしたが気があつたので洗ふのを止めて捨てゝ来た　頭を洗つて
帰つて来た[redacted]あつて平気で出て居る。其の子供も[redacted]
手でいましい遊んで居る　二人の子は平気なのだと見える。今年の女らは
畑に出来ないたをとつて来て嫁なぞらの掛な　にのにの掛なまでに
足で二人で一寸の棒が通りその首へ帰かはいつて　女子がすゝる掛に
あつた。それとりまかいの方へ掛なしの方　田舎のしきりを持つて

388

4

すくやう事よことが二度なからうと思ふ。めんどいことをやって居る
島倉へ行って来てゆっくりなかったがボンボンが送ってきたので　ぬれ　つくろってた
梅田さんの封書を出して見ておいた　土曜だ　暑だ　水ごすをやりに来いと
呼んでいるが外へ出ないでいた　ごすをやった　今日　俺の僧んで居る家の島勝と
丈夫遠が帰って来ないで家をあけて持ち家へ帰るあと　避けたの二人の家を
大掃除 [redacted] と　ゆうをしいて　カーテンを引く
一寸室らしくなった　室を面してもらって　荷物をはこび　ゆられる様にした
ゆうをしいてあるから　あたしのいい昭和の家にも電灯とかないからうまく
しかんが　足は借りたのだから仕方がない。英田空めた　細かいして
廊下をたくって来た　出来たへのめし　すんだ　大根づけを出して一同
木のかげで　塩め　をすます　外は一寸あついほどだ。一眠りして今度は
家へ帰る　一休みして　梅田さんの封書を見てみた　ゆかい

389

5

梅田と宿へと速車をかくだろうと思って居る。まだすゞれがはい
そこが一寸往けない處だろう　むしろをあてるならはしないだが
となりは其処の工員所でっ放れっしと言ふ声が時々聞こえて来る
隣級友進した者のり派は恐ろしいほど動いた　ドーンとひびくる
早晩見ようやろうのだろう　たまればよい——保養だ。
と自由し居る、三日からくおいて、梅田への速車をかいておこう　又
時事をよんで居た時ヨーロッパでも三十以上ににわかになって
すなわちこうなると二十年の誤算には都合がよくなるだろうと思ふ
外の者はじっとやってる　その他あらゆるの遊びごとをして居く言って
居るものありただ外へいって見たが何よりこれがのだ　又帰ってきて
九月三十四日迄の手紙、小手紙の来た数百集めて見る別のノート
で送ったのが見てある店に今日は白印迄あずりまたが、人月は手紙にで

390

6

かい石部にかゝるかった條件が多かったので七月末から九月
末迄に自三三千圓しか来なかったことに依る小包は十七しらったわけだ
小包は外の者から見ると多いだが送れと言はずに志あって送って呉れるのは
少ないものだ それを考へると俺は腑でしかたない 今後僕の生活はしいものだ
次は新聞雑誌は調べるまではなる迄には沢山かかると思っておるが
かいなかったから分からない。次には七月からの金の出入を調べてみた
送金されたのは七十五円だろう 千百円にするつもりだが貯金をすることに変えた
のが八十ら五円じことなので貯金をすることにしたのが 計が百十日なのだ
わけが別に小使日九円あまりあるから来月は又貯金が出来る
ためにかってなのみなもので又のみたいがんしかし止めてる お前に
なるこの点、僕がのおけにはこしたので自分は今迄のおにのまずし
なくて、の又渡海を切る体をしまったつまらないからのみすぶはしなって

391

ヲ

なにしろ今、今は兵舎には酒も売つてゐないので却て都合がよい
背をかゞめてストーヴへ屈んで火箸をとんでゐてゐた其の日に手入れになり
銃の手入れを役務で二人でやつてゐた。今後ここを出て創造するには
なつた上で技術を習得しおくなにと言はれ、帰て荷物をまとめる
山村君が買つて来たぴん女も、のめと言ふのでよばれることになり
山村君が持つて来て呉れたからビスケを切つし二人でよばれた。酒煙が
あつく売つてゐるのだ。買ひにいつてビールを山村君に止めよれへ。吾はおに
よばれることになつた。誰ないかうまい。すてきとのどへすいこんでいく
いゝ気持になつて、めしの誘つて途に卵と面白らん物を車へつみ
えんでおいた。夕食には室におかれた牛肉が、おそしえて、すたかた
いつて腹が減つてゐない。小牛だつたと見えてあまりうまくない
だが 全部が沢山はりてゐるのだとても おいしい。ネギもあつていく

392

ア

にほゝおしでうすめたいかゞつの様な大根づけをくつたり大根の

みそづけをくつたりしてうすめた　腹一パイになつた　どんどん腹

入れたのが苦しになつた。一眠して出発の用意をして夜にならぬうちに

なつてから雪で道路く歩しがつて行軍をはじめる　これからは道が悪く上りくだりが多い

まんなか道の両側の木がかさなり気味悪い位だ○○○○（五千四（一里十丁））位もぬけんで

然のあとへつゞいていつた。ここ道は昔からの[redacted]

戦車道が小口から頂つて池の横を通つてゐる　それを工兵でなをしらしていつたのだ。道は

ごろた○○○へつゞいた道の両側に仲間の陣地がある。そのすぐ道の上へ馬も旅もすべて一同宿舎を

離へてかゝつた土民の家へはいる。前の○○なぞそれは家で気持がよい。すべてを上りには

銃声が思つたより前面敵の山だ　但し火はつけられない　それで体を一しよに寄つた位だ

わらの上へ名前をしいてねた　一室に十五人ほどもつめたのであたゝかい　上田師範出身

だかわるいがあまりのんきなよい方だ　まのみすのましりでもあらわす用意をしておいて下さい

[redacted]日本新運地にとめく。

妻へ

良生

393

少し雨がふらない二卅日ぐらいてんきばかりだ 又最近は暑さがぶり返し今年の日中は相当にあつい 毎日お勤の準備ばかりだ 五十日の余だ

二十だ 花嫁郷がふえた 使いきれぬ位もらふかと ふえるわけだよ

縄させられたんは使いきれない 捨てるのもったいなかった

昨廿一日源さんの家へ敵に行った 彼又来りてここにて言ったのだが いく

こんどではやり仕様の軍装検査があって 五日ぐらい不自由を行軍して汗びっしょりになって今日帰って来た 夕食をすましてシャツ類を洗濯して浴へ行った 八時になった 晩に残って居たところが源さんが来た 寝るかと行ったがすぐ来いと言って来たを

ボーシャツ一枚で二人で浴へ行った 待って居た 二人でぜんざいのんだ 氷でひやしたつめたいぜんざいうまかった お茶の所はなかった

いけ未だ 済ましても 又真呼すんで来ると言って帰った 真呼がすんだ 家へ 去を呼びにやって 源さんところへ いったが ちょっとかりに、アイバ

376

2

ノから今日迄三人一緒に居つたことになるのだ 二十五日目位だつた
船の下士官しにわかに又ぜんそくをやんだが 十日迄いると 寝ていて
愉快になつて帰つた 今日の宿に入つたはずだ イモン袋の中のドロップの氷
おそろしい事を知らせず帰つて来たのだ。知つた者がなくてよいのだ
私達は二十八日に?なるらしい ― 済んだら月末に出発
するらしい そして又元のバラバラになつていくらしい 淋しい。
僕たちは 軍直ぐ(ちょく)になつて いくらしい いよいよ明日出発だ
今日は朝からみんな整理をしてみんなで宿になつた 午后は休んで二時半から
又出て行つて四時から終戦の軍旗拝受があり 終つて ○○の駅へ行軍
して汽車へみんな乗込んで帰つて来るのだ 今日は又八時頃になるだろう。
帰つて来るのは もう毛布が分会へ 遠くへ運んだ先 頭は
ぼうつとした 殺風景な気持になつた 明日は早おけつれていつて
朝一番の汽車で ○○の方へいく 二人の上陸地だ そこから船が

377

汽車にのつて南氏の生れ在の〇〇市へ行くだろうと思ふ
足が最后の手段だ、今度は自分で遠は手段を投けないだろう
と思ふが相当日がかゝることだ。毎日かゝるか知らんが 落付いたら又
手紙を投ふ事になろう。来る手紙は、それ迄 一滴にかたなしだろう
うがしやはり前と違は世の中でないなあ。昨日三回 書付けたり書いて
たりすることいふのだが、こんなことは出来なかろうと思ふ
からだは大丈夫だが、安心をしてくれ。今云ふ方様に手紙は当分
着かないが、依って心配をしない様にせよ
梅田へは婦人もよかつたのだが、毛糸で編んでもらふないのだ。シャツと
パンツとハラマキと三枚出来たら当分手でほしい。あまり送って
ほしい。思つたのよ。あたしがいたろうし大丈夫だ。
そしてその時に一滴に入れてほしいのは力のいるんだい 0▽0
は、かつこうの手で握る所の丸いものだ。小本で歩く・とれたらで

378

なくなった。しまってあるがここにはない一出来ないのだ
だ古道具屋か刀かけれてあるかよ 一つ大きなのを安くてい
から（少しよのはいらない）買っておいて シャツが出来たら
一緒にその中へ入れて送ってくれ 小包にして。風呂敷で包んで
金側が傷がつくんだ。ひもでくくってあれば大丈夫だ。名札は丈夫な
のをつけてすこし特別にして呉れよ。
ツバと言ふものだ。忘れずに探してくれ 探せばあるだろうが どこか
わからないから 探すなら四ッ谷方がよい
まあ俺は気をつけていくから安心をして 待ってくれよ
くれぐれも体を大切にして 皆仲よくやって呉
寒さもこれから上るだろう 又つづいて晩秋にかかるのだろう
畑のしまつも是ば 当分なんだろうが 是非は又か一緒に
なるだろう みんなさぞや又 仕事ますます大変ますますと 忙しくの

379

5

をまつのに又一しきりかゝつた　[illegible]南瓜事はとうなつた

出来たが　こちらには南京(ナンキン)南瓜がある（少さい南瓜だ）長い（へうたんの様

なのがある）一尺位のながさのがある。どれもなかなか[illegible]

平たいのが一番うまいな　[illegible]南瓜は[illegible]なり。なすのかは

すつかりなくなつて一本もない　小豆（アヅキ）を軒下にかけて　葉を出

して三寸位伸びて[illegible]

たつのに[illegible]中にとまるものが今日迄いつたことがない。

小豆畑が一寸[illegible]迄なつたが　今年は[illegible]ことを思へば

妻も気をつけて　体を大切にして　帰りを待つて呉れ

[illegible]

[illegible]

廿二日午后二時

妻へ

実[illegible]より

380

1

[redacted]昨日は 麦めしの他に加給品のビール一本と
タバコ四ヶをもらった 自分に ほんもうがあろー うまいことだ
で四時半迄 工場に出て行った 七時交代して 俺は三番になった
立つ便だ 快速 又めしを取りにいく 工員の者に又取って
を本部にもって二つ三つ 買った かげんにして あんかけて
あると又うまい様に思ふ 甘いものがまずい なんとあって三つ食べ
たぶんうめしがたべぶれて腹に ポチポチで腹一パイになった
こんなことは始めてだ すまし汁にとふや魚の肉を入れてとって
うまかった 涼しい いう事いと言ふことはなく なかった
日が暮れると三人位ずつ に一時間づつ立って 畑中にあって行った
土民の部落に火事があって 此ら辺で よく見えて居た
よほど遠かった 野営だが 世の中ー とさわぐ

335

2

夜中から夜明へは寒い がいとうをきてゝ寒い 僕は西瓜
を云うに馴れなす月が出て とても明るくてよかった
夜が明けて来た 高梁畑が続いていた 日が出ると
それからゆれて日本の様になった 農軍へ出す土民を見たりして
朝めしを うまいとふけない しに カスがひれてある。
僕は立って座になった 益は軍革と午後た、夜のが初めの
は又特別に うまい 今日迄に 三四回食べたが ゆんばりとして
とてもうまい めずらしい たいらの味は内地と同じだ
夕飯になったら 沐浴すれば 書いたが 一寸汗ばむ感じであるので
ゆもとなって来て困る 動けないので 出すとはずかしいので
気がはって きっている 自分には ゆあいでは なかなかたか 工兵部に
居るとゆあいしてたまらなかった 生かせないことになった

336

3

立派になった 山口らも来て父代に来てくれた 安心して思って
兵営へ帰った しっかりとして 服を着て皆御苦労と言って
くれる これしかないのだ 一郎だ 丈夫で少年が来て居た
又其の上 俊太郎をしたと言って あった 俺が家へ金を送ったと言う
つたら 父も二十日送りましたとかいてあった そう云う奴だ。
方へ送金すればすまんが 今はよいのかわからない。
兵隊達 皆をたべてから 一ねりして かろうと思っているが 如何だ
ゆられるかどうかわからない。本当にお前が今度（来たので
そっけをしておいた 又元気だから 安心をして それを言って
子供にも母上には書けはしないが 其の代 よく勉強したのが 一寸も
ためになったかわからないが しかしどうか 手紙の来ん所を見ると又
悪くて手がぬけんのではないかと思って 心配して居る 又明日に

337

4

九月廿三日 晴 よい日だ 朝は ひんやりする位 ひえる
点呼をすまして 銃の手入れにいく もう汗は出なくなった
帰って 顔を洗って 食事をする 二つ隣のみそ汁に おつけは うまい
二つ目の人と使(慶田修身会の)の 慰問作品の 生徒のツが
清田平野が 沢山 各班に回して来た 絵も 作文も 中々上手だ
一通り見せて貰った 女学校の生徒より 沢山あった
一服して 雑誌をよんで居た 九時頃 絶教諭の方法で [illegible]時
神が行はれた あって 暫く寝かし 申しわけのない よい日で
演習をするのも 一寸も苦にならず 一生けんめいにやれる
以前 然し 方法の しかたが 出来て来たので それを一つ一つ 覚えて
昔った 俺達 改良する時に 習ったのに 久しく忘れたので
習ったのは早い 室に しまって 兵舎に 帰り 室め しまって

338

描いて貰って 熊谷をよんでお貰らっていらし と云って笑った いい気持で
二時から 庭掃で夕方の手入れをした 七八人位で外の者は更に
のったり外の用にいって居たのが 大はかがない 四時に終りだ中に
合の間にいって来た 胡麻が大分帰って庭の手入れをして帰り 其会も
に於ける借り衣服のズボンとくつ下を洗って 帰っておいてもらふを
青いナと干図を一寸見して見てある この頃のおかずは中々うまい
すい（俗）いって来た。自分の室カンで又コツ手入れを一つよい気で
作ると思って一生懸命にやったが七時半 寝に入れささを、又やって
見たが上手になるーと云ってやらなければ出来ない 近寄がなかっ／
急には出来ないで又明日作ろうと思って止め 昼寝すみ、五時に
水もの前にいって今帰って来た 一服は実行して カかをつて
ねて日なたで手帖とまかりくる 床にウイロ一をせって在いてゐる
日男へ

妻へ
[redacted]

339

俊かよの手紙は一回も又はすこしよんだよ すこし留何かくしまっておりくて子供ら
た夫はけんかうにしてこれ今迄まつてりのこしてあるのだろうナ
子供らのはいぶんかうよいかた

[redacted]
雨だ朝からじゃん/\と降って居る。上じ居だ
もう一週間にもなるネ 止んではふりふっては又止せ[redacted]
だ、外出することも出来るのだが 子の雨ではどうも出足がにぶって
出ようと思って居る者ですへ止めると言ふしまつ 又今日はよこふるのだ
今年の麦作も見な 雨の日はうすぐらい 雨のふる日は上本は牛
でとるのだ。終えて砲の手入れにかゝ一週間手入れをしてから午の
めつて居ない所をおしめつて帰ってきた 雨はかなりにおえねた
総を洗え朝めしをたべる、今日は珍らしく大びだ うえねた
だは沢山出来るので つけものは沢山貰へるなになった
青い葉のつけものはうまい 大根のつけものを思い出す あの
味はとうしない、あんなうまい漬物がたべたいと思ふよ
もう早まきの大根の小ぬきをして汁のみに、つけものにしてやる

340

2

事と思ひ、食事をして一眠りした外ねする頃になって来たら又雨が
ひどくふって来て皆出なくなった、富安が来たので早速又あたりへ
送ってやらうと思って毛布をしいてストンをかかり眠をめりかゆる
そして手紙をかきましたん、富永君、梅田、妹と三通かいて一眠りしよう
と思ったが目をつむっても眠られないので又目をあけて村田と伴君へ
もかいた。渡辺信夫君へかいたら土佐に居り雨の中を馬に水
をやって来た、で更めての出来る迄に渡辺のを一通かいて失った
食事をして弟へ一通、木邨君へ一通と伴君へ一通かいた
皆富安に入れて送った。一昨小林利吉ちゃんけ便箋がなくなっ
たので止めて、風呂へはいった 汗も出ず さっぱりとして出て来た
一眠りと言ふ頃 伊丹室へ 松本の所へ来た 元気で居る
退屈で仕方がないと言っている、で二十日 里帰りへ出す手紙をかいて

341

写真送った先　（小林利吉、梅田次郎、中村寅雄、奥田徳次、前畑しげの、（一枚はお前と交換した）
村上淑四、村田千代子、井上宗雄、渡辺信夫、）

十枚ノ内

おいて見たを二三遍かいた　西に上って青い雲に見えて来た　寒いのも止まって日の顔が見えるとあたゝかくなって来た。

みての田の馬の手入れになる　行ってやらなければならない

一日の休みも之で終った　又明日から教練や演習や綾部の方に行かねばなるまい　だが僕等は上ったところだと思えば奮発せねば

一寸ひまがあればねれるがろう　ひまな時にゆっくり体を丈夫にしてすごさねば

又秋のとり入れにかゝると忙しく　目を回すようになるからなア

今くらいの秋は弟が帰って来ると思ふがよいだろうと思ふが

仕事の方はよくつゞけ又いろいろとよくない時もあろうと思ふが何アに

しかまわんよー　人に笑はれない様にやって呉れ　何事もしんぼうが第一

だからなア　二三遍やってきたのだから弟が帰った大めた　うまく行かんと言って人に知れては今日迄仲よく働いたのが何にもならんことに

了.

342

4

なるだらうナ、いつも言ふ通り私も出征前の私ではないと思って居るが
私も帰ったら今迄の父親になる、俺の後はどうなるか分っている
たがあればこそへにはつらい事があったこそ、思ふが国は非常時だ
から小さいことにやかましく言ひ合ってゐるやうな時ではない、大きな心に
なってネ世も今迄の様だとうまく行かん、がそれなアもあるまいと思ふ
お前が一人になって何かと言へば少しも怒ったり顔色をかへたりしても
はいかんが、どうしても俺の帰る迄は私らの命にならねばならぬ人の
おかげ思ふれて相手に知れなくなったらそれこそ困るから、俺の帰る
迄は何事も我まんして仲よくしてもらふ様にしてくれよ、それはかり
とちの者、俺とは違ってあんな気性の男だからな、気弱の性をくに
つけれたから しっかりやけのわかる男になってゐるだらうと思ふ
安心して家をまかせたいのだが、帰って見ない事には分らない

343

5

帰れば又今も変った一軒の主人になれば歓んでくれ よその仕事に出るを
つぶしてやはつまらない 何もすまんと思ふ様にならんとも限らんからナ
それでもけんかをしない様にしてくれ 私の方へもよくたのんでおいたが大
前の便りでかいたがりえを人に見せてはいかんものは 別に自分の思ふ所
へしまっておいてやった。お前のるすになった時の事も考へなくてはいかんからナ
自分がおぼえをしていつものわかった所へは入れしておかぬやうにナ
気をつける様にして呉れ。りえを大切なことばかりをはなってまたが
早くも仕方がないからな 弟も元気になったかね。父母も喜んで居よ
れる事と思ふ 写真を見て安心したろう お前今肥えへなろうなろう
吉田の家中にあんなのが 足かけ出たはかりだったのだ。線つろう
すぐ肥えとるかなかとるかよくわかってよいなろう しっかりしたか
な母にもよく見てもらってくれ 大きくなってなるからわかるなろう 父

四月廿日

泉より

[redacted]

妻へ

344

No. 1

[redacted]晴 よい天気だ 朝はよくひえる様になった
六時に起きて 西康の方を見るとまっ白な まりの様なもやで まっ白だ
丁度 雲海の頂上の様 下を見おろして居る様に見える
点呼をすまして 靴の手入れにいって 一寸早い目に帰って 頭を洗ふ
今日は 朝めし迄に 全部 集会所に 集まって 先日行はれた
侍従武官を御差遣あらせられ 甚だ ありがたい御言葉を賜はった
そして 新たに追 恩賜の タバコを 頂くことになったのだ
一人十本入 恩賜 と金文字に書かれた箱を押し戴いて帰る
そして 御酒も頂いて 順列にならんで来て 食器に皆一ぱいづついただいた
朝めしをたべて一服して 重営に先行し 馬に靴をはかしてもらひ
いつもの様に乗馬練習場へ行って 障碍跳越をする
今日は太陽をまともに受けるので汗が流れて来た 眼に流れ込まれて
皆一生懸命だ 汗を流して けいこした 返途に一服して 十時に帰る

361

No.

碗はこのままにしておいて番をして、一日俟って豆めしをたべる　丈郎の大根は
内地の様に太いのはない小さいのでしかし味はよくにておる
豆めしをたべて一晩こしたが午后の演習が一時の所が二時になってゆっくり
出来たので昼になってうとうとねておった。の雑誌をよんだりして居た
そうと家から送ってくれた写真　幸郎ケーキャン（坊）の中友達のが
あったので家へ送ることにした　それに七月三十日にのののの便りで
前の小隊長林少尉殿以下うつした記念写真も昨日にわけてもらったので
送ることにして六つの封筒に入れた　五枚づつ四つの封筒に一つは六枚
入れて、大姊の記念写真は一枚入れにして都合六包にして送った
大姊の写真を見ると今迄かいてあった戦友の顔がよくわかるだろう
と思ふ　小姊でうつしたのと同じ日にうつしたのだが、其の午后えんてんで
うつしたので皆印度人の様にうつっておるが　よくわかることと思ふ
六包にして送ったのだから二十七枚だから　方々からしらしてくれる様に

362

No. 3

午后は之れで 二時に出て 営倉にうつった 午后もあつかった 汗が流れる
[redacted]来れて 一生けんめいに廿居 けいこにもなってナーあ
と言ふ時には 皆は合ふのだから 言はれる通り 忘れない様におぼえた
四時半頃にすんで 兵舎へ帰ってん ええーとすぐ手入れなので 後始末 六時半頃迄して
帰ったら皆帰ってきたビーんを二本(四本) 買って来た 三升をかやかけたが風呂へいって
きた、今日は御下賜金がいふてあるので いふたら一人五十銭 天皇陛下からいただいた
ごちそうだ ありがたいことだと思ってんで 風呂から帰って 後藤山良と三人六本の
びんをのんだ 良さんので 後藤と僕と二人 又二本づゝ 買っての人だ 木田と酔った
めしはアヒんの味めしで とてもうまかった 七時半迄かかって 夕飯をたべた 食器
を洗って 馬に水・えさをやり帰って びんづめよい気げんになる、とても今
酔ってよい気持だ あまり酒を飲まないので 兄さんの分酒まで この陽気に
やんちゃーのおを申しふないのだが 安いがびんしないので つまらない
えろく 上等だ 今晩は一人で何けんだ よく眠れるだろう 又明日かこう

363

No. 4

メ月[redacted]

今日は 篤男の来りだけ思い出すよ とうとう二回共まにあはなかった、今度は家中でにぎやかに出れるだろう

昨日からも忘ーして方〳〵はったなきたろう 今日は朝からずーと作りにいそがしい。ひる迄は忙しいなお客さまは久来なけが こちらが手一ぱいでことばの世話に世話しくなってね。許で母の腹ゝはどうなるんだ

九日からの疲労から来れたかもしれないが 又悪くなられたのではないかと思い心配しているが 月に二回は便りでもくれるといいがなしかし 母が悪ければ子供が疲ってしまう 何ともしかたないが たよりをしてくれとかしこまからんので心配だ 悪から悪い悪いでしぶってくれる様にたのむ そして悪ければ母の からだや医者について十分に出て下さい 御願する 其の外に弟も信一のことをたのむからよく相談して 早くよくなる様に成るべくたのむ

新からしたすからないので帰ろうかと思って居るが 早くよくなって帰ってもらいたい そして出来る丈け伸よくはじめて ほしい 仲よく

364

No. 5

これだけだ俺の思ふのは、お前も何んと言ふ通りどんなつらいことがあっても
しんぼうをして上官の人に愛されるようにしてくれ今日迄仲よくして人にほめ
られて来たのが兄のためになるからくれぐれも気をつけてくれる様にたのむ
今日は座っておれる時をすまし銃を取り扱へ全力出してすいて頼む
ましたで九州まで遊んで軍法をよんだりしておれ九州まで取り行きへ
いって大隊長殿中隊長殿に言はれて一生懸命に訓練をした鉄砲をうつ事を
今一年は中隊長殿の田舎検査があるので家の様に皆様の写真を
し一寸したで兄の体付きのもして検査無事終り四月鉄砲の手入れにし
終って家庭のもんを考えてあわれてよい気持になりひまのをすます
一寸半月と十とごうまいなごけもあまし風呂へいって兵器との整備を出して来
しては はけれ する出来ず三明日にする気になって七時半風呂に入り三寸をやり
終えに正午迄をかいとおく寒くればよしなければしかし戦があるから二ヶ月して
かとおつて半分立へいつ迄来てすててかくおぶれない早くこのよう又明日に
ー抱に付けて

[redacted]

妻へ

[redacted]

一郎より

365

九月廿五日
365

No. 1

[redacted]晴. 今日は朝からくもって居た. くもりの日は少し寒
はくない. 今日は休みだ 外出も出来る
昨日中隊から貯金をする様にと言はれた. 一昨日御下賜金をもらった
ので丁度よい折だから出来るだけする様にせよと. 俺も申込んでおいた
中隊へあづけてある三十円を そのまゝ貯って送って百円にしようと思って居たが
貯金をするなら同じことだから是からは貯金をして送らないことに
するから そのつもりでおってくれ. でも あの三十円はあづけることにするつもりだ
昨日来た便 紀元節に 十一日に 一寸石が帰ったとかいてあったが 字や
叶は出迎ひに駅へ行ったのかね. 家では皆達者でいるか. その後のこと等
いろいろのことがあろう. 帰るとすぐ一パイ皆にのませたのか 今迄の様に. えーっと十一日とあ
はどんな風であったか 面白くおかしく元の様に又いろいろ自分の時には いる
からまだ分からない. 其の日余り帰らなかろう. 遊びをしたとか せめてに
何だとか いろいろあるが 私の方は どんな風にやって居る 何時も同じ様

381

No. 2

に駅へダイ伴其他市民で迎へるのが　二つ三つかくこのが、どちらだった

藤田君達　世話かけになった　君達はどう言ふ訳かな

今朝は起きて居た　君は髭の手入れをして帰って来た　顔を洗って飯を

たべた、外出する君は用意をして出て行った。俺は出ない事にしてゐる

二十?、[illegible]掃除して下をかへて洗濯をした。ほしておいて明日のつぎである

荷物の整理をする。あって不用の物具類等を二つの箱へ入れてちゃんとする

わけてしまっておいた。足袋、人形の掛けを出して、毛糸の靴は(?)[illegible]へ入れて

又汽休にいく時には(?)[illegible]を持っていけばよいおなじてカバンは日用品を入れて

で一服して梅田の地図を見て見た。欧州ではドイツを相手にフランス

イギリス、オーランド等がにわかに戦争をして居る世界中になってきた

二つポンレの旅行券と出して貰ってある。よく世界のことが分る

で返事をかく事にした。横田様宛へ、ゆきもの画帳を、[illegible]一月一日に出し

[illegible]で返事をかいておいた　朋友の[illegible]の中に[illegible]と[illegible]

382

No.

の裁縫法が出て居たから三枚破って送っておいたから又ひまな時によん
でおくとよい。上手に作った人の活劇。それで御本を送った 先週も休めたすったので
丁度七日目だ。写真うつしたるうち大（外の写真はあとから二十七枚六包に送った）
みたら皆平凡だ 大事にしまって一通り先は皆綺麗にしておいてくれ お供も少々又他の
人からもらった写真 見せなな綺麗にしておいてくれ。見せてよくないのがあるかもしれ
土曜日は写真に水まきをかわりにして帰り立ちよったが、汁と牛肉でうまかった おまけの所へ持って
行って工場所へ洗濯か着物の写真をみらい 洗濯のびんを買って帰った。でかし
縫法をよんでみた 一週間走れからゆっくり寝ていたので一めんじつすぎとゆた。今日は
大分外出もしたが しかしでよかった。三時半まで出かけて居る 鏡や剣ものを手入れして
台所へ行く 帰って縫法をよんでみた、外出着もおもいで帰って来る 手入れにした
夕食だ 大根と牛肉とのおかずだ 大根はうまかったからぶものにない、一杯皆の人が来たので
にするだ 今日はのんびりとして居る 今日は土曜日工場だ 組だけ朝に
寄る帰ってからのお茶だ 一日は収穫の事だ 雨は大丈夫らしい 又明日かこう

383

No. 4

九日[redacted]、昨晩の天気はどんよりとして居てなんだかむしむしとしていた、が、とうとう雨はふらずによかった　夜が明けて明るくなった頃ラッパの

ラッパがなったので一日が上がって兵舎へ帰って寝ろうとして居た

昨晩はほとんど寝ていなかったので眠むたく　その上一ね入ろうと思ったら　朝の手入れが

すんで帰って朝めしになって起された　一ねむりすまして作業を終えて

朝めしをたべて一眠した、ねむたかったがねむれず八時半に出発、今日は大佐から

大隊長殿の精神訓話があって大隊全部施設の広場に集って話を

きいた　アジアのこと、給料に気をつけること等で　お話がすんでから軍紀

教練にうつった　今日は銃剣術で上手にけいこをしたがたまらとして間内でおる

時に雨がふらしがなかった　雲がかかれて行った、涼しい　一生けんめいにけいこをした

草むらの上で一眠とるのは気持がよかった　十時頃に演習をすまし昼がし

て飯を敷内の外へはこんだ　午后の演習の用意にそして帰って昼めしをたべて

一眠し昨金の床に二書を世界えめでかく　最初に先日の柳下錫金の本を

No. 5

とあづけることにして 次の日に 中隊へあづけん金を出しにあづけにいくつもりだ
で一中々つまらなかった 一時から二時迄 一時頃あずけ 又故ありて急ぎで用意を
して昭と一しょに病院帰ついて [redacted] 勝手わかし 熱心に教へし
知った 病院便がわかく来る ばかり年輩の とんなりおられたして あまり偉た
四時迄しっかり教へて貰って 終り頃を引っぱって 給教へしまい 手入れもした
おまかせ言つけがあったのでいたら すっかりよくなったので 明日退室（退院の様なもの）
すっかりと言ってみた よくなったらしい 六時迄酒もして居て 俗たら寝らした
午前の二月にかつまい 大体に風呂へはいって ぬくまって来た あかなかった 暖い
よくなって 今では目の診が終った様になった 椅子なをつけたらしい
寝ていたが よくなった 出来るので ゆっくりと思って居る 日曜は手紙かけばかりして
すこと思ふので いろいろんでかくから もうこれで一枚では済まん位沢山となった
家の方はどうだ 一寸もたよりがないので 母が又悪いのかなりかと思って案じて
居るが たよりが欲しい 面白候って居る 明日は衣をよろしく頼みます 又

貞七

[redacted] 十七日夜

両へ

385

No. 1

九月廿八日 晴、朝早い内は ひんやりとする位 寒い、
昨夜はきれいで よく眠れた 点呼をすまして 手入れの時間に 砲手で
砲をすかり 砲け場の いつも演習をする所へ はこんだ 今朝は霧がない
外へ出ると いつも敵の居る方の山の下で パンと銃声がしたり 又迫撃砲の
音がドーンとしたりして居る どっちが打って居るのか わからないが 昨夜から
夜明けにかけて 盛んに打って居たとの事 よく眠って居たので 少しも知らなかった
大していは その音で 目をさましたそうだ 俺はよく眠っていて 居たらしい
ひんやりとした所に居て 気持がよい 土民の部落を 焼打ちしたのか ドンと
燃え上って居る めらめら煙が上って燃えて居る 係は洗面をして 朝めしをたべて
第一にいく 砲の 見はり番に 演習始まる迄は 番をしておるのだ
迫撃砲の音も 小銃の音も たんたん近くに 小さくなってきたしか だんだん静かになった
九時前から 雨が降って来たので 一しょに来て 見張り 演習にうつる 昨日と同じ
でキッチリとした もとの型で 最後にかけりこを 一しょうけんめいにした

366

No. 2

昼迄はちょいちょい小銃隊の音がパンパンとして来た 部落はガランとしてゐる
庭に帰居 部落によっては二十戸有ってもちゃんとおの用意をした
として支那人皆碗に帰る しかも出されるなかに与え卵を混ぜたまーで
豆めしをたいた 朝俺のコップにも布やアトミ、リプトンを山ほど白砂糖~~母~~
して呉れた 腹はひろくなって居る めでたいので雑炊を煮てみたら一杯して失
つた二時頃に目をさました 今日は加給品にぜんざい一杯とタバコ四つが一あり
あかぎのあんのぱんと 大きなパンを一つづゝ このあんじゅうはとてもうまい
二つ三つたべたが これは売ってみないので どうにもならん 軍の方で兵隊が作って
居るらしいので、上手に作るものだ、三時半頃に目をさまして私ニヤリとして居れば
四時半五時迄 砲の巫田なので 山田と二人で行為太田が 退陣するので
ふとんをもって おやおや帰って来たので 外の連兵をとりに一しょに行って帰った
今日の敵筆に〇〇〇〇として何かれたのか射撃が見舞されたその二名
うちの件田、任付 佐用君濱只が 父とがともって迎いに行った。

357

No. 3

四日前、古城へ行て まだしずかう 有る 土民の部落を見て来た。
もう山荘深の方は まことに寂しくなった トンボと夜風が去って 秋声が聞こえる
の虫鳴が出動して 行る トンボが 黒い翅を あちこちして なる、愉快だ
鉄道郵便局が取り来た 二ヶ月を入で 内地へ はこんでいく。
五時に兵隊が来たので 行って来た わらう気が つけてあった 墨いた の前に
なれば できない。それに 今日は 八月十五日(旧の) の月見とかで 数年ですも
世の兵隊達を友の会で メリケン粉 ヘルヤイダ だんごを 作って 一人三つずつ
与えてくれた 月見だんごだ 今日は よっぽど きれいな 満月 見れるだろう
内地では 家の方でも 知んでと 酒を呑みて お月見をするぞと 思ふ。
戦争の中でも こうして 月見だんごを 食べて 思いもよらぬ 事だ
平和だったら お前達の 今年 八月十五日 もの だ 久しぶりに 見えてれ
しかった。 去行った 姉が 来て出したのか トンボを つかまえに 秋声が 生す
ところ 来たことを あんこうして 兵を やっつけて 居るのだろう、

368

No. 7

送った思つたのを安心した これで送金は止めにして 是非は貯金を
すことにしやう どちらも同じことなけれ 将来は皆しようかね。
母さんまた喜んで 目に見えて よくなると言ふ方では ないらしい。 ひどい むづかしい
なか〳〵医者が大事なし よくなりかけたか 目に見えて よくないのだらう
でも少しなつしたちがふ よくなるのも 目に見えると思ふが 長い目は無理出来る
との事。しっかり医者をしてくれる様に たのむよ 医者も 松田さんがたのん
でやってくれること、出来るだけのことをしてくれる様に 平すすの様に
三日に一度か何とか言って来るのも 家の主人になって 何んだらうか
なおりはするだらうか。 共に言うかに 皆に会ふた まあ母上のことは
これでもなかなか すっかりよくなる迄は しばらくは楽くみる様にだ
そして 富士の事で 忘れない様に ゆっくりして 一日も早く 元の体に母上
になって貰はねば困るからね。 私も お願する。 なまたしかし 決めたので
勝ってしなければいかぬがはうが 帰って 勉強もあるので 帰ったならうが

369

No. 5

来たらうんとほしい時代だ! 一ヶ月も経たない二十金ぐらい 一夜でら
こんど居るなら 手子甘いぞ 今年はお祭の一夜だけ ストレ ス僕もよう子
さんが相手せず さんれ 大よりもしてくれた 久しぶりに会ったので元気しかった
父親の人をよこしてくれた 父も家も中々うまく やや負けてしまふよ
好学も弟も二日本大 二日に 路線にあって もんくあるので ようこそで
居るか 今日は二十八日 だから 帰ってかられ 八日たてば ようこそ人で居なきゃ
ですか 八月 又別 ため と思ふ ほんとに三年 一ヶ月 たがふよ 無断で居るかも
宝部の方 僕が 留守を取り 返事を出したのと見えて 御らん 方 僕たち 一年
生が ガタガタでかんあり やがも一枚 ミテくれカサイ と書いてあった
久しく一とおへりと 大阪へ 帰る 泉人への返事 まかせて 居る 弟が行く 文
にも出かけになった 思ふ 頼む 僕なんか 読みたい 沢山なす 月あたりだ
明は試験にのぞむ クリークを演習に行くその事だ 一日早く起きていくのだ
僕からの手紙 このごろ 返事をくれ 二日に一度は必ず出してやるのだからな

九月十八日夜 忠吉

君の人へ

370

九月二十九日晴 朝はひんやりとして寒い
それに今日は僕達も出勤することになり 四時半に起された 何事かと
思ってびっくりした すぐ集まった 一同出発場へ集って手分けをして
砲をはこびに出た 昨日飛行場に出たまゝになってゐるので
トラックが来て待ってゐる 皆がゝりでトラックへつみこんだ 時には夜が
明けて明るくなった 積みこみになってゐた つみこみかけのものトラックに
のせて兵舎へ帰った 飯を炊て朝めしをたべた 行かなければ
俺達はなし。。。。が帰った者ばかりが行くことになった 早くなれば
イの一番に行って一回も射撃を受けたことのない俺達は皆揃ってゐる
が皆行かんばには強さを見たが今度は行けない
自動車で一服して休んで居た 行く者は荷物をまとめて用意をして
残る者は演習で行けず 用意をして飛行場へ出かけたが
又 それからが悪くて今日は午前中休みになった 昨日からのまさにつらし

371

2

居たり今朝は早かったりしたので休ませて貰った　俺とこの紙だけ取

りのけたまえあるまで晩にして昼飯へまってから停て休む

今朝公用に出る者があるので中隊事務室へ行ってお前の貯金を

俺のあずけた二千円と別に五百円とを計二千五百円又あずけんもぶふ様にたの人だ

三千五百円あずけたことになるのだ　紙法をよんでいれて持た

[redacted]様が兵舎へ迎えに来てくれて　こんな下がござらんなのが掃除をする

ビンとおんづめのかんとで一ぱいだ　こんの下へはいって大掃除をした後でねて

居た　世の田又はようが帰って行った　おにつみ込むのが中止となり　中隊が

何かいどのが出して　つみこんだ絵をおろして経路へしまいこんで　中隊全

千個くつ位が兵舎へ帰る　其中一をたべて紙法をよんで寝て居れば

ゆとなえことをねて失った　二時半頃目をさました　皆銃と剣の手

入をして　今日中隊会役の検査があるとのことで俺は早入れを一した

三時過になったら五月一回の月例検査(身体)に皆仏室へいく

372

3

往室と銃との検査。今度は先月まで悪くてこまったろうと思ってたら
案にたがはず 兵犬が悪かった 先月は六十八 あったのに今月は一十二少ない
六十五 八十点 六十三 四十五は大丈夫 あると思ってよろこんで居たのに
つまらない目に合って 又銃の手入れをし 昨日銃で中隊長殿の検査があった
甲と思ったが ペケだ やり直しをしたが 又明日検査のし直しをすると言ってました
今日はペケの者が大分居た。五時 銃の手入れに行った 一人又ペケをして帰
る。お前がぜんざいあったかのみと一杯くれたので 腹がすこしとし みみ うまかっ
た。夕めしは 六時の外で うまかった 何のすなすなで うまいすかおた 一冬のぜん
ざいおいしくすって 浴にいく 一風呂あびて帰り 日記と手紙とをかく
今日は日中は すこしあつかった あついと言っていた 九月の末だ 日曜日だ には
あつすぎるが 少し上がりをとるのには 申し分のない 陽気になる 今日は朝から
パンやら三日がしなそん すこし追い出されて 出かけて失ったのだろう 惜しいものだ
ふくせに かてがない 金がない しようにつかまない 目をつぶれた 兵隊さんこしをかかえて来よう。

373

九月三十日晴 いよいよ秋だ 朝は雨露でびっしょり ひんやりと寒い
六時起床した 点呼、砲手は砲を飛行場へは二ケ 今日は 下士以上の
教育なのである 帰って顔を洗い朝めしをたべる 一眠して雑誌を
見て居た 今日の日課は馬術だ 俺は馬やへ行って カイバをやり
傷した馬を手当をしてもらふ役で八時半から行った 実習で傷を
した馬を獣医室へつれて行って手当をして貰った 一服してから
カイバを切る 手廻しの切りきかだ 家のとは又切り易い しかし
切るの、めんどうなもの、切る山を片付けるのと四五人はいるが
早く切れる、言はれたかけ切って休む 馬糧をはこんだりして十時に
厩へ帰る 雑誌をよんで居たがねむくなって来た 昼寝して 昼めし
だ 雑誌をよんで一服した 起れた 二時に目をさました ねむい
起きてから 一時ころで 砲廠へ行く 午后は 砲の手入れをしたり水洗
いをしたりして きれいにした 中で一眠をしたりして 夕方の手入れも

374

（一）

つゞいてゐて終ったので寄宿へ帰った、今日はうちの校長が田辺君を

すすめたのだ六時半ごろ二升徳利があがってゐたのだ酒の肴を拵へてゐたが

思はしくなかったが卵やゝかの刺身をけづったりして作った酒をかんして

太郎さんをゆでし煮しめを作ったりして出来てりうかんをのせて一日事で

になった二升もある卵あまはうまかった太郎さんは飲まなかったホテルをよったが

人は酔って寝てしまったが酒のさかなにつけたのがうまかった百匹酒をしてゐた三匹足

とあって一寸けんへつらって皆にわけてやってそれで寝てから風呂へいく

汗を流して帰ったさっぱりとしてゐた出来るとみがある楽だ

早くからに酒をのんだ十五ピンで酒をし湯を万酒かんへ入れてつけ

おもしのだ一寸此地では茶へ入れないことなんか酒をした酒は又うまい

陽気も寒くなったので酒は又別にうまかったここ二三日酒がないので

四方ヤにも四五本買ってなかったが宋から二升買ってあったのでよかった

いゝ気持ちになって日記と手紙をかいてみる雨が帰ったこゝ思ふ又

九月三十日夜八時　書

妻の一

・

一郎

375

九月三十日。九月最后の日もとう暮して夜になった。夕食には炭にした
退か離れのすごくて来た。西瓜が一かりにいもの持らなくて兵隊がすんなが　どうしてもが
しくなって来た。今夜は何か少し早めに来るんかと言ふので早い所用意をし
に行く。夜の附属品を受取った。月が出て座の相は明るい。ぼんやりとして仕様がな
い位、遅くなって来た。月明りで夜に蚊帳をつけて空に出る用意をして
出來た後に帰って横になった。いつ出るかわからんから身の廻りのものは用意をして
おけと、その場にトンのぶっかりつおりてねた。さてねようと思ったが気には
なられなかったが、夜の夜にねて寝たと思く朝になった。四時半頃に起きれたものに
思ったが落ちなうらしい。言葉に起きた十時になった。一日だ。兵隊をすま
して、皆食へ手入れに行く。よい日だ。昨夜も今朝も静かになった様だ
手入れが終って洗濯をし朝食をすました。今日は内地では毎月一日
興亜奉公日になって酒をやめしまってもして居るのだそうだ

394

隊でも一日は休養をする事にきまって命令が出た
一服して雑誌をよんで居たら何午に全部出て神殿の前にならぶが[redacted]が
当集会所で毎月一回[redacted]殿の精神訓話があるのだ、あつくて実に
なく何とも言えない陽気になった、本日は興亜奉公日で内地ではりっぱな日を
して一線の兵士の事をしのんで居ると聞かしてもらった内地では大にこれしみ
じんがのめないのだと思って不自由をして居るとの事、支那でも酒も制限され
てあるに使ったは、私に言ったは良く酒をしてもらった、それを戦争の酒をまして
終ってから直に帰って来た、一服して休んで居たが今日は都合によっては出るかも
わからんと言って居たが一日休みを喜ぶ事になった一日よこんでねたりすわったりこん
だ居った人もあった、自分の好きな事をして居た、俺はねむくなったがねずに雑誌
をよんだ家郷の遠く霧の漂流「漂流」をとうとう一冊よんで終った
二の会日人が持って行って大探しして居たが昨日もっと探し出したの加

395

3

十時に馬に水、えさをやって来た 昼めしだ いもをたべて午后は一ねりした
ぐっすりねた 目をさましたら二時前だ 三時召あまりよゆた
眠ったらいよいよ今晩の準備にかかった 水を言って来た 昔一息だと
皆起きて自分の荷物をまとめし 持っていくものをこの前用意しておいたので早い
大せと三日前けの物をもって砲廠へ行って砲車につけた 馬係りは馬に送兵へ
をつけて砲廠へ来た 馬をつけて用意をした そして出発になった。
三時だ よい天気だ どこへ行くのかだれも見当はつかない 出発をすることは
した 正門を出てはならずなけんなった 道路を行軍した。両側の田には
りんが沢山にまいく稲のはえて居るの苗 二三寸になってたのがいろく有
十二時にはすっかり暗になって 土民が引くはこんが居る 大きいものに使われたろう
軍票帰の細い青白に野菜が大きくなっていく。まだ牛が起きて居る
のなか起きたなければいけない 早いのはもう食べられる位になって居る

396

吉田の畑は 薪のいらぬ所 肥引き ぬかきを家内中出てやって居る中で大分
紅目になったのもあるが 一体によくなって青々として居る ごまもよかったりして
家へはこんでおるのがかなりのものだ 佛の下へ来た（町の近く） ぐるりと[redacted]
をまわってしりて行く ○○○の兵へ曲ってしりたん 丘の行先の見当がつかんのだ
[redacted]は行くんだ ○○○○の兵へ行くのだが 苦しい 行軍は急ぐのだ とんとん
早く 汗をながし流して 兜のあとについてた 時は馬車について広い道路を外れあり
を上げて 三千叶ずいと走ったり又ないたりして 先へ先へと急いだ
途中何回か休んで行ったが 少しく疲れて居る 家のこと思ふと よくなったりび
それでも こんな急行軍は歩くものはつらい 汗ながしてなお 上ずるを冷してかかる
汗が引いて行く 休んでは上衣をぬがずとも すっかり家になった 正午頃は陽で風
[redacted]が違うのだ あつい 違いはない 大分頭も足もかたくになった
[redacted] 後 二三個 数え 一晩中 整頓した ○○○○○

397

山の峠を下った。目の前に○○が見えて居る。まっ白な路、道が白くとつゞいて
居る。○○の部落を右に見て相当な家らしく、道路もこの前来たのよりは
よくなって居る。実際時務をした右側の山。浙休にどんどん弁士人が陣地
を右へ右へ見て先へ先へと急いだ。もうこのごろになって日が山の中に
はいって失った。足は棒の様になって痛い。皆へとへとになってしまった。
が、目元気をつけ合って、だんだんとなって行く。山を見てつゞく行軍。だいぶ近くて
山ばかりだ。六月中旬で近くの付近にあった道の右側の陣地もあり土匪らしい
者らが居た。山を山の様に小さいはつと立ってみたんだろう
くらくなった。夕ぐれの道を前へ前へ。大きなトラックを左背にした
敵のこわした橋も今は工兵の手によって何を出して居る。六月の時に修理
が休みなく工兵が何をしたのだろう。それが気はまだ新しくない。もう
前の山すけがよく見えるだけになり、これから一千なんとも行ったかと思ふ

398

隣には商館が停る家があった。そしてその小屋いきれいな芝の上へ
船を停めた。今度はこいでボイの十を漕いでつかれた腕と痛かった足も
寝そべって一服して寄をつむ所を見たりにいくのを　めしをとりにいくのを
忘れた。俺は二万がハンゴをもらし、トラックで先へ来た人達が飯盒をもって
来る小屋へ行った。あたたかいめしをたべて　まいもをたいた汁がうまそうに
のどへ、じんとなる。今晩海にめしーをつけて帰り一同集まったので　ぱりっく
を芝の上へ出して、みんなと夕食をたべる。又皆になった腹はぺこくなので
あたたかいめし汁がどんなにうまかったことか　わからない
ぱりと夕食をして満足しておちついた気になれた。そこへ宮会長が
と言ってあん人全人のキャラメルを二つずつくばった。これもうまかった。
そして皆が芝の上に並んで居た。二人位はさつまいもの雑炊を作ろうと
火をおこして持って来て居た。あついのをふーくふーくたべる。うまい〳〵

399

いつのまにか私達もこうすれば何でも好きに出来る。此の分を集めて来て横
に出る。月が出て来た。木の影、だんだん明るくなって行く。十時頃[redacted]
頃[redacted]は前進することになり月の出た夜道をごろごろと走った女の朝
めしを持って又一里半ばかり行くことになった。これからまだ一しゅはころ一
なかろう。残された俺達はこの○○部隊の配属になって○○の隊として
いつでも出られる様に用意をしておくことになった。そして人は四をしぶしぶ
れて来た。皆の足りが兵隊の宿舎へゆきてもらふことになったんので
雨もようやくこびが世の中へひろをしていたが外をまてみても寂しい
た。皆が鉋をりのでも持って探したりすっかり兵隊の兵舎へ案内してもらった
土民の家が生れたに肩づけてあった布もすすけてある。新しい社の
月の光がまぶしかった。こんなに明るい。しかし、しくしくと泣いてゐる。
故も少ないのか、おかをつくらない。と言ってゐたのだ。俺達も又何にでもには

400

8

しても一応三週間だつたとんだ来るだけで 山の中にしては数の尽ない所だ
上衣をぬいでトンネルをくぐつて二人が歩いた 足元は一様にぬかるんでいてあるいて
上方の人たちは新しく歩いて行かれたのだろう 大方会員はどうになつて
みた、どこかで見た人にあつたが どうも思い出されなかつた
12〜3人の方に横に一列にしてみたものの 自分の教会 すぐに瞬間ハイ
になつてゆられながら色々な、いろいろなことを思へばありがたいことだ
多くの人たちが一つ一つかよかつたようなへい気をあの玉を一つに結んでまう
無た 三時へは [redacted] の [redacted] ゆうべになつて 目のものは一切りであつた
アメ玉を二つづつもらつて頂いてみた 思いがけない 甘いものにうまかつた
見晴同志は近行つても一行の家内と同じことだ 一つのものが分け合つて
なるほど やがて山かけだ 但しかしだ パンとしてビールとしても之分かしない
いよいよ [redacted] が始まるのか 今迄いつ起きるか分らないがよう

十月二日朝 赤兄の夕会でかく

一象もと

妻へ

401

出発ヨリ 14年9月30迄ノ 手紙ハガキノ数表

	ハガキ、スナー	他送		ハガキ、ホワー	他送		テート・ハガキ	イモン袋
梅田	77	3	中根吉松	8		深田弥七	6	
淀亨	55	1	栢果ハール	8		谷島吉	4	
福本進	25/6		庄之助	10		永井みよ	5	
寅松	16		久保すず子	9		岡中竜三	5	
赤三亨	15		土田兼松	9	1	〃春子	4	
小林利吉	30		野々常松	5		田中竜三	7	1
・利三	16		定勝	9		ミツル	6	
加トオ之助	10		貞之助	11		山口まさを	5	
奥村和	7		安恵	11		中村平助	5	
勇三	11		まさの	12	1	山本たか子	3	
房子	10		八木米松	5	1	中村次夫	12	
中村オ造	6		不動院	5		梅田茂三	3	
野呂	10		加藤光松	5		静平吉	3	1
	285	4		152	3		68	1

459 | 8
520

No. 2

	ハガキ・ノート	イモン袋		ハガキ・ノート	イモン袋		ハガキ・ノート	イモン袋
赤保正二	2	1	伊藤竹代	4		大橋房吉	2	
滝口信夫	5		村田竹代	6	2	中村栄一	1	
鈴木不二松	3		つるへ	3		濱田治之助	2	
濱田徳平	2		橋本隆行	3		倉田鶴三	3	
鈴木幸雄	2		森高喜造	3		山口平市	1	
倉田金一郎	6		㊄	2	1	川崎峯次郎	4	
濱田茂三	2		村々五三	2	1	中村治之助	1	
中村朝吉	13		小林秋郎	2		浜口辰市	2	
村田竹松	6		岡本正美	2		太田才吉	2	
つや子	7		濱田周吉	2		田中徳七	1	
かじつる	4		橋本忠治	1		他羽木信吉	3	
いはる	6		竹上泉	2		濱田正	1	
役場事務	82		区長	2		西村叔吉	1	
	60	1		34	4		24	

118 | 5 521

	ノート	イモン		テガミ	イモン		テガミ	イモン
野村新一	1		中村万十	1		立川創郎	1	1
平野みち子	1		西方寺	2		松島ちよの	1	
市辰	2		西村安江	1		浜田清一	1	
浜田安三	1		森川芳江	1		浜田金之丞	1	
山口晃	1		北村政四	1		鈴木鶴三	1	
加藤栄松	1		倉田一ア	1		あん寺	1	
杉田三升	1		岡崎タツヨ	2		勝田七二ト	1	
塚多市	3		浦下彦位	3		安井二K	1	
川口喜太	1		加藤青吉	1		山辺洋一	1	
野之迄三	1		久保二夫	1		佐多敬子	1	
南村音右ヱ門	1		森下信一	3		山地かよい	1	
杉信	1		杉中忠枝	1		青柳為夫	1	
加田村	1		橋本かめ	2		ドアン・ヤカ子	1	
	16			20			13	1

49 | 1　522

NO. 4

	デカ三					
高橋アキ子	1		玄百造	1		
小林信恵	1		保田与四郎	1		
ウメダキミヨ	3		清水さみ子	3		
豊岡幸子	1		中里休平	1		
東小さ子	1		丸山	1		
梅田まさの	3		鈴木芳子	1		
森本きぬへ	1		牧野一	1		
深田貞枝	1		近藤吉二	1		
鈴木與惣吉	1		宮枝	50	3	
鈴木ゆの	1					
山村庄治	1					
堀川恒三	1					
あき子く	1					

3

[19日]

総数 八百二家 十七通

外ノ外 アドレス無し 六四三通

九月三十日現在

5

NO.

昭和十四年七月一日ヨリ九月三十日迄の七大帳簿

七月五日	マッチ 一包		二〇
一四	卵 八つ		三〇
一七	卵 四		一〇
二一	タイミツ 一カン		四五
二四	酒 ワリマエ		四〇
二五	ビール 二本		五〇
〃	ハット 十		三〇
〃	アサヒ 二		一〇
二九	ビール 一本		三〇
三一	写真 十枚	二	四〇
二五	家へ送金	一五	〇〇
八月二十六日	サイダー 一本		三〇
三〇	アクレンス ケ 一		一八

八月三十日	航空ハガキ代		一五
九月三日	タイデッポ 一カン		四五
五日	家へ送金	一〇	〇〇
六日	ビール 一本		二〇
十二日	ビール 二本		四〇
十三日	ビール 一本 サイダー 三本		五〇
二十四日	ビール 二本		四〇
二十六日	タバコ 二五		二〇
二十七日	貯金（地下鳩金）		五〇
二十九日	貯金	三五	〇〇
合計	六八 一三〇		四七八〇

20.33

524

NO. 6

収入ノ部

七月三十日	俸給七月分	一〇一 二四
八月二十四日	〃 八月分	一〇 二四
九月八日	寫真代売リ	二 四〇
三十日	俸給九月分	一〇 二四
二十四日	御下賜金(酒肴料)	五〇
二十九日	出張へあづけた金 返して貰ふ	三五 〇〇
計金		六八 六二

是ヲ初メカラ計算シテ見ルト

収入金合計 三三五、六六円

支払金合計 三三六、三四円

差引 九円三十二銭残リトナル

右ノ支払金ノ内

家ヘ送金 七五、〇〇

書籍二冊 二〇〇

貯金 三五、五〇

デアルカラ 一一〇、五〇ハ残リタワケ

二十九ノ分ハ少使ヒ 九円三十二銭アルニ、

俺ノ思フニノ足タ 百円ニモナリテ以上。

ナラヌカラ ラシイ。

十月二日午后四時 山の家にて記し

妻へ

実之

525

NO. 1

十月三日．火．晴 七時迄ぐつすりねた 起されて目がさめた 夜があけて明るい
外へ出て 深呼吸をする．東の空をヨーハイして武運長久を祈って 砲の手入をする
付に居て近す池へ顔を洗いにいった．山の中の朝は気持がよい．食事の出来る迄一眠してゐた
夜勤のめしをたく用意が出来た．田にたくさんとつたのだ．みそけで朝めしをよばれた おいしい
道路の両側は土民の部落で 最初の部落よりきれいな部落だ．風呂も何も無い．汗とほこり
にまみれたまゝだ．夏なら池へとびこむのだが 寒いからもうそんなことも出来ない
食事後一服してから 砲兵の指揮班は全部土工具をもって前の山へ上ることになった
前の山には一番前の味方の見張（見番）の小屋があって兵が○名について番をしてゐるのだ
その山へ砲を上げる為 山を砲の上る様に導だ．急な路であるから上りにくいだろう．松林の中で
木をきつたりして頂上へ上る．涼しい風がふいて何とも言へんよい心持だ．相当に高い山が一面に
並んで敵の山がぐるりと取まいてゐる 敵の山の方が大きいから見下ろされる
目の下に ○○○の部落の白かべの家根が見える こゝの部落は又きれいで中々
美しく擬装がしてあるのだ．山で一休みしてから 砲を馬で この急な路を上った

402

道も何もない山を上るのだから危ない事この上もない。それでも馬はうまく力を合すと又すごい力のもので上れないと思った所もぐんぐんよじ上る。最后はとまるためそうなると馭手側.馬をはなしてつなでワイワイとひっぱった。若い兵も手傳ってくれるので割に楽に上れた。[redacted]の腕をこして全部上げた時はもう十時半になった
皆汗だくだ。日中は中々あつい。で一休みをしながら各々を又山の上の陣地迄はこぶ
四英人々々金の細工りが十人位あるから重い。道のないごろごろの山をあえいで上るので息が切れてもう位だ。フーと言ってようた。二回でして終った。へとへとになった
山のかげで一休みをして汗を入れて ○○○の部落へ帰った。ひるめしも一時になった
腹がへってやるので おいしい。太い木のかげでめしをたべた。この家には土民が沢山来て居ていろいろ土流の仕事をして居る。白米を水につけてそれを石うすでごりごりとひいて居るがそれの白い汁になって居る 何にするのかわからない
たべるものには違いはないがどうしてたべるのか見当もつかない。蒸ったものを作って居る 老人は日本と同じ様にゴマをもいで居る

403

NO. 3

二時頃になって一回ころって山へ上る足がゆるのは この山の下の○○○の白かべの家で
そこへ みるや外とをはこんな大きな家は すきまだ まれいなし 広い家だ
ゆる所を見てすぐ山へ上る から石一つでも見らしい位なから井、めいくの陣地へついて
陣地を作るスコップ、ツルバシ、ヨキなどで 木を切ったり山を地ならしをしたりして
砲を平な所へおける様にした。石や赤土でごろごろで中々かたくて骨が折れた
そこへ下り段の所なので中々地ならしには汗だくで 木の根が邪まをしてえらい
四時から攻撃開始だそうだが中々仕事は疲れているなけで思いおねにハカが
いかない。前の山に攻撃開始の信号が上ったと思ったら 打ち合った
砲車へ注って メガネを見て見た 前の二つの大きな山 ○○山に○山との頂上
には敵がうようよと沢山に右に左に動いて居る。敵の山は高いから優勢の陣
地はなと欠するせつなだろう、砲がたくさんまたナ アッタく ミテルアルヨロシ なんかと
言って 士山ぞ陣のたろうえ しろりゆらてすぐ 第一発を ぶっぱなした
続けまくを上げて ダーンと 山こして うなって敵の山を小口から やっつける

404

久しぶりの離陸なので愉快だ。明日の大討伐をしたまま九日一パイは離陸をしなかったから丁度一ヶ月たったのだ。それも山の上に沢山ならべて小口から打っては
く。一ぺんに山の敵は見えなくなった。にげるのだろう どんどん山をこして行った
山の裏に敵の居る大きな部落があるそうだ。そこへ行った。弾一面にめちゃめちゃにかっつけた。そして最後にずっと左の すぐこの山の目の前の山に行った。ここには
敵の見はり小屋があるとかで それを ねらって行ったら 大きな岩が一面にとびでて
ある。この岩を利用して見はりをしているのだとのこと。命中だ。大きな岩が弾で
こなごなになってころころと山の頂上から谷へ ころがっていく すさまじい勢いだ
次の弾は一番たくさんある山頂山にあたった パッと空中へ岩が一面にとび
上った。ウワアーとあまりの見事なありさまに手をたたかんばかりだ。
これを最後に今日の攻撃は終った。最後の岩山を行ったのは俺の飛行機で
俺がやったのだ。山の中で あたってしねよと神にたのんだ。だから あたった時には
どんなにうれしかったかわからなかった。一休みした頃には日が山の中へはいって

5

NO.

406

しまった。山の上の夜は又風で涼しい。シャツ一枚で夕食を二人持ってきて来たので
一同山の上でめしをたべる。焼めしでとてもうまい。仕事がえらいから腹はへる
お茶がないのには弱った。下はつまるしのむものはなし　ガクくしておた。
うすぐらくなった山の上で銃の手入れをした。暮った頃には人の顔もわからんなに
なって居た。くらくなった山の上で俺達五人と隊の班長一人加わり六人でこの見はりをし
することになり皆山をおりていった。残った俺たちは幸い赤兵の小屋にあいた所がある
のでそこへゆすしてもらうことになり山の上の風のまつ所で寒さにふるえたら寝ることし
ようになったのだ。大助かりだ。赤兵の人と一しょにしら。星空を交代で見はりした
前の山は日のくれる迄にすっかり片附いて白章旗が上って居たそうだがとほいので
わからなかった。先生と兄の清さんで借りたフトンや今日持って来てくれた毛布で
汗ばむ程あたたかかった。十時頃から月が出て明るくなり座の方に山の上をてらして
居る。今夜はしづかだ。一寸の銃声もしない。しづかな夜は又別にして見ておらんそ
せめて今時はならなかったから　しかし何事もなくぐっすりねむれて夜があけた
(三日夜近上)
(十月四日朝めし後　眠くて明日にあたたかくこれをかいておる
ドンとの砲の音が遠くでしら。友軍がせめておるのだろう)
良人より
妻へ

NO. 1

十月四日水晴。初めての陣地の夜も事なく明けた。よい月夜でここの小屋から月をのぞける 青い月の光がさし込んで来る 何とも言えんしづかに たゞ川の音ばかり 松をゆするザワゝとした音だけ 夢みるだけで シーンとし夜はふけていた。あたゝかいフトンをまとい ぐっすり兵と一しよにねさして夢みた えて目をさましたもう明るくなって居る 七時迄に陣地へつく居れと言ふ命令だったので 何時か分らなかったが フトンをたゝんで返し お礼を言って陣地へ帰った 幸い水とうの湯があったので ヨージを使って口をゆすぎ 手のひらへ湯の冷たくなったのをおとし ネコの様に顔をなでまわして洗面を終った 池へ行くにはこの山をおりて行かねばならんので 駄目なんだ それでも気持よくさっぱりと目がさめた 東の方が赤くなって来た 家の安全を祈って一服して居たら 皆下の家から上って来た。今日は又別の方を打つので それも二里位向ふを打つと言ふのである 昨日打った五十発あまりの打った引を松の木でなえて山をおりて下の道へ出し 大急な段でずいぶんすべって危なかった。この部落には柿の木があって小さい

407

NO. 2

ビワの実の様な柿が黄色くなっている しぶ柿で食べられないが 支部へ来て柿のなっているのは始めて見たわけだ。この山には去年の十月頃居た○○の陣地を何だか小さい枝の様な葉に小さな栗がなっている この栗の木を見ると去年の事を思い出す 小さいくりの実をとって来てくりめしを炊いたりして穴の中にもぐって雨にいじめられたのが昨日の様に思われてならない 十月十一月は去年の内でも一番苦労をした時だ。その すんだ中不自由をしつつ陣地に居たのだから陽気も同じ事だ 蚊も少なくて前はつらずにねた たまに一匹ブーンとくる位だった其の夕がたをはこんでから陣地の工事にかかった。今日もよい天気で日はカンカンとてりつけて相当にあつい 腹がへって来た 丁度朝めしが来たので 涼しい風に吹かれて山の上で二人静かになってみそ汁で朝めしを食べた 山の上での食事は又別にうまい 一服して昨日からの日記がかけないのでかいて居た 終ってから工事にかかり汗みどろになって働らき出来上ったのが十時頃になった 涼しい風はあるが日のあたる所はあつい位だ 一服も砲の手入れをしておいて松の木のかげへみしろを

408

No.

しいて今度の日記をかいておる。又手紙時間もあるで急がしく日記書かかけ
なくなるから一寸でもかいておかんとかけなくなる。外の者も本部へいってゐ、
おるがこれをいびきをかいておるのもある。となりの部隊では小包が来たと言って
開いてワイワイ言っておる。朝がたはドンドン〇〇砲を打つ音が山の向ふで有ってこちらで
おたーパンと小銃の音も聞へ少しおちが一ときりがすぐ一ぺんになって平和な所
の様に見える。これが人を殺す戦場とは思はれない位の一ぺんが加減。敵の居た山も
今は我軍のものになって今朝から〇〇の〇〇は〇〇〇〇山へ上っていった
夕方にあつた山頂もすぐ目の前にそびえておるが敵はおらないから来ていた者の加入も
姿を現はさない。ぼんやりにそびえているのを見える。ここには便衣隊が沢山居るさうだ
昼は百姓や商人に化けてゐて日が暮れると正規兵の服を着て銃を持って軍人に
なって我が軍にておかいをする。だからうかつ近くの部落へは二三人ではいけない
との事だ。便衣隊が出ると思ふとうかつくつてられないから[redacted]さんなかには危なく
ていけないと[redacted]の注意。我らは俺とてどこも行けないからよいが。皆十一時

409

NO. 4

木のかげへ行て休んで居た 兄への手紙を一通かいておいた 昼めしが来た
食事をして一服した 今日は射撃がない 敵はどんどんにげているらしいので
小銃の音やハクゲキ砲の音がして居る 折角午前中汗みどろになって作り上げた
陣地に敵が思ったより早くにげて去ったので用に合はなくなった 今代り今日は行ったこと
がないそうだ 食事をし一服し直に山をすらた 下に小川があり水が流れてゐる
ので洗濯に行ったのだ シャツ・バンド・褌、くつ下をぬいで裸になって川へはいり洗濯をした
二十日中はあつい位なので水にはいってゐてもよいかげんだ 洗って草の上へほしておいて
体に石けんでふいた 三日風呂へはいらなかったので すっぱりとした心持になった
又山へ上った 鉄條網へほしておいて一服してゐた あつい位だ さっぱりしたシャツ
をきていい心持だ むしろをしいて新聞を出してよんでゐた 毛糸の当つ手が伸びて
長くなるので短かく引を取ってぬいつけたりボタンをつけかえたりしてゐた
四時頃大分涼しくなった 当つ手をとりかぶつへついたので あたたかい
肩から胸の所が長かったのだ。前線へ行ってゐた友軍が帰って来たので山へ上

410

NO. 5

つて見た、自く見てる下の道をふみしめて帰つて来る、実に美しい姿だ
谷の森、やぶかげの部落、美しいかやの家、池、田、スーキ草を見ておると何とも
言えん なごやかとした気持になる 山から下を見おろした景色は又別だ
家のかやぶき、今月の末には早生のかり入れだね、十月の中半頃をすぎると
思い大根も菜も大きくなつたろう、麦畑の耕作が、田はひきあげ位で一寸今
の頃は寒だ大地上の霜だん女の方はどうだ なんと日ましによくなつていくのが
分は帰つてるころにはさかんになつて毎日もつるべしよる三人で苦るだろうナ.
今日は午后遠くで夕食の支度かしておたが今はしづかになつたと一日午たがに山で
楽に体を休めらんた、日が暮れたら山をおりてすまくゆるこくにしゆう、涼しい田は
かげへはりえゆこうんで又村塾を出て ねはつぺの家弟をよんでおた.
分会の方まで来たから一服りに来いとことづけあら一人テクテク山をおりて ごろくの道を
馬の居る地事場り○○の村へ三三一ある、二つ附近の道は皆ためしてある 道の上 三三
人の土をすつかりとつてどこかへすて、附近にはないたからぶ道が田と同じ高さ

411

NO. 6

412

になって居るので広い中の道をすすみ田が植えてある 道の両側も田だん
道の田は大して米もとれないらしく株が少ない それを又道にして使ってある
田の植えてない所は深さ四五尺 二間四方位の大きな池みたいに道のまん中に
小さなくぐの目にほってあり 車の通らない様に溝を掘ってやってある 日本軍の
通れない様に邪魔をしたつもりだがこんな物位平気で埋めて進むから
ないだろう 炊事で夕食を先へたべて大根おろしを作って山へ上る さつまいもを
ほって来て火をたいてやいてゐた。夕食後又射撃をみてゐたが砲を山の上へ上らして
今日は早く山をおりることになり荷物を持って山をおりた。お寺へはいって洗濯をし
りしみるとしていられぬ様にしてある。附近をぶらぶら歩いてみた ぐるり山にかこまれてゐるが
中に田畑がありとてものどかな所だ 牛が草をくって遊んでゐる 土民達もの人手に
除草のまゝのをまてやさしいのをたべて居る 草を刈り取って 大きなものにして
あるこすの木をほしてある 内地と大して変らない 日がくれた 涼しいので気持が
よい 今日は早いのでお寺でゆっくり 立派な広いきれいなお寺だ 又明日からこう
十日・夕方 山の下のお寺にてかく

妻へ

良生

NO. 1

十月五日木晴、昨夜初めてお寺へとまった。立派なお寺でかざってあった
奥には沢山のイリイがかざってある。支那の寺はどこへ行っても土間ばかりで日本の様に
上へ上ると言ふのはかしれない。ただ土間があってそこへ皆集まるものらしい。赤青黄いろ
くの色どりがきれいにぬってある。しかし、いかがわしい人がはいらぬのか窓口には四五尺の
草が和しとはえて碌に歩けない位だ。左右に小さい室がつづいてあってそこへ泊った
わらを沢山ひいて寝てあったのであつく宵の内は汗が出てねられん位だった
外はいい星の夜でひんやりと冷たかった。皆ねられんのか外へ出てひびつをすって
居るものもあるし、ローソクを持って来なかったからまっくらだ。けふはとてもあたたかい
ごそりと動かなければしかんでやわらかい。夜中からぐっとひえて来たが動かずにぐっすり
よくねた。目をさました。寝ことなぞ。うは迄たすた。まっくらだ。小便をして又
一眠りした。目をあいた時には明るくなって居た。シャツ一枚で外へ出た
朝の空気は何とも言はれぬよい気持だ。土民達も寝まず無事何事
をして居る。子供等が牛を連れて野原へ草を食しにいったり又女どもの草を

413

NO. 2

かつたらして居る　このへんでも畏牟で買上げる　乾草を切つて馬して居る

いう気迄は文郎が出来た新しい乾草を干して居る　馬もよろこぶ

文郎の今日は子供らの内はずに御かし大人に好る事　ちよろで動かす　三四尺もある

竹のキセロと夕バコの包を持つて歩き　方々へ遊びに行つて　一寸も働かない様だ

寺の門の前の家へ行くと　昨日洗濯をした　川が曲つて流れて来て居る　土民達は二ケ

水をのんで居るのだ　井戸が無いので池の水を使つて居る、由を知つて　またないのだ

彼等も一年兎に疲れて失つたから　腹も下りもしない　どんな水でも使つて居る

井戸がないから仕方がない　此の所らの中をすくつて茶をわかしたりするのだ

その池へ行つて顔を洗つた　日が山の上へ出て来た　涼しい　山の朝の事迄は文化

とも言えない　気も心もしびしとなつて来る　日の方に向いて家内安全と云ふ

延長文を祈つて古民の家へはいつてみる　老婆や子供らはおがとつてまた

針をあげて居る　今の子供は口を作つて居る　なれて居るのか妙ようなもん

俺がいつも平気で見て居た　またない　不死のまものをまもつて居てくれ

414

山へ出て寺へはいった。寒いので火をたいてあたって居た カンイモをかいておく
山本が○○へ飯をとりに行ったので見て居たら 帰って来たのは 六人で 明かしたべる
エビのだしで ミソがはいって居る 一服して茶碗をもって 再び山へ上った
山の上はいゝという風があってとっても涼しい 一寸暗しそよいー
射撃もないのんびり用も無て 鉋の手入れをした 山の上へ一組 組ついてにされて ほっておくと
さびて失くので 手入れに困る 毎日せっせと磨いても すびがういてくる。
手入を終って 倒れて寝ん 土民達が下の細い道を何かもって行ってるのを来たりしている
茶をわかす投に 石油かへ水を入れて持って来たので 拾めた枯葉や枝を集めて
湯をわかした 昨日山は故障が大へんて 畑でサツマイモをほって来たので 火へ
入れてやいて居た そしてやけただけ一つ二つとあついやつをフーく言っていた こまい
二ヶ隊はいもをいっぱいたべても 腹がかけない様になった なれたためか、
山田故障とは又山をおりて 物を探しにいった 俺はイモの番をして 山で煙草を
みつけた 二人はかえって帰って来た いっぱいなかったらしく ト?からこと サツマとを

415

NO.

持って御て来た宿 いもをたべて休んで居た 一番左の絶は岩の○○山を又持ってゐる 416
小口から合作で山の頂上へ 絶壁を上がって居る ものすごい位だ 側へいって見物をし
て居た 兄たちが帰えると 隊長はせんとうがうしをたべて居た いもをたべて丹沢を
見て居たら ひろめしだ 小西五の味ためので 見えてたち をかけて居る たいつられたせんぞ
をたべた 味がやわらかくてうまい それへ エビを入れたのだろう 下から七ン七ー
をどんどんに一気持って来た 俺は勝をまぶりむくと思ってその山の岩をよめた かくの分がみた
品物に別いがついてする よくまいくる 外の者はの分が酔って口をく言 握て居た
食事をして一服しておいて一寸するとにし 絶のかげへいって地をうしして方の
木をかげにおいて一休みし 日記と手紙とを書いて居る 大月とは言え日中はまだ
あつい 山の上では風はそよくあるが 日なたへ出ると汗が出てくる
山の秋だ さくら赤い木が見えて来るなにか 紅葉して来たのだ 青い松の中
に一二本 赤くなった木が見えて居る 田は稲ばかり 所々すいとある所
もあるが 大方稲が立って居る これだけ少く 一週しよう又 夕方から）

417

NO.

腸車の下が浄かったので いゝ気持になってぐっすりねこんでしまった 一ねりしたと思ったら
もう夜になってゐた 目がうんと下って涼しくなって目があいた もう夕食を出す所が
もって来てゐた 鯛かけとおぼけん起きた かつをの味めしでうまく トウガラシかけサご
それにエビを入れておかあさんもあり 大分かゞつたが 味めしがとてもうまかった
会所にいても もかくてある しおかくで あつい しつれい 暗一ぱいになって一晩して
みたが どうやら今度の[redacted]も決ったのか[redacted]することになった様子
[redacted]をしておいたものの命令があったので ボツボツ準備をつけておく
毎晩ねる所が一つづゝ変っていった こんな事は珍らしい 四日で四とこねる
所がかわった 今晩は幸か又旅行軍で[redacted]ねになるが こんな兵舎は
七里半が八里もあるから 帰ると言っても これから仕度 又足を棒にしなければ
ならない 一晩途中でとまって帰ると 皆な人がどんな風になるかわから
ない 方々で少しなめしをよばれたが いよく 兵舎へ帰ることになったのか！
今度の[redacted]去ったのに比べて あまり面白くもなかったが又かこう

（如何）

十月十五日夕方出した

宗こしけし

妻へ

NO.

十月六日、くもり后小雨、昨夜はとうとう出発した、[redacted]
が来たので早速[redacted]すうした、急な坂で
危なかったが皆うまくすべったしまいが僕たちの番でもう其の後には
まっくらになって先ひどろくと引っぱったが本当にあぶなかった。
下へおりて毛布、めしごうをのせて一ケ所へ集まりれは再び出発
した。月は中にあだまってよな道をほこりまみれになっていた
めで停車までに下給品のパンカンを三人に一かんづつもらい下がり
びんを三本持って来られたので六人で仲よしの人だとてもうまし
ほんとによかった、で出発したが停りは八里も行かんうちに
と思わせと驚かして待つ位だった、随分立つ時間止めておいたので大分
来であったが、ごろくとまっくらな道を砲の車についていた
くらいので見当もつかずどこかどこかかしこ見当がつかないが
た。最初とまった所へおく一服した時に兵部に一人

418

No. 2

敵の正規兵がホリョになり ナワでしばられて かますをかぶって
土の上にねて居た 二十才ぐらいだ 顔の青白い 一寸顔立のよい男だ
兵へ日本のタバコをやって かますをとって 話しをして居た
黒い眼をきてみた 平気で物をみたので かますをとってみたよ
目をみひらいて居た 若いええ奴が微笑されて居るのだった
それから又 十時に出発して どんどん帰りかけた 次は本日の討
伐で四部落をまわったのが 二一で 半日休み 宿には水さすを取り
人には名前多く オートカンリンがはえて来れた 振りみて
を二つもらって、たべてみたが ぼかして あたたかいとって
すいしかった 夕食が早かったので 腹がへって居たので うまかった
たべてしまった のどへはいってしまった 腹もたんまりした 一時に
出発して 又一寸休した 次は例外の部落で 三時だ
組合をたった 後から月が出た 三日月だが明るい

419

子

NO.

手も顔も泥だらけになって 皆んなが 行きより帰りの方が楽
だった、今思った道も一層に里位づいてくる 皆んな昔に帰らず
家と休むと實一位だったので 皆のには もうこっちなった
今迄は兵舎へ行く道の池の所で一服して どんどん歩き 車方へ一班の
皆に今日を出かけくなってしまう 兵舎へ帰って来たのは朝の五時半
出でも患者も相当にくたびれた、此の様に皆んなして 荷物をおろし
兵舎へ帰った 俺達が帰るーすぐ と其の時際が飲みす
討伐に出かけた 先輩方の中に 討伐隊意 位し の方
兵舎へ帰って 飲んで 荷物を整頓して一服し もう朝なので
顔を洗ってみた うつかかなる頃だ まもなく 今日は たれが
墓昨日から 霧がかかってたると思って居たが どんどんとして
なる様だ 其の内朝めしが上って来た 兵舎へのめしだ
とふた紙のせ汁か 朝めしをたべた 皆んなくたびれたびんと一

420

No. 4

千乙しと一晃たのんだ うまかったの何のって そして一ぺろりした
今日は日曜休みなので ぐっすりとせんの酔いが ぬけ切った
起きれた土は未だ まだ わたしはしっかりして居る
で一日暑に水こすを出して置いてしまえば 手紙が来ていた
おまえのから一通、廣瀬君のから 写真を三枚送ってくれた 中に
秋田君も居た 俺が清水さん之へ写真を送って世話した礼状を
出したのがのってゐたから うれしかった 写真 切りぬいて 次のノートし
(それへ送った 兄しおしなに、少年紙と又火がおきてゐたぬ
家から何んの来ないので 母にも何んのアクがあったのではないかと思つ
て心配をして居る どうも手紙の来ないのがおかしいと思って居る
それとも又お前が いまついてゐたのではないかとも拾へしれるし
何にも手紙の来ないので 安心出来ないのだ すぐ前に手一枚
来たけれども かえし たよりもなくて堪らない

421

NO. 5

皆無事か。一寸ひまになつたから手紙位かけそうな物だと思ふ。
秋まつり前で畳の表換まで重なりで忙しいかもしれんと勝手な
事を思つてゐるのだ。ひまになつたらしれしてなよをしらしてくれ
母がどこへ行つたか今だ分らないのだ。ままが分かつたら自然す
こと言てお前と同じ様な事を言つて来たので大丈夫だろうと
思つてゐる。ままの所の孫は始だ。フトンの上へ這ふ頃だと言つてゐた
から後酒に出かけお前は休んでゐられる事と思ふ。お前はもうよからうが
俺達の天の救だしおりがいほうもしよなつて世界に無にしてくれ
俺も毎朝神佛に祈つてゐるがなかなか分らないのだ心配だ
弟も何と言て思ふし もうこの手紙も来る時分だとは思つてゐるが
どれにしても一番いいので どうも不思議だと思はずには居られない
ゆるされる母上も随分言たろうと思い よく思わせてやつてくれ
ゐられる言たろうし おりじゆうを運ぶたなら十分かけてよくなる様に

422

No. 6

しし上戻って来れ感服する。お前にたのむより外はない君に弟も何つ

たらぬと想法にのぞんし来れ 又ついはうれしてくれると云ひ思て安心

はつ話すが お前は随分に何んなに気をつけく たのむよ

今回は町まから砂車の材料をはぶして紀送っし細れつけく

長汲の検査を受けた こし砂の手入れれして一休みこ砂を何か何にすす

三十人出ておった この隊にもう危すかった一周が来つてつてけた

停った一眠したら気に出合たたしこ二手内でうれい 全てう気がれ上へた

一人に二つづいもらい又してもし 引いたがあれとよい、めが当ったなかった

がられし えくなものがはりくるたまず 子供のおになって大きみた

女の君つかの手紙だとこう云うたた大声でよみ上げる。今九時れのだ

真の字もいいたたと今ずりの人が分からんのに十兄の娘たと思てし

せめてで恥かしい俺の什方にかけた通り 京都の人から二つ上れ

れらったドロンワを大つて日ん手紙をかりて上手 写しゆる

十月二十一日 六会にて 人生

一方へ

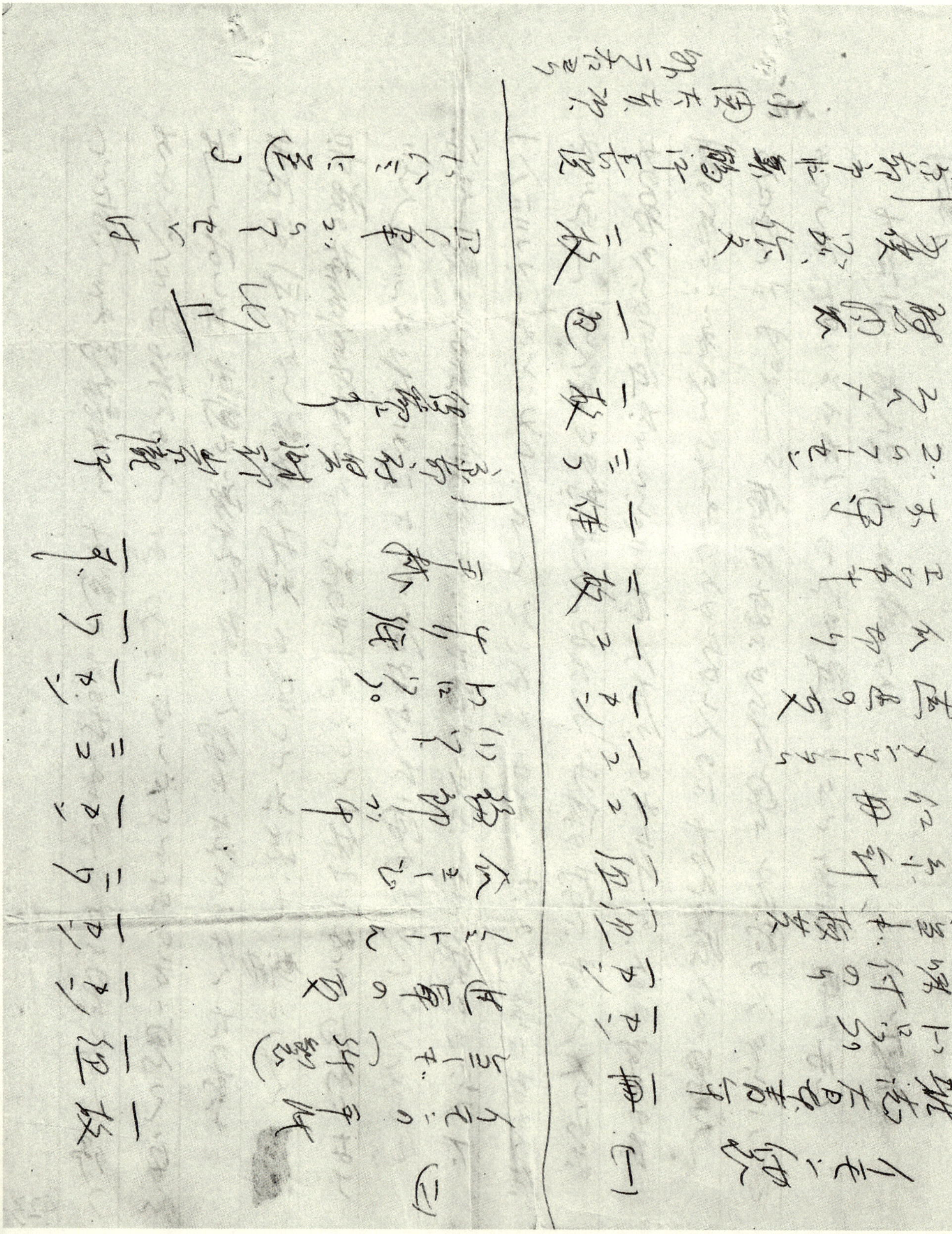

No. 1

十月七日 雨、昨夕から降りつゞいた雨は今朝になってもやまず だん／＼と
ふりしきって居る 新しい道もぬかるみになった 田畑にはよいしめりだ
大分天気がつゞいたから たまにはよかろう 点呼をすました、まだ眠足りない
ねむい 昨晩は おやぢの許へ行って 十時頃迄 イモニ袋の八ツ橋作りをやって 又
下宿屋のバイカンを三人でもって立ったりして すこし運動をし、居たのでよけい
ねむかったのだろう 一組ゆすりに歩き回したのだ 正直ゆって又組一ぱいとゆでし
まだ足りない よくゆるものだ 今朝から 銃の手入れにいくのに遠くなった
おつとめ部のはづれで 体操に時間がかゝるやうになった 一人行って 手入れを
して帰った 皆朝めしをたべて居る 顔を洗って朝めしだ
イモニ袋の返事や手紙の返事を沢山かかねばならんのが 忙しくてかなはない
朝めしをすましてすぐ まさのへ一通かいてすました 八時半に皆そろって
俺達は 銃の手入れだ 今日は 細密手入れをして 十時半から 中隊長殿の検査
がある のだ、だが今年は人が少ない 隊将は その日の 都合で 車をとって 洗と手を

424

NO. 2

けがしたので休んで居ると南北病気加、細菌兵之へ仙台へ佐伯軍医殿
を受けに行って居るので山口と云ふ者だけが降来軍を手入れしてすりく砲のある所
へ行った こまかい所を掃除して居たら検査が始まったと砲数が呼びにきた
で検査を受けたが うまく分からなかったので又やり直してみたが十二時になるまで
立に行ったら めしを食べて一服し 東京家と仕事の主京都の役場へ
と通かしておいた。そして鉄剣の手入をする 午后二時より検査がある
ので二時から馬場へは二列になって砲数へ。しのテリの手入を望としたが
大砲の上へのせる 上のをアミうので作る。太い糸と針がないので大夫には出来ないか
つれが太くりになる 其の自分剣の検査があるので俺は早く今度は
で手入の時自分ついてせって仕上げて手を洗い一服して居たら皆帰った
検閲が終り来た 今度は早かった。久しぶりに思って見て居た
中国へ孔体をかけたりして久しぶりに千田と十六、うまい
久しぶりに一服して新聞を見て一通り目を通しておいてから日記と手紙を

425

かいておく一冊も上へあげたり又ふりおろしたりしてゐるがきみにしてゐない
是非大谷へいつて千圓の返事でもかまはぬ書いてもらふ一冊の日は宣史
はまつてゐるだが今度はローソクをつけんとかけない位だ
細田から山包のすそわけを貰った　ましたとすゝめたをうまい　志賀風呂へ
行こう　晩も店なしなった　昨夜は歩るいたが今日はどうしようか、
南禅寺に吉祥寺の藤会に森海老が死んだと書いてあったがびっくり
したよ、あんな丈夫な人が死ぬとは思はなかった、友人の所へ手紙原稿料
写社から送って寄ので見せて貰ふので、今日の死んだ人、生れた人はよくわかるのだ
それから勝村の丸山通太郎さん所の捨松さんが戦死したとので突然で
今捜してみたがわからなくなってゐた　丸山太郎の人なら千仙台をかいてあるん
と思って居るが、おれは新吉さんと言ったなら、柳のおばさんだと思ってゐる
あれから風呂へは入って先生の礼状を出して一通送り主へ一通　初三大夫へ手紙を
かいて　上海に居た頃に書いて居る兵隊宿梅田の札をかいてゐる。

NO. 3

426

NO.

十月八日 晴 よい天気 夜雨も昨夜上ったのが朝の内は雲が出て居たが
だんだん晴れて行って上天気になった 用便をすまして 昨日作ったアンペラの土を
もって畑のある所へ行った 畑の上へあけて見た キャベツ一パイだ うまく行った
今日は皇土工作業には行かないので其の間に洗濯を洗って食事をした 一服して
昼めしをハンゴーへ入れてすっかり一服し昨日返事するのに書いて居た梅田への手紙の
つづきをかいてすっかり出して八時前に用意をして出て行った 十六名で隊全部では
七八十人のためでトラック二台にのってスコップ十字鍬をもって表門を出発した
学校の庭がふえていい天気だ トラックはずっと進む 道は昨日の雨でどろどろになって居る
土民の田は今米の花盛りで真っ白になって居る 丁度紅葉の花盛りの様でキレイだ
野菜類も大きくなって青々と大きく出来て居る いくらも畑に作った所へ回って行く
三つ叉の道を右へはいるこれからはまだ御承知の道だ どこへ行っても二三軒の家がある
そして目的地へついたのだろう トラックが止まった おりて少し畑の土の上へ集って休む
今後新しく道路を作るのが大切だ 前からやってみたらしい 俺達が付けのするにも

427

NO. 一

大分あき木立ちだ。山を切り開いたり、田畑へ排水のみぞを作ったり、高い所をけずって
段を作ったり、各々手分けをして仕事にかかった。文郎等の木村も四人あまり白い帽子を
かぶってきて居たよ。勤し、小隊長・分隊長がみえてうまく使って居る。皆文郎人は働らいて
兵隊が監視についてついて居るばかりだ。ある日ホリヨと一しよに仕事をしてして
かつてやるという敵の様な気がせず、和平兵と一しよにやって居る様に思った。俺達と同じ服だ
昼は木の下で牛肉の天ぷらを持って来てくれてただ。宿舎にはまんじゅうがつづいてついてただ
道を作るのに石がころげて土民の家の瓶をすべって石を投った気がするので気がし、
で四時半迄やって今日の一日の分を終り道へ出来去手分けをして居るのが担当長に宿だ
明日の仕事を見ておいて班のトラックにのって一走り走って宿舎へ帰る。夕食ごはんめしで
うまかった。ゆっくりした。山の上だとてもよい気持ちだ。で桂と話をし風呂ついてから
シャツやズボン下ふんどし迄、編を洗濯をして一服。一汗かいた。おもちゃと遊んで居た。七時半に
蓄に入、こたつをやって帰り日記と手紙とを書くまして平和の返事はけなかい居るので
雨の夜が明けた。今日の仕事は面白かった。いい天気なので、合併早くねよう文

十月八日 晩九時

・ゆうき

まあへ

428

NO. 1

十月九日 今日はすっかり晴れたよい天気だ。朝の田は申し分のない涼し
いよい日だ 本当に秋になったと思ふ。朝つゆをふんでぬれて手入れに行くのも
気持がよい 昨夜は変な夢を見たので気がかりになってならない
母が亡くなった様な夢なんだ。だから一寸これをよんでも母にはすまないと
思ふと又気を紛れ易いことだけは言はない様にして悲しい
何だしらんが俺は帰ってみた 母が亡くなったので帰ったのか それとも その前に帰って
みたのか その点はハッキリは覚えがないのだが。子供らが死んだのではないと思はれ
母の姿が夢の中には見られなかったから。沢数の人が大ぜい来て居る。二十五才位の
女が親の許がハッキリと台所に立って居たのが覚えがある。死んだと言ふ
悲しい時に男の首では久本の財部竜之と朝吉氏とが酒をのんで相当酔って
しまって居る。財部竜之の目の色がすわってしまってもの心ハッキリ言えない
位酔っている。俺達の姿しみれしらず平気でのんだり出して居ることを
思ふと腹が立ってならなかった 其の外五人の顔は見えたがハッキリわから

435

No. 2

なかった、つやの晩の薬水をすました 姉のことか、二人共気がした
お前が日頃口をかけて台所から座敷へ持ち運んで居る、捨ててえだ
いつも目をさました。病人やりなくて居ると思ったが、今のは夢だったのか
と思ったが、如何なにねかして寝られない便所へ行って来た今の夢を立つ
て寝て居た。夢でよかったと思っても 未だ頭の中へこびりついてはなれない
が、布団の中へはいって寝て来た。あれから思ひ出して ひょっとしたら 本当に
悪いのか 又ひょっとしたら寝て居たのではないかと思ふとぞっとする。
座って少し動かねばいかんがけれは心配になって来る 心配をし出すときりがない
が、お前等は 手紙も手紙の来ない しばらく よい事があったのではない
悪い事があったに違いない お前共帰らないから いまつってたのかもしれん —— 母が
悪くなったのかもしれぬ 此の前も 七月末から 一日へかけて 討伐に出た夢で
母の悪かったことがわかったのだ、本当に悪いことにならねばよいがと思っておる
もうろんなにも 帰らないのだから 時には手紙をしれなければならないのに

436

3

NO.

服役が中々今年一杯で来たのだ。兄が入営廿日に除隊したと言ふ話なのに

兄からも何の便りもない。考へて見ればむかし〳〵ことばかりだ

早く本当の事が知りたいものだと思っても思ふ様にならず困って居る。

兄がすぐ帰るであって欲しいと祈って居る。皆兵舎で仲よくして居てほしい

五年があって欲しいと心に念じて通知を待って居るのだ

えん筆を持ってねん点呼をすませて砲の手入れにいって帰った。朝めしをたべて

昼からエハガキを出したのだ。家へ三人、梅田へ六人、つや子さん六人へかいておいた。

八時半から砲を馬の運動場へひっぱっていって直接演習だ。涼しい風にふかれて

射撃の演習をしてみた。気合を入れて一生けんめいやってみたのだがすっかり忘れて

来た。直ぐ帰って食事をし雑誌を見て一寸ひるねをし一時半から又砲の演習をし

四時半迄砲をやって手入れに行き帰って夕食、レンコンのすあえ、ブリのにつけで

うまかった。風呂へいって一服、日記手紙をかいておく。天気が続くがよい

七時半だ。馬に水をのましにいって手紙をかいて点呼。ねよう。明日は休みだ

437

No.

拾月十日火、晴 いゝ天気だ涼しい。こんど風の日が砂をまき上げて居る
点呼をすまして 砲の手入れに行く 日が出て来た 何とも言へぬよい
景色だ 帰って飯を食ふ たっぱのみそ汁でおいし うまい
今日は休みだ 外出はない 皆舎内で休んで居る 道作りには一応行ったが
或は字かいたり 雑誌をよんだり 洗濯をしたりして居る 俺も一服してから
服を洗った 汗とほこりとでへとへとになって居たので 上と下とを洗った くつした
も洗っておく まず一服して フトンをかぶってゐた わたしは長い間ごぶさたした
して居る方々へ便りを十枚かいておいた 便りもこの頃はないので 一寸にはかけ
なかった 手にはいらないのだね で 小説をよんで居た 十時前に馬に
水とエサをやりに行った いゝ風だ 涼しい 天気はよい 十月十日
思いおせば去年の今日 今頃は 〇〇〇へ敵前上陸をして陸上にあがって居たの
だ 夕方には敵の砲にやられて とうとう駄目だ こんな所で死んではつまら
ないと思ったが 不思議に命が助かって 今日この通り元気で居られる

438

5

NO.

ありがたいことだ、是皆神佛のおかげだと思つてよろこんで居る

昼めしをたべた　おかんのおかあさんがめを切つてたまごをたべた　つかれたらう、ゆつくり休め

妻がはいつてきておいしかつた　おまへのイミン紙のだ　一服して　荷物を調べて見たりし

姉へ手紙を一通かいて　日記で手紙をかいておく　今から床でよんで一眠りしよう

と思つて居る　ちよつと雑誌をよんで居るところが　レコードをかけし居る、一時だ

ぐつすり眠た　四時前迄一寝にゆた、目をさましてすぐ風呂にゆく　いい気持にはいつて帰り

部屋を掃除し　靴の手入れに行し　えらい風だ、帰つてから夕食をたべる　気のにつけだ、うまい

一眠つて居たりする、ノート一沢山書いて居つた、病院へ出した兄さんの手紙が返つて来た、退院だ

あとかたづけ　母どうも思はしくない様子　お前の便りもノートも来ないが急によその

工兵に行くまでになるのだ　行つてこれだけかいておくことにする。又手紙に書いてゆくよ

早とする。お土産はまだ　手紙を見ての返事は又追つてだすことにするよしゆう

兵の停車と卵君や友達の便りにかいて　あなたが弟の便り前日に又母が悪くてならない

らしい様子だ。どうも夢見が悪いのだ　案じて居る、又すぐつゞけて便りしよう

九月十一日　午後

定

妻へ

439

古梅
御兄弟姚
山寿庵之卜
上之中
兵命
安亲了
少年上门
天保さよ子
石木下
玄梅
捻り極乙
南吉
平成
丑

439

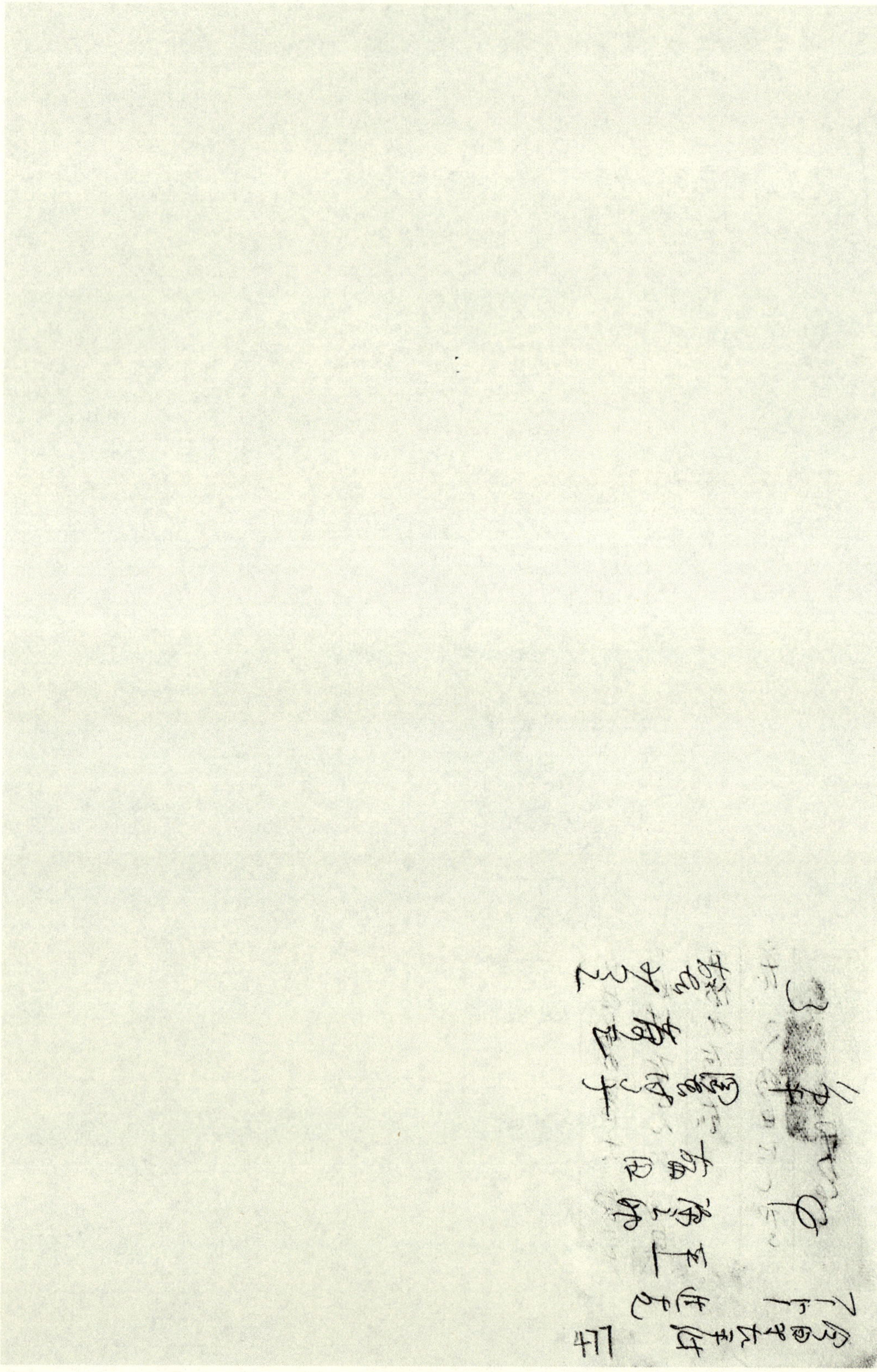

1

今日来たハガキ、ノート等　正月にいく前に待つ中を早く見たく　よんで見た
それで返事を出しておこうと思って待つ中を一寸走り書きをしておく
航空で出すのだから これがつく迄 母が生きて居てくれればよいがと思っている。
もっと早く手紙で書くのがわかったら航空で出してすいたのだが 今日迄 手紙便に
かからなかったのでどうすることも出来なかった。せめて僕の帰る迄はと思ったが どうしてもそうは
行かんらしい　月二二日の文面だけ なんとなく よい方になっていって よろこんで帰るとかく
あるが 胡吉氏になので 今日来た手紙にはくわしく書いてあったので よくわかったが
どうしてもわからん 母が一時大変危篤で呼んで 一たんよくなった様だが 其の
後医者の方から もう薬はのまなくともよいとか言ったので 病人は薬をとめたとのこと
それがいけなかったんだ 医者の不注意な者と胡吉氏は言って居る。胃腸　切
心臓が弱っている病人に少しでも何かあって薬を止めると言うことはいかんことだ
少年からたどるのも日に相当なもので 薬も一しように かきかいなのでなければ 死ぬ所
近所だ 病人が もつはずがない ちゃない 何ゃ 薬はつづけて 三月も三月 もんで

429

3

共に百一分とで体をよく作っておかねばならんのに、弟を出してからよいと思ってゐたのがよくなかったらしい、弟が帰る頃にはひどく又ぶり返して医者も不動尊とまでをなげられとても駄目だと言はれたとのこと　今度はもう命の分らない下手なことはしないから安心をして呉れとかそうあるが　人事をつくして天命をまつとか　人間として出来るだけのことをつくしてみてそれでいけなくなったら　これは天命だ人間のどうすることもできないことだ

俺の帰る迄は出来たら命がもつやうにと思ってゐるが　今の所どうとも言えんとのことと　俺も生き別れの時にお経をした時切りで帰っても母が居なくなることは残念だ　何とかしてもう一度よくなってほしい、そして俺の元気な姿も見てもらいたい、俺ももう一ぺん母にあいたいが、ひとたびのない者はどうにもならない、あきらめるより外はない　どうも今度はお前が弱って居られるから　この脳室がって迄もつかどうか　お前から手紙が三十日の分からそれから十日目、もうだよくなられることを、信じて居るが　先が駄目なものと思ふ、お前もも長い間の看病で身心共につかれて来たことと思ふが　どうか出来るだけの手当をしてあげて呉れ　切願する

430

3

医者も神様もさういかんと言はれは もう手の下しやうがないことだ
せめて俺も母の死に目をかいほうして見たかったが いよいよ俺の出征中に亡くな
られるのかも知れない。如もう此の世には居られないのかも知れない
この目から見たすがしい夢も本当になるのかもしれない。手紙の来るのがたゞことで
はないとは思って居た。母も俺には会へなかったが 幸 弟が帰ったから せめて
もよろこばれたことだろう 弟が帰るのがわかって気がゆるんだのではないか。
とにかくもう俺はなくなられたものと思って居るから 今迄一ーも駄目だったら
かまわないから本当の事をしらして呉れる様に 貞之田 外の人たちからの手紙にも
悪いとはかいてありもう二人のはおかしいことがかいてあるので 俺の思って居る通り
なくなったなと思ふのだ まいすかんのには そんな事はかいてなかったが
母もお前の心からのかいほうで満足をしてよろこんで行けるだろう 俺の代りに
よくここまで来た。俺は何と言ってお礼を言ってよいのかわからない位だ
お前なればこそだ 撫山のおせい丈の手紙にもお前のことがほめてかいてあったので

431

涙の出る程うれしい 俺が居なくてももう大丈夫だ お前達のおかげだ
この手紙がついて もし母が本当にまだ生きて居られたら 話をしてもらいたい
今迄の大病にも子供のために働きに来て居るので かりはうせすることも出
来ない 残念だが 一家はお母様でもかまって居ることが出来ない 今日本の国の大事
な時で小さな一家族の事にかまって居れない時だから許してもらいたい
此の年になる迄十分の孝行も出来なかったので何とも申しわけがないが
弟も今家させたし これから両家仲よくして二人のお母さんに楽をしてもらい
面白い日もして孝行をして別れたかったのだがこんなに遠くは離れて居ては
どうする事も出来ない 本当に孝行の暮らしをしもう一ぺん子になってから弟も帰
るし 俺のかへる迄元気で居て欲しい 病は気からだから よく考へおだいじに
して 俺の帰る迄 どんなことがあっても生きて居てもらはなければならん
人から聞けば京都も俺の為を考へに一生けんめいおがはうして居ると聞いてよろこん
で居るが、自分の子供、俺ばかりのはし言ふつもりで何でも思ふことを言って好きな

432

5

もたべよく医者の言ふことをまもってよくなって下さい。直ぐ許さないお母様がもう
一度よくなってもらふやうに五胡頭の空をあふぎ神様に祈って居るのですから
みんなのまごころがつうじてもう一度よくなってもらふと思って居ります」と
そして医者の言ふ事をよくまもって たべものによく気をつけて、一人より目をはなさず
充分のかいほうをして上げて呉れ、先が助かる見込みはないかもしれないがこれで助かつ
たら皆のまごころが通ったのだ そして母の運が強かったのだが 俺達が思ふ様には
そんなにうまくいくきづかいはないのだろうが、とに角運を天にまかしてすくよう
外はない。お前は胡地に居て、又すぐにも帰って出来るだけのことを
して呉れ それが親孝行でもあり神にも思はれるだらう。俺もあきらめる。
この前送った写真を見られたかどうか 見はしても そんな様子では写真を見ることも
出来なかろうと思ふが、どうなったか 待って居ない様に思ふが あの元気な顔を見て
もらいたかったが、とにかくこれからまた母の息があるか もう亡くなったあとか
どちらか心配でならぬ すぐに折返して返事を呉れ。母はまだ息があ

433

と言ふ迄、母がほしいがそれは無理だろう、万一のことがあつても大丈夫だ　あきらめると
朝吉君は言つて居る、俺はもう驚きも何も無い、もうあきらめて居るが、
母上にもう一言、息があるなら語つておくれ「貞生は今日迄一年半有月、家を立つ
せずマラリアもしらず、完全体に生をつけて居るから　いつも元気で丈夫で　人にはまけず
一生けんめいお国のためにつくして居ますから、安心して下さい、今日迄のせんそうに一回も
ぬけたことはなく参加して自分のつとめを完全にはたしているのです。あの写真が早し
つくなつて見てもらへない。お母さんの目は、[illegible]ゆうに大きくうつしたのです」と
自分の過去もよう、俺の話したこともよくわかつた。これからは弟と仲よくやつて
私らはなれたのだよ。つよく元気でよくなつたを写してよろこんでおくれ、力強く元気で
元気で暮して居ることを、ただ母だけ十分よくなつて[illegible]
どんなにうれしいかわからんのに、お前の手紙ではおれの体のめ[illegible]にならなんで
よいとかいてあるので、どうも、その体は[illegible]、[illegible]人があるそうか　[illegible]はゼロだから
ただひとりになつたが十三日すぎ[illegible]かいてあるから[illegible]があるだろう。母を大事によ

七月十日夜　書

貞生

母へ

434

（せい子の方 たと（手紙がついても 来は送るのを中止するおはしてくれ）
十月[redacted]日 朝は雲が出てべつたりして雨かと思つてみたが風がなつて
晴れていつていゝ天気になつた 風が出て涼しくてよい日だ
昨夜は一日にいつもし別の所だつたので天つらをはつて寺社でねてみたが相当
に寒かつた 外とうと毛布とを掛けて寝たのでよかつた 日出一パイの後で涼し
くてよかつた 夜明け前に弓の様な細い月が見えかりと出てみた
一日も経つて七時に兵舎へ引あげて来た ゆたい二日ほどあまりしおゆう
れなかつた 航空便を一週かいておいたので少しく内吉氏の手紙をよんで
母の事を思い出してみた 今頃母はどうしてゐる事のだろうか いつ頃目にかか
れるか それとも又まだ月日があつて皆の手あつい介ごを受けてゐられる
のだろうか 今はどうしておられるか中々分からない 心配で大いの事がわからない
お父様の胸の中はよく察してゐる 俺は何と言ておれと言つてよいかわから
ない 母はお父のかいほうで息を引とつた所で満足だろうと思ふ
俺がはなれてはなれて居るから仕方がない

2

本当にもう丈夫の体になってもらいたいと無理な願いだが思はずには
はゐられない。神の御心、すべて医者に見はなされた病人だから何か
珍らしいことでもなければ助かることはあるまい。もう俺もあきらめてゐるから
どんな運命が来てもびくともするものではない。俺はおくにの為に生きてゐる
丈夫の体だ。母の死をまへた所でびつくりしてつとめをおろそかにする様な
俺ぢやない。だから安心して任してくれる様に。長いかいほうで疲れた
身体をいたはれ。今すぐではない。静養の時だ。しつかりやつてどんな困難
にも耐え勝てる様でなければならない。弱い気がする様な事では
いかんよ。もしものことがあつてもしつかりして取りみださずにあとのまつりを
もつて行く様にしてくれ。お前がするとうせでうなれば家族の厄介だが之は
仕方がない。又俺のかへり恩返しをしやう。それ迄はがんばつてくれ
お前が病気になればそれこそ出来ないのだ。俺はどんなに苦しいがかまはない
安心して任かしておくにの為に働く事が出来るのだ。頼もしいよ

441

3

二十日に弟が帰つたと云ふから たゞちにかけつけてあげ下さい今からは一寸も何れ
言つて云へがどうしたのか 母の勝気 まり其の代りに手がぬけないかも
しれないが よく弟の口で言ふことをすることを見ておくやうにはないから
兄に友情にあつたから思出をするのか 当り前だと言つてあつかれすることには
いけないが おおくれば それから言つてあるのではないから それをつけてね
弟は今迄の人間には安いだらうと思つて安心してゐるが 俺は前はよし
分かつたが今は前とは違つて大分いろいろなことに分つたつもりだ
簡単に云へば いろいろと勉強すると 体験が増へる ありがたいことだ
どうやら俺は本当の人間になれさうだと思つてゐる だから弟でも
当り前のことが多いので あるいはなるだらうと思つて本当にしてゐるかもしれない 済まないことでは
ない 手紙だけだから わからないだらうが 何してつれ仲よくして行つて欲しい
今日迄(生け人)だけには分からないで言ふつた目をして来た お前らも弟が来て
又不和になり にらみ合ひ 損なことになつては 困ると 待てあるまい 方々の人は

442

4

ようちゃんがよわが退り笑ふだろう、今迄の苦心が水のあわになって大不かう
お嬢さん（わかってゐます）をよくみれば それでよいのだが しかし皆よく
知人はことにでもこぞって表面だけでも仲よくしてくれるお願いする
子供でも大丈夫だまってなっていいことのことをいうれしい。みんな大きくなれるこう子
供の出る時は一年になって二ヶ月目なのにもう二年生の二学期になるのだ
から大きくなるだろう なるで会級の長をまかせてよい道部
をさせてやらせることだ 何より大丈夫でなくてはならんから 子供の思ふ様
に深々と自由に伸ばしてやるがよい 無理には覚が広がる仕方が
ないがよく先生にもたのんで勉強をする様におしえていく様にする
子供の教育はむつかしい 如何にしと言へばこうすれていいし 思ふ様に
思つておけば気ままになるし 中々骨の折れるものだ 久子去いへこ 嫁男や
とまりやさんの手紙にもかいてあったが いへこ焼け跡 なくなすと逃んで
何を思ってたでいけないで かみ毛を切って遊んでみたんか 面白くて一人笑い

413

5

出して見たよ。子供では様のない立派なテーカンをつけて自分などと
言って居るが無邪気なものだ。大きくなったろう。
勝男が此の誕生日になって来たね。七月七日だったかね。まさの
ところ又子供が出来るのだ。兄さんと言ったので男だと言ってやったん
だけれど。まさ子さんは写真を入れて送って来た。今日、女の児をもく
られ、年からいったらおちこちは君の方だからまたゆうべだろうか。七夕日に
天部堂〔台湾人〕がまたやって来て来日。味噌汁をよばれて遊んでくれたと
便りをもらしてやったり、りんの花と葉を入れてあったりして、なかなかうまいので
感心している。さよならに手紙を入れるので、これも[illegible]俺の写真を入れと
言って書いたから全部送って来たが、一枚もない。今度会ったらあ
れを見せてやってくれ。又これで行けば家族があるから、せいぜい送ってくれ
それもあったはずならかまわん。送らないとすまないとは思っているが
自由にならないからアテにせずまってくれとたのんでおいたがね

6

朝吉さんよくなられたとかいてあったが、うまく命をひろったね。一息はむつかしいと
言ふ事だったが全快に近いとかいてあったようだが、この頃は病床にねついて長く
お父や親族又手紙を出す様になった頃の手紙は病床にかいてあった
叔母さんがなくなって一寸淋しくて相談する相手もなくなって失意ので候より
近くに居て母の病気で困って居る事が一番困って居る事と思ふ。朝吉さんによく
なってなのみになれば叔父叔母もきっとよい相談相手になって呉れると思ふ
病身のお父さん今度はひどく心配して淋しく居るに、居るに事になった。今日手紙の返
事と一しょによこした言って、今度は母の相談相手になって力になって呉れと云ふ
ので、なかなか近所なしうちらから一寸来て呉れて来て世話したりする様にそして叔
母を思って仕事しでるのでなるよい、朝日へ来てゐるとのことだがどこに
居るのかね。心配する事はない。私が見送ってゐるから大丈夫などとかいてあった
病が治まっても寝こんで力に相談相手になって呉れるなかなかそう
思って出征して居る次第、日本男児大和魂で退却もしれない

445

7

今日は忙しい。七時に宿屋へ帰ってから顔を洗って来た。昨日来た手紙を出して
見てみた、読みーそれで一眠し返事をかいて見た。りか子の返アを五通かいたが
ゆうべ思ふ様に筆がはこばない。りか子が妥料だ 蜘蛛網の本をあして
けふした九時から馬場へ行って 鏡をもって オキャくと淋しい状態で数珠だ
チーかりで こんなかわた。淋しいから ゲル出ずーし中々ねない。寝台へ上げんのーけいこを
し帰った。蛇を部屋へは之だけ付のの隊が帰ったので、足ではチーへれいに近くなった
宿へ活手紙を五本一通かいた。めでふつすり一時半迄ねた よくねた
それから芝居へ切りを切りにいって三時迄帰った 日田島銭を世つたのだ工場を
家へ四通 梅田へ二通、友人へ一通送った。さて おせいさ関西へ返アをかく
手紙にいき帰って宿屋を ますぢ先へ七枚の返アをかく 風呂へいった。あたたまつ
て帰ってこの手紙を一通かいた所だ。七時迄一局に北えさをやりにあるいて
み帰ってからかいた。外はひんやりとしてよい気持だ。今日はゆきいから早くね
よう ゆきとて仕方がないのだ。財産は今後大の人だいつてつけ。又明日かくことにする

実生

十月[redacted]日朝十時

[illegible]女へ

446